"十四五"职业教育国家规划教材
"十二五"职业教育国家规划教材
经全国职业教育教材审定委员会审定
北京高等教育精品教材
新编21世纪高等职业教育精品教材
智慧财经系列

会计基础与实务

（第四版）

主　编◎兰丽丽　王智慧
副主编◎杜海霞　罗惠玲
参　编◎喻　炼　胡春萍　郭章冉
任千卉　邵　坤　佟思宇

中国人民大学出版社
·北京·

图书在版编目（CIP）数据

会计基础与实务 / 兰丽丽，王智慧主编：-- 4 版．北京：中国人民大学出版社，2025. 5. --（新编 21 世纪高等职业教育精品教材）．-- ISBN 978-7-300-33584-1

Ⅰ. F230

中国国家版本馆 CIP 数据核字第 20258DB510 号

"十四五"职业教育国家规划教材
"十二五"职业教育国家规划教材
经全国职业教育教材审定委员会审定
北京高等教育精品教材
新编 21 世纪高等职业教育精品教材 · 智慧财经系列

会计基础与实务（第四版）

主　编　兰丽丽　王智慧
副主编　杜海霞　罗惠玲
参　编　喻　炼　胡春萍　郭章冉　任千卉　邵　坤　佟思宇

Kuaiji Jichu yu Shiwu

出版发行	中国人民大学出版社		
社　　址	北京中关村大街 31 号	**邮政编码**	100080
电　　话	010－62511242（总编室）		010－62511770（质管部）
	010－82501766（邮购部）		010－62514148（门市部）
	010－62511173（发行公司）		010－62515275（盗版举报）
网　　址	http://www.crup.com.cn		
经　　销	新华书店		
印　　刷	中煤（北京）印务有限公司	**版　　次**	2010 年 9 月第 1 版
开　　本	787 mm×1092 mm　1/16		2025 年 5 月第 4 版
印　　张	18.5	**印　　次**	2025 年 5 月第 1 次印刷
字　　数	440 000	**定　　价**	55.00 元（赠送配套任务考核单）

前 言

新时代新征程，党的二十大报告指出，教育、科技、人才是全面建设社会主义现代化国家的基础性、战略性支撑。深入实施科教兴国战略、人才强国战略、创新驱动发展战略，开辟发展新领域新赛道，不断塑造发展新动能新优势。坚持教育优先发展、科技自立自强、人才引领驱动，加快建设教育强国、科技强国、人才强国，坚持为党育人、为国育才，全面提高人才自主培养质量，着力造就拔尖创新人才，聚天下英才而用之。加快建设国家战略人才力量，努力培养造就更多大师、战略科学家、一流科技领军人才和创新团队、青年科技人才、卓越工程师、大国工匠、高技能人才。培养造就大批德才兼备的高素质人才，是国家和民族长远发展大计。

2024 年 6 月修订的《会计法》要求，会计工作应当贯彻落实党和国家路线方针政策、决策部署，维护社会公共利益，为国民经济和社会发展服务。按照《会计法》的要求，要进一步加强财会监督，加大对会计违法行为的处罚力度，立足于为经济高质量发展服务，切实提高会计信息质量，更好地维护社会公共利益，这对会计人员的职业素质提出了更高的要求。

2021 年 4 月，全国职业教育大会提出，要坚持立德树人，优化类型定位，深化“三教”改革，“岗课赛证”综合育人。教材内容要来源于企业典型工作任务，以岗位基本技能清单为载体，实现理实一体。作为高职高专会计专业的入门课，“会计基础”不仅是一门专业基础理论课，而且具有很强的实践性。对于初次踏入会计专业领域的学习者来说，本课程的许多概念和方法比较抽象，不易理解和掌握。而传统教材又不能很好地辅助教学，实现教、学、做的统一，不利于学生对会计基本理论与方法的学习和掌握，不利于学生会计职业能力的培养。

在教学研究和实际调研的基础上，我们打破了传统教材的编写模式，以会计工作流程为主线，以虚拟某服装加工企业的典型工作任务为基础，设计了八个学习情境，包括：会计及会计职业认知；期初建账；

原始凭证的填制、审核与传递；记账凭证的填制、审核与传递；账簿的登记；对账和结账；财务报表的编制；会计凭证的装订及会计资料的归档保管。每个学习情境中设计若干学习项目，每个学习项目包括学习目标、相关知识、工作情景、能力训练。设计的工作情景真实地再现了会计工作过程，并且将有关会计核算的基本理论和基本知识有机地融入，突出了对学生实际工作能力的培养，促使课堂教学实现教、学、做合一的教学模式，使学生在教、学、做一体化的过程中，逐步进入会计角色，对会计职业和会计工作有一个总体的认识和体验，从而理解和掌握会计的基本理论和基本技能，锻炼和提高分析问题及解决问题的综合职业能力。每个学习情境后设置“会计职场圈”，引入职场箴言、职场提醒及案例，把职业道德、职业素养教育纳入本书中，充分体现了立德树人的育人宗旨。

本书内容充实、体例新颖，文字叙述简洁、易懂，不仅模拟工作情景教学，而且提供了相关知识和能力训练，既方便教师教学，又便于学生自学。

本书可作为高职高专院校、成人高等院校及本科院校下属高等职业技术学院会计专业的教学用书，也可作为在职会计人员的岗位培训教材。

本书由兰丽丽、王智慧担任主编，杜海霞、罗惠玲担任副主编。兰丽丽、王智慧负责设计全书总体框架，拟定编写大纲，进行总纂、定稿。王智慧负责本书整体案例的编写。本书具体编写分工如下：学习情境一由任千卉、郭章冉执笔；学习情境二由杜海霞、郭章冉执笔；学习情境三由兰丽丽、佟思宇执笔；学习情境四由罗惠玲、郭章冉执笔；学习情境五由喻炼执笔；学习情境六由胡春萍执笔；学习情境七由王智慧、邵坤执笔；学习情境八由兰丽丽、佟思宇执笔。东兴证券股份有限公司高级会计师郭章冉参与了教材的编写，中国石化贵州石油分公司高级会计师裴留义、三未信安科技股份有限公司财务总监焦友明对本书的初稿进行了审阅，并提出了很多宝贵的意见，在此表示衷心感谢。

由于作者水平有限，书中难免存在不足和遗漏之处，恳请读者海涵，并多提宝贵意见。

编　者

目 录

学习情境一

会计及会计职业认知

项目一　会计的认知

学习目标

知识目标：了解企业经营活动的流程和主要经济业务，熟悉会计的对象，掌握会计的概念、会计的基本职能、会计目标、会计假设和会计信息质量要求。

能力目标：正确认识和分析会计对象，按照会计信息质量要求进行会计处理。

素养目标：热爱会计工作，树立法律意识、准则意识和正确的职业观。

思维导图

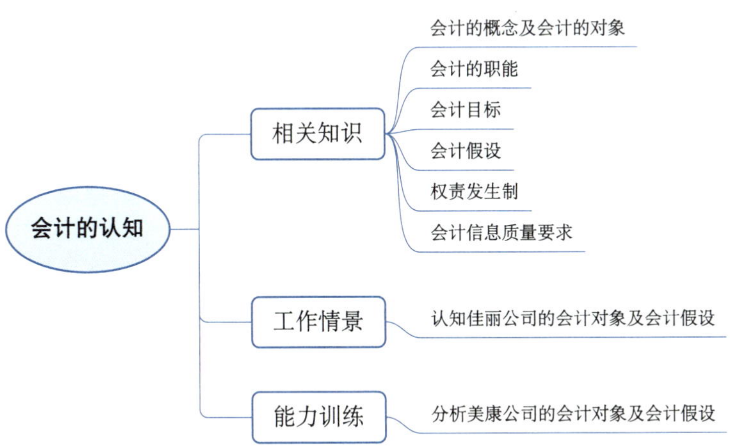

※ 相关知识 ※

一、会计的概念及会计的对象

会计是以货币为主要计量单位，通过一系列专门方法，对企业、行政事业单位的经济活动进行连续、系统、全面、综合的核算和监督，并在此基础上对经济活动进行分析、考核和检查，以提高经济效益的一项管理活动。

会计的对象是会计行为的客体，即会计工作的内容，也就是会计核算和监督的内容。社会再生产过程包括多种多样的经济活动，会计并不能核算和监督再生产过程中经济活动的所有方面，而只核算和监督能够用货币表现的经济活动。在商品经济条件下，这部分经济活动既构成实物运动，又构成价值运动。会计核算和监督的内容是商品经济中的价值运动，具体表现为再生产过程中价值的耗费和收回，价值的取得、分配和积累的过程。这是会计核算和监督的一般内容。

运用会计的各个主体在国民经济中所处的地位和作用不同，经济活动的内容和所应达到的目标不一样，价值运动的具体内容、形式也不相同，所以会计核算和监督的具体内容并不完全相同。

二、会计的职能

会计的职能就是会计的功能，是会计工作本质的体现。会计本质上是由生产发展特别是商品经济对信息的客观需求所决定的，因而会计的职能具有客观性和相对稳定性。

我国会计界大多认为，会计职能有基本职能和扩展职能之分。

（一）会计的基本职能

《中华人民共和国会计法》（以下简称《会计法》）第五条规定：“会计机构、会计人员依照本法规定进行会计核算，实行会计监督。”

1. 会计核算职能

会计核算职能是指以货币为主要计量单位，从价值方面对已经发生的经济事项进行连续、系统、全面、综合的计量、记录、计算和汇总，并经过加工整理后，提供管理所需要的各种会计信息。

《会计法》第十条规定：“各单位应当对下列经济业务事项办理会计手续，进行会计核算：（一）资产的增减和使用；（二）负债的增减；（三）净资产（所有者权益）的增减；（四）收入、支出、费用、成本的增减；（五）财务成果的计算和处理；（六）需要办理会计手续、进行会计核算的其他事项。”

会计核算是会计工作的基础，它是通过记账、算账和报账三个过程来体现的。记账就是把一个会计主体一定时期内所发生的经济事项，采用一定的程序和方法在会计凭证、会计账簿上进行记录和反映的过程。算账就是采用会计核算的程序和专门方法，对相关会计要素进行归类、计算的过程。报账则是在记账、算账的基础上，通过会计报表的形式，为会计信息使用者提供能够反映某一会计主体一定时期或期间财务状况和经营成果的会计信息。

现代会计的核算职能有了新发展，不仅包括事后核算，还包括事前核算和事中核算。事前核算是对将要发生但尚未发生的未来经济事项进行反映，是编制财务计划的过程。事中核算是对正在进行的经济事项进行反映，是实施会计控制的过程。

2. 会计监督职能

会计监督职能是指以国家财经政策、法规、制度及内部会计控制规范等为依据，对会计核算的全过程进行合理性、合法性及有效性的评价和控制，以保证会计信息的真实性、完整性和有效性。

会计监督是通过不同的主体来进行的。我国目前的会计监督是由单位内部会计监督、社会监督（注册会计师审计）和财政监督（包括其他政府相关职能部门）三部分共同组成的。随着经济的不断发展，会计核算内容日益复杂，对会计信息质量的要求也越来越高。为了保证会计信息的真实性、相关性，会计的监督职能就更加重要。

《会计法》第二十五条规定："各单位应当建立、健全本单位内部会计监督制度，并将其纳入本单位内部控制制度。"

由于会计监督与会计核算是相辅相成的，因此，会计监督也相应地分为事前监督、事中监督和事后监督。只有实施有效的会计监督，才能保证会计核算所提供的会计信息质量。

（二）会计的扩展职能

由于会计在现代社会中的作用日渐突出，会计的职能得到了不断的发展与完善，在基本职能的基础上又派生出其他职能。

1. 会计分析职能

会计分析职能是以会计核算资料及相关资料为依据，采用一系列专门的分析技术和方法，对企业等经济组织过去和现在的筹资活动、投资活动、经营活动，以及偿债能力、盈利能力和营运能力等进行分析与评价，为投资者、债权人、经营者和其他相关组织或个人了解企业过去、评价企业现状、预测企业未来并做出正确决策提供准确的信息。

2. 会计预测职能

会计预测职能是利用会计资料和其他信息，对经济活动的未来发展趋势和状况进行估计和预测，以便掌握未来经济活动中的不确定因素或未知因素，为会计决策和其他经营决策提供相关的信息。

3. 会计控制职能

会计控制职能是按照会计目标，利用组织、管理、控制等程序和方法，对会计的过程进行规范，确保会计核算按照预定的方向和轨道进行。会计控制是现代企业正常运转的基础，企业管理工作应当从建立和健全内部控制制度开始。会计控制是企业内部控制整体框架的核心，它是提高会计信息质量，保障资产的安全、完整，确保有关法律法规和规章制度得以贯彻执行的控制系统。

4. 会计决策职能

会计决策职能是在预测的基础上，根据会计资料、各种备选方案，经过分析、判断，运用定量和定性分析的方法，做出最终选择的过程。在现代企业中，会计决策会直接影响企业的各种经营决策，因此，往往要与其他经营管理决策的信息进行共享。

三、会计目标

会计目标是向财务报告使用者提供与企业财务状况、经营成果和现金流量有关的会计信息，反映企业管理层受托责任的履行情况，帮助财务报告使用者做出经济决策。会计目标包括以下内容：

其一，向财务报告使用者提供对决策有用的会计信息。财务会计的最终成果是提供财务会计报告，编制财务会计报告是为了满足使用者的信息需要，帮助财务报告使用者做出正确的经济决策。因此，向财务报告使用者提供对决策有用的会计信息是会计的基本目标。

其二，反映企业管理层受托责任的履行情况。在现代企业制度下，所有权和经营权相分离，企业管理当局受委托人之托经营管理企业及其各项资产，有责任妥善保管并合理、有效地运用这些资产。因此，向投资者及债权人反映企业管理层受托责任的履行情况，以帮助其评价企业经营管理责任和资源使用的有效性，也是会计的目标。

会计信息的使用者包括投资者、债权人、企业经营者、政府相关部门、工会、企业职工、供应商等。

四、会计假设

会计前提是在会计实践中被人们所接受的，保证会计系统正常运行和会计信息质量的前提条件。财务会计只有在这些前提条件下才能确认、计量、记录和报告，它是会计系统运行中不可或缺的，如果违背了这些基本的前提条件，会计就不能成为人们管理经济的一项活动。但是，人们还无法或不能证明这些规定，只能进行合理的推断或人为的规定，所以，又称其为会计假设。《企业会计准则——基本准则》中明确规定了会计主体、持续经营、会计分期、货币计量四项基本前提。

（一）会计主体

会计主体是会计工作为其服务的特定单位或组织。会计主体假设是指会计核算应当以企业发生的各项经济业务为对象，记录和反映企业本身的各项生产活动。也就是说，会计核算是反映一个特定企业的经济业务，只记录本主体的账。这个前提明确了会计所提供的信息只能反映所依存的特定会计主体的财务状况、经营成果及其他相关信息。尽管企业本身的经济活动总是与其他企业、单位或个人的经济活动相关联，但对于会计来说，其核算的范围既不应该与别的会计主体相混淆，又必须同所有者个人的资产、负债相分开。会计主体假设明确了会计工作的空间范围。

会计主体与法律主体不是同一概念。一般来说，法律主体必然是会计主体，但会计主体不一定就是法律主体。会计主体可以是一个有法人资格的企业，也可以是由若干家企业通过控股关系组织起来的集团公司，还可以是企业、单位下属的二级核算单位。独资企业、合伙企业都可以是会计主体，但不一定是法人。

会计主体假设是持续经营、会计分期假设的基础。

（二）持续经营

持续经营是指会计主体的生产经营活动将无限期地延续下去，在可以预见的未来不会因破产、清算、解散等而不复存在。也就是说，持续经营假设是指会计核算应当以企业持续、正常的生产经营活动为前提，而不考虑企业是否破产清算等，在此前提下选择会计程序和会计处理方法，进行会计核算。

在市场经济环境下，由于竞争风险和不确定性的存在，没有一个企业能够永久地经营下去，客观上企业随时都会由于市场经济的竞争而面临被淘汰的危险。尽管如此，企业仍必须基于长期经营，并以预计未来不断发展为前提来进行会计核算，提供会计信息。

只有假定作为会计主体的企业是持续、正常经营的，才能保证会计信息处理的一致性和稳定性。持续经营假设明确了会计工作的时间范围。

（三）会计分期

会计分期是指把企业持续不断的生产经营过程人为地划分为较短的相对等距的会计期间。会计分期假设的目的在于通过会计期间的划分，分期结算账目，按期编制会计报表。从理论上来说，在企业持续经营的情况下，要反映企业的财务状况和经营成果，只有等到企业所有的生产经营活动结束后，才能通过收入和费用的归集与比较，进行准确的计算，但那时提供的会计信息已经失去了应有的作用，因此，必须人为地将这个过程划分为较短的会计期间。

会计分期假设是对会计工作时间范围的具体划分，主要是确定会计年度。我国以日历年度作为会计年度，即以每年的 1 月 1 日至 12 月 31 日为一个会计年度。会计年度确定后，一般按日历确定会计半年度、会计季度和会计月度。

会计分期假设有着重要的意义。有了会计分期，才产生本期与非本期的区别，才产生收付实现制和权责发生制会计核算前提及可比性等会计信息质量要求。只有正确地划分会计期间，才能准确地提供财务状况和经营成果的资料。

（四）货币计量

货币计量是指会计主体在会计核算过程中应采用货币作为计量单位，记录、反映会计主体的经营情况。企业使用的计量单位较多，为了全面、综合地反映企业的生产经营活动，会计核算客观上需要一种统一的计量单位作为计量尺度。货币作为商品的一般等价物，能用以综合计量资产、负债和所有者权益，以及收入、费用和利润。因此，会计必须以货币计量为前提。

在我国，会计核算以人民币为记账本位币，业务收支以人民币以外的货币为主的企业，也可选定其中一种货币作为记账本位币，但编制的会计报表必须折算为人民币。

五、 权责发生制

权责发生制，也称应计制或应收应付制，它以权利或责任的发生与否为标准来确认收入和费用。凡是收取一项收入的权利已经具备，不论企业是否已经取得现金，都应该确认为收入；同样，只要会计主体已经承担了某项费用的义务，即使与该义务相关联的现金支出行为尚未发生，也应该确认为费用。

采用权责发生制，可以正确地反映各会计期间所实现的收入和为实现收入而应负担的费用，从而可以将各期的收入与相关的费用、成本进行配比，正确地确定各期的财务成果。

与权责发生制相对的是收付实现制，也称实收实付制，它以货币资金的实际收、付作为标准来确定本期的收入和费用。凡是本期实际收入或付出的款项，不论是否属于本期的收入和费用，都作为本期的收入和费用。这种方法核算手续简单，但不能准确反映各个时期的盈亏，不适宜企业采用。

目前，我国《企业会计准则》规定，企业应以权责发生制为基础进行会计确认、计量和报告。我国《政府会计准则》规定，预算会计实行收付实现制。

六、 会计信息质量要求

评价会计信息的质量，如同我们评价一件商品的质量，要看其功能是否符合使用者的需要。同样，会计信息也可以被视为一种特殊形式的“商品”。它的质量好坏，要通过会计信息的质量特征来表现。《企业会计准则——基本准则》中明确了对会计信息质量的要求。

（一） 可靠性

企业应当以实际发生的交易或者事项为依据进行会计确认、计量和报告，如实反映符合确认和计量要求的各项会计要素及其他相关信息，保证会计信息真实可靠、内容完整。

可靠性是对会计工作和会计信息质量最基本的要求。保证会计信息真实可靠、内容完整，要求企业不能将不存在的交易或事项在确认、计量和报告及会计信息披露文件中予以记载，也不能存在遗漏行为。保持会计信息可靠性还要求企业会计信息应当是中立的、无偏的。

（二） 相关性

企业提供的会计信息应当与财务会计报告使用者的经济决策需要相关，有助于财务会计报告使用者对企业过去、现在或者未来的情况做出评价或者预测。

会计信息的相关性是指财务报表信息与使用者将要做出的决策相关联，能帮助使用者改进或提高所要做出决策的质量。

（三）可理解性

企业提供的信息应当清晰明了，便于投资者等财务报告使用者理解和使用。

企业编制财务报告、提供会计信息的目的在于使用，要让使用者有效使用会计信息，应当让其了解会计信息的内涵，弄懂会计信息的内容，这就要求财务报告提供的会计信息应当清晰明了，易于理解。只有这样，才能提高会计信息的有用性，满足向投资者等财务报告使用者提供决策有用信息的要求，实现财务报告的目标。

（四）可比性

企业提供的会计信息应当具有可比性。

同一企业不同时期发生的相同或者相似的交易或者事项，应当采用一致的会计政策，不得随便变更。确需变更的，应当在附注中说明。

不同企业发生的相同或者相似的交易或者事项，应当采用规定的会计政策，确保会计信息口径一致、相互可比。

（五）实质重于形式

企业应当按照交易或者事项的经济实质进行会计确认、计量和报告，不应仅以交易或者事项的法律形式为依据。

实质重于形式在会计上的应用，要求按照交易或事项的经济实质，而非外表形式来进行相应的会计确认、计量与报告。在实际工作中，多数情况下，企业发生交易或事项的经济实质与法律形式是一致的。但在有些情况下，会出现不一致。比如：企业租入的资产（短期租赁和低价值资产租赁除外），虽然从法律形式上看企业并不拥有该租入资产的所有权，但是由于租赁合同规定的租赁期相当长，往往接近于该资产的使用寿命，而且租赁期结束时，承租企业有优先购买该资产的选择权，在租赁期内承租企业拥有资产使用权并从资产使用中受益。从其经济实质来看，企业能够控制租入资产所创造的未来经济利益，所以，在会计确认、计量和报告中就应当将租入的资产视为企业的资产，在资产负债表中填列为使用权资产。

（六）重要性

企业提供的会计信息应当反映与企业财务状况、经营成果和现金流量等有关的所有重要交易或者事项。

会计信息的重要性是指财务报告在全面反映企业财务状况和经营成果的同时，应当区别经济事项的重要程度，采用不同的会计处理程序和方法。对于重要的会计事项，应单独核算、分项反映，并在会计报表中加以重点披露；而对于不重要的会计事项，则可以简化核算或合并披露。这是出于会计核算成本效益的考虑。

《企业会计准则第 30 号——财务报表列报》规定，企业对外提供会计信息，要进行重要性的判断。判断项目性质的重要性，应当考虑该项目的性质是否属于企业日常活动等因素；判断项目金额大小的重要性，应当考虑该项金额占资产总额、负债总额、所有者权益总额、营业收入总额、营业成本总额、净利润、综合收益总额等直接相关项目金额的比重加以确定。现行的会计报表加大了附注的内容，要求在会计报表附注中，对报表重要项目采用文字和数字相结合的方式进行披露。

（七）谨慎性

企业对交易或者事项进行会计确认、计量和报告时应当保持应有的谨慎，不应高估资产或者收益、低估负债或者费用。

会计信息的谨慎性是指在处理不确定的会计事项时，当有几种方法可供选择时，应当持谨慎的态度，选择不导致夸大资产、虚增利润的方法。在进行会计核算时，应当合理地预计可能发生的损失和费用，而不应预计可能实现的收入和过高地估计资产的价值。

需要注意的是，谨慎性的运用必须在合理的范围内进行，保证其不会影响会计信息的质量，任何有意多计费用、损失，少计收入、利润的做法，都是与其相背离的。

（八）及时性

企业对于已经发生的交易或者事项，应当及时进行会计确认、计量和报告，不得提前或者延后。

会计信息的及时性是指会计核算要讲求时效，必须在最佳的时间提供相应的会计信息。在会计确认、计量和报告过程中贯彻及时性要求，一是要及时收集会计信息，即在交易或者事项发生后，及时收集整理各种原始单据或者凭证；二是要及时处理会计信息，即按照会计准则的规定，及时对交易或者事项进行确认和计量，并编制财务报告；三是要及时传递会计信息，即按照国家规定的有关时限，及时地将编制的财务报告传递给财务报告使用者，便于其及时使用和决策。

※ 工作情景 ※

一、资料

（1）企业名称：北京佳丽服装有限公司。

（2）法定代表人：王冶芳。

（3）注册地址：北京市通州区永顺路 15 号。

（4）注册资本：500 万元。

（5）企业类型：民营企业。

（6）企业经营范围及主要产品：西服、衬衣。

（7）经营方式：加工。

（8）企业职工人数和组织机构：共有职工 100 人，其中生产车间 70 人；下设一个基本生产车间、供应部、销售部、财务部、办公室。

（9）财务部的岗位及人员分工：

会计主管 1 人：李新。

出纳 1 人：张燕。

会计 3 人：田静（记账）、张磊（仓库保管）、吴越（车间领料员）。

(10) 开户银行：中国工商银行通州支行新华分理处；账号：0200098109020140212；统一社会信用代码：11011262590929×。

(11) 税率。企业所得税：25%；增值税：13%；城建税：7%；教育费附加：3%。

(12) 产品生产工艺流程如图 1-1 所示。

验布 → 裁剪 → 印绣花 → 缝制 → 整烫 → 检验 → 包装

图 1-1 产品生产工艺流程

二、工具

我国市场监督管理的有关规定、税收征收管理法律制度、企业会计基本准则。

三、工作行动

认知企业的经济业务流程，明确会计的对象，理解会计假设。

北京佳丽服装有限公司主要的经营活动包括资金的筹集、材料的采购、产品的生产、产品的销售、利润的形成和分配等。作为产品制造企业，其经营过程可以划分为三个主要环节，即供应、生产和销售。

供应过程是生产的准备过程。在供应过程中，企业为生产服装而购买各种材料，这其中要支付材料买价和运输、装卸等采购费用，与供应单位及其他有关单位发生资金结算关系。材料采购完毕验收入库之后，生产服装时要从仓库领用各种材料，即开始生产过程。

生产是企业最主要的经营活动。在生产过程中，工人借助于劳动工具对材料进行加工，使其改变原有的实物形态，变为半成品，最后形成产成品。在此过程中要消耗各种材料物资，机器设备要发生磨损，要支付工人工资及其他费用等。在生产过程中，一方面发生了物化劳动和活劳动的耗费，另一方面形成了产品使用价值和价值。产品生产完工验收入库之后，便进入第三阶段，即销售过程。

在销售过程中，要发生包装、运输、广告宣传等销售费用，产品销售出去要收回货币资金，要缴纳税金，要与购买单位、税务部门及其他单位发生资金结算等业务。

企业在生产经营过程中发生的这些人力、物力、财力的消耗，构成了各阶段的费用。各项费用的多少及成本的高低都是会计核算和监督的内容。

企业将生产的产品销售出去取得一定的收入，补偿了生产、销售过程中的全部消耗后，剩余部分表现为企业的盈利。企业盈利包括税金和利润两部分。税金要按时、足额缴纳给国家；利润为所有者权益，会计制度规定在提取公积金后，可对投资者进行分配。缴纳给国家的税金和国家以所有者身份取得的利润，成为履行国家管理职能及发展国民经济的重要资金来源；提取的公积金，主要用于企业的自我积累、自我发展。

另外，企业在生产经营过程中还会发生其他一些经济活动，如申请银行借款、偿还到期贷款，以及扩股增资、减资等。

在商品生产和商品交换的情况下，财产物资的增减变动，费用、成本的形成，收入、成果的分配等都表现为价值形态和价值数量上的增减变动，构成了价值运动。因此，在产品制造企业中，会计核算和监督的内容可以概括为生产过程中的资金运动，具体包括资金的取得与退出、资金的循环与周转、资金的耗费与收回等方面。

四、工作成果

(1) 明确了会计的对象。北京佳丽服装有限公司的会计对象就是企业运行过程中所涉及的资金筹集业务、供产销业务、利润的形成和分配业务等。

(2) 理解了会计假设。会计主体是指北京佳丽服装有限公司。假设其服装经营活动将无限期地延续下去，企业在可以预见的未来不会因破产、清算、解散等而不复存在；在此基础上，划分会计期间，通过货币计量，对其经济业务进行会计核算和监督，并以权责发生制作为记账基础。

※ 能力训练 ※

一、业务资料

(1) 企业名称：北京美康食品有限公司。

(2) 法定代表人：赵顺利。

(3) 注册地址：北京市通州区新华北街 6 号。

(4) 注册资本：600 万元。

(5) 企业类型：民营企业。

(6) 企业经营范围及主要产品：125 克装可可双色饼干、250 克装奶油面包等。该企业为连续生产的食品加工企业，产品品种很多，生产周期短，本例中只以 125 克装可可双色饼干、250 克装奶油面包两种产品为例。

(7) 经营方式：加工。

(8) 企业职工人数和组织机构：共有职工 60 人，其中生产车间 40 人；下设一个基本生产车间、供应部、销售部、财务部、办公室。

(9) 财务部的岗位及人员分工：

会计主管 1 人：张佳。

出纳 1 人：李阳。

会计 3 人：方明（记账）、刘宏（仓库保管）、王群（车间领料员）。

(10) 开户银行：中国工商银行通州支行新华分理处；账号：110361008662111２；统一社会信用代码：110224223810263。

(11) 税率。企业所得税：25%；增值税：13%；城建税：7%；教育费附加：3%。

(12) 产品生产工艺流程。

1) 面包生产工艺流程、生产配方及定价如下：

◆ 工艺流程：原材料的处理调配→第一次和面→第一次发酵→第二次调制面团→第二次面团处理→第二次发酵→整形→成形→烤前加工处理→烘烤→冷却→包装→成品。

◆ 每箱面包生产配方（材料消耗定额）如表 1－1 所示。

表 1－1　每箱面包生产配方

材料	耗用量	计量单位	材料	耗用量	计量单位
高筋粉	5 000	克	白砂糖	1 000	克
奶粉	250	克	干酵母	100	克
食盐	50	克	面包改良剂	50	克
鸡蛋	500	克	水	2 000	克
奶油	1 000	克	黄油	100	克
食用油	50	克			

◆ 销售定价：40 个面包装 1 箱，共 10 千克，每箱面包批发价 152 元，零售价 168 元。

2）饼干生产工艺流程、生产配方及定价如下：

◆ 工艺流程：制作白面团→制作可可面团→延伸、卷成卷→切割→冷冻、凝固→烤焙→冷却→包装→成品。

◆ 每箱饼干生产配方（材料消耗定额）如表 1－2 所示。

表 1－2　每箱饼干生产配方

材料	耗用量	计量单位	材料	耗用量	计量单位
低筋粉	3 600	克	黄油	2 500	克
白砂糖	1 250	克	鸡蛋	1 250	克
食盐	30	克	可可粉	100	克
香草油	20	克			

◆ 销售定价：70 包饼干装 1 箱，共 8.75 千克，每箱饼干批发价 182 元，零售价 210 元。

二、工作任务行动及考核

（1）填写工作任务清单。

（2）填写工作任务考核报告表。

项目二　会计职业的认知

学习目标

知识目标： 了解会计职业的特点，熟悉会计工作的组织和会计岗位职责。

能力目标： 能够根据会计对象设置企业的会计机构，设计基本的会计岗位职责。

素养目标： 树立爱岗敬业、提高技能、强化服务的职业意识和职业责任感。

思维导图

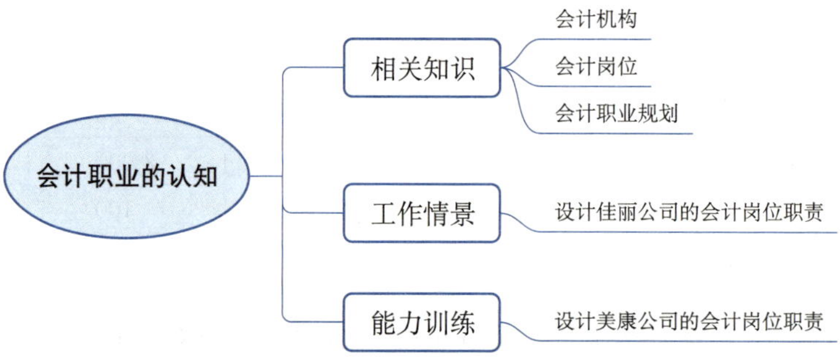

※ 相关知识 ※

一、会计机构

为了科学、合理地组织会计工作，保证单位正常的经济核算，各单位应根据会计业务的需要设置会计机构。从有效发挥会计职能作用的角度看，实行企业化管理的事业单位、大中型企业（包括集团公司、股份有限公司、有限责任公司等）应当设置会计机构；业务较多的行政单位、社会团体和其他组织也应设置会计机构。而对那些规模很小的企业、业务和人员都不多的行政单位等，可以不单独设置会计机构，将会计业务并入其他职能部门，或者进行代理记账。为了提高工作效率，明确岗位责任，考虑到会计工作专业性强、政策性强等特点，根据《会计法》的规定，对于不能单独设置会计机构的单位，应当在有关机构中设置会计岗位并指定会计主管人员，负责组织管理会计事务、行使会计机构负责人的职权。

随着我国经济的迅速发展，经济组织形式发生了很大变化，民营经济、个体经济得到大力发展。这些经济组织的经营规模较小，人员不多，不可能也没有必要设置专门的会计机构或者配备专职的会计人员。这些不具备设置会计机构和会计人员条件的单位，应当委托经批准设立从事会计代理记账业务的中介机构代理记账。代理记账机构根据委托人的委托和国家统一会计制度的规定，按照委托人提供的原始凭证和其他资料进行会计核算，编制并定期向政府有关部门和其他会计信息使用者提供财务会计报告，定期向税务机构提供税务资料，办理委托人委托的相关经济业务。

二、会计岗位

一个单位的会计人员的配备，既有数量问题，又有质量问题。就数量问题而言，一个单位到底配备多少会计人员为宜，是一个需要因不同行业、单位而做出具体回答的问题。因为会计人员的配备数量，同单位的大小、业务的多寡、资产的规模、经营管理的要求、核算的组织形式及采用什么样的核算手段等都有密切的关系，这具体体现在会计工作岗位的设置上。

（一）设置会计工作岗位的原则

1. 根据本单位会计业务的需要

各单位应当根据会计业务需要设置会计工作岗位。由于各单位所属行业的性质、自身的规模、业务内容和数量以及会计核算与管理的要求不同，会计工作岗位的设置条件和要求也不相同。在设置会计工作岗位时，必须结合单位的实际情况，有的分设、有的合并、有的不设，以满足会计业务需要为原则。

2. 符合内部控制制度的要求

会计工作岗位，可以一人一岗、一人多岗或者一岗多人。但出纳人员不得兼管稽核、会计档案保管，以及收入、费用、债权债务账目的登记工作。从多年来税收检查、审计和会计工作秩序整顿中暴露出的问题来看，不少单位在会计工作岗位设置上存在岗位职责不清、人浮于事、手续混乱等问题；在一些小型经济组织中，会计、出纳一人兼任，或者出纳与财物保管一人兼任，为徇私舞弊或贪污、挪用等违法乱纪行为留下了可乘之机，隐患甚大，造成损失的也已不在少数，这是很值得各单位重视和引以为戒的。

3. 有利于会计人员全面熟悉业务，不断提高业务素质

会计人员的工作岗位应当有计划地进行轮换，这样做不仅可以激励会计人员不断进取，改进工作，而且可以在一定程度上防止违法乱纪行为，保护会计人员。

4. 有利于建立岗位责任制

会计工作岗位的设置包括会计机构负责人或者会计主管人员、出纳、财产物资核算、工资核算、成本费用核算、财务成果核算、资金核算、往来结算、总账报表、稽核、档案管理等。这种设置方法基本上涵盖了会计业务的主要内容和主要方面，为建立岗位责任制提供了比较完整的基础，是单位在具体制定会计工作岗位设置方案时比较理想的参考方案。

（二）企业应设置的会计岗位

企业应根据自身规模大小、业务量多少等具体情况设置会计岗位，一般大中型企业应设置会计主管，出纳，固定资产核算，材料物资核算，工资核算，成本核算，收入、利润核算，资金核算，总账报表和稽核等会计岗位。小型企业因业务量较少，可适当合并和减少岗位设置。例如，可设置出纳、总账报表和明细分类核算等会计岗位。

三、会计职业规划

会计是现代服务业的重要行业，关系到经济发展和经济安全。会计行业具有行业门槛低、就业机会多、发展前景好、技术应用广的特点。近年来，随着会计制度的日益完善，大数据、人工智能、移动互联网、云计算、区块链等网络信息技术的发展，社会对于会计人员的高度重视与严格的职业诉求，会计行业的人才要求越来越高。

会计是一个专业性很强的职业，对于会计人员的任职要求，有较为严格的规定。《会计基础工作规范》第十四条规定："会计人员应当具备必要的专业知识和专业技能，熟悉

国家有关法律、法规、规章和国家统一会计制度，遵守职业道德。”这是对会计人员最基本的任职要求。

按照《会计法》的规定，会计人员应当具备从事会计工作所需要的专业能力。担任单位会计机构负责人（会计主管人员）的，应当具备会计师以上专业技术职务资格或者从事会计工作三年以上经历。

会计是每个单位不可或缺的重要的岗位之一，无论是企事业单位还是政府部门，会计岗位是必须设置的，因此会计人员的就业范围相对广泛，各种行业、各种部门都需要。会计行业的职业发展非常广阔，从最初的会计助理到高级会计师，再到财务总监和首席财务官，会计从业人员可以在不同的职位上不断发展自己的职业生涯。

财政部发布的《会计改革与发展“十四五”规划纲要》中阐述了“十四五”时期国家对于会计行业从业者的总体规划。我国会计人才队伍区域发展差异较大，结构性失衡问题仍然存在，中西部地区会计人才队伍整体素质有待提高，基层行政事业单位会计力量亟须增强，高端会计人才仍然缺乏，难以满足高质量发展对创新型、复合型、国际化人才的要求。

在我国现阶段，无论是综合性大学还是专业院校，几乎每个学校都设有财经专业，尤其是会计专业，每年都有成千上万的会计专业大学毕业生涌入人才市场。在这种状况下，普通和初级财务人员明显供大于求，具有丰富的会计工作经验，并且取得会计专业技术资格和职业资格的中高级会计人才成为市场上的“抢手货”。会计就业市场竞争日益激烈，面对这种现状，当代大学生更应该好好谋划自己的未来，做好合理的职业生涯规划。

会计职业资格证书包括：CPA（注册会计师）、PV（资产评估师）、TA（税务师）、CTM（税务管理师）、MAA（管理会计师）、GDA（全球数字化会计师）、ACCA（英国特许公认会计师认证）、AIA（国际会计师专业资格证书）、CGA（加拿大注册会计师）、CMA（美国注册管理会计师）、ASCPA（澳大利亚注册会计师）等。

会计专业技术资格证书（职称考试）包括：初级会计专业技术资格证（助理会计师）、中级会计专业技术资格证（会计师）、高级会计专业技术资格证（高级会计师）。

会计专业技术职务包括：会计员、助理会计师、会计师、高级会计师、正高级会计师。

会计职业生涯规划：出纳→会计→财务主管（经理）→财务总监（总会计师）。

※ 工作情景 ※

一、资料

北京佳丽服装有限公司相关资料同本学习情境项目一“工作情景”资料。

二、工具

《会计法》、《会计基础工作规范》、企业内部控制制度等。

三、工作行动

认知会计机构、会计岗位和会计职业的特点，根据模拟企业的经营活动规模和业务特点设计会计岗位职责。

四、工作成果

财务部各岗位职责如下所述。

（一）会计主管岗

具体包括以下工作任务（职责）：

（1）承担财务部的领导和组织工作。

（2）制定本单位的财务会计制度及核算办法。

（3）组织编制本单位的财务预算。

（4）负责各种原始凭证、记账凭证和会计报表审核工作。

（5）审查财务成本计划和各项财务收支。

（6）负责财务分析工作。

（7）负责空白票据及支票的管理，并保管财务专用章。

（8）负责会计档案管理。

（二）出纳岗

具体包括以下工作任务（职责）：

（1）负责办理现金收付，严格按规定收付款项。

（2）负责办理银行结算，规范使用支票，登记银行结算票据备查簿、有价证券备查簿。

（3）负责登记日记账，保证日清月结，及时查询未达账项。

（4）负责保管库存现金、有价证券，并保管法人印章，登记注销支票。

（5）负责复核收入，办理销售结算。

（6）负责办理往来结算，核算其他往来款项。

（7）负责工资核算、发放。

（8）办理经常性投融资业务手续。

（9）负责编制各种税收申报表和养老保险申报表，并缴纳各种税费。

（10）负责编制现金流量表。

（三）会计记账岗

具体包括以下工作任务（职责）：

（1）负责全部会计记录工作，编制记账凭证。

（2）负责月末转账凭证的生成工作。

（3）负责固定资产核算、工资核算、存货核算和成本计算。

（4）负责财务成果核算。

（5）负责登记账簿工作。

（6）负责财产物资清查等工作。

（7）负责开具发票。

（8）负责编制资产负债表、利润表、所有者权益变动表等。

（四）仓库保管岗

具体包括以下工作任务（职责）：

(1) 负责材料的验收入库。
(2) 负责办理材料、产品的出库、入库手续，填制出库单、入库单。
(3) 负责物资的保管保养。
(4) 负责物资台账登记。

(五) 车间领料员岗

具体包括以下工作任务(职责)：
(1) 负责办理材料物资领用工作，填制车间领料单。
(2) 负责车间生产物料发放。
(3) 负责车间材料库存盘点和记录。
(4) 计算产品直接材料成本。

※ 能力训练 ※

一、业务资料

北京美康食品有限公司相关资料同本学习情境项目一“能力训练”资料。

二、工作任务行动及考核

(1) 填写工作任务清单。
(2) 填写工作任务考核报告表。

会计职场圈

职场箴言

信以立志，信以守身，信以处事，信以待人，毋忘立信，当必有成。

职场提醒

党的二十大报告寄语青年：“青年强，则国家强。当代中国青年生逢其时，施展才干的舞台无比广阔，实现梦想的前景无比光明……广大青年要坚定不移听党话、跟党走，怀抱梦想又脚踏实地，敢想敢为又善作善成，立志做有理想、敢担当、能吃苦、肯奋斗的新时代好青年，让青春在全面建设社会主义现代化国家的火热实践中绽放绚丽之花。”

2023 年 1 月 12 日，财政部制定印发了《会计人员职业道德规范》。这是我国首次制定全国性的会计人员职业道德规范，对于引导会计人员形成正确的价值追求与行为规范，提高会计工作水平和会计信息质量，加强社会信用体系建设，推动经济社会高质量发展具有重要意义。《会计人员职业道德规范》将新时代会计人员职业道德要求总结提炼为三条核心表述，即“坚持诚信，守法奉公”“坚持准则，守责敬业”“坚持学习，守正创新”。会计人员要在日常工作中始终保持诚实守信，遵守相关的财务法规和公司规定；会计人员要熟知并遵守相关的财务准则和规定，确保财务报告的准确性和完整性；会计人员要持续学习新的财务知识和技能，以适应不断变化的财务环境和法规，同时，还应具有创新精神，探索并实践新的财务技术和方法，提高工作效率和质量。

案例

勤学创新　弘扬工匠精神的会计工作者

——记全国先进会计工作者殷雪峰

对于每一个从事会计工作的人来说，会计意味着周而复始、不断重复，必须认认真真、准确无误地处理每一笔业务，需要通过每一笔凭证背后的每一项经济活动，了解和掌握整个单位的运行和管理。在这群从业者中，有一群时刻以“对产品精雕细琢，精益求精，不断创新，完善工艺”的会计工匠精神为指引的领跑者，他们用实际行动弘扬着社会的主旋律，奉献着无悔的青春。殷雪峰，就是这样一个人，他通过勤学努力和不断创新，成为高级会计师、自治区第四期会计领军（后备）人才、全国卫生经济管理领军人才、国家卫健委项目监管中心绩效评价专家组成员、国家卫健委大型医院巡查专家组成员、自治区大型医院巡查专家组成员和自治区会计工作专家组成员。

一、在实践中总结创新，助力医院战略发展

作为在新疆财会领域深耕多年的会计工作者，殷雪峰以勤奋学习、勇于创新的态度，将会计工作做到了极致，为新疆乃至全国的医院财务管理工作树立了新的标杆。他深知会计工作的严谨性和重要性，他始终秉持着对产品精雕细琢、精益求精的工匠精神。在担任新疆医科大学第一附属医院财务部副主任期间，他率先引入全成本核算管理模式，为医院的发展提供了有力的数据支撑。他不断钻研，结合医院实际情况，提出了多项创新性的财务管理建议，如成本控制目标管理、预算指标管理、支出定额管理等，有效提升了医院的管理水平和经济效益。

为了推动医院财务管理的信息化进程，殷雪峰自学计算机信息化知识，成功研发了多个财务管理系统，实现了财务信息的实时更新和高效处理。这些系统不仅提升了工作效率，还降低了财务风险，使医院的财务管理工作迈上了新的台阶。

二、在钻研中总结提高，推动全区会计工作前进

殷雪峰积极参与医院巡查和培训工作，将自己的经验和知识毫无保留地分享给同行。他多次参与制定财务、会计规章制度和财务管理方案，为全疆的医院财务管理工作提供了有力支持。

三、在工作中示范引领，发挥高端人才辐射作用

作为科室负责人，殷雪峰始终将“坚持一流管理，培养一流人才”作为财务部门的管理理念，完善医院内控管理制度、岗位人员轮换制度、财务建设管理规范等，严把财务管理审核，建设和谐医院、和谐科室，带动引领财务部门共同推进会计工作，培养出一批批一岗多能的综合性人才，为医院财务人才梯队建设打下了坚实的基础。

殷雪峰用实际行动诠释了一名财务工作者的工匠精神的真谛，他用自己的努力和智慧为医院和患者创造了价值。他是全国先进会计工作者的代表，也是每一位会计工作者学习的榜样。

资料来源：新疆维吾尔自治区财政厅会计处．勤学创新　弘扬工匠精神的会计工作者：记全国先进会计工作者殷雪峰．新疆财会，2020（3）.

学习情境二 期初建账

项目一　企业账簿的设置

学习目标

知识目标： 掌握各会计要素及会计等式的含义，熟悉会计科目和账户的种类及设置，了解账户之间的关系。

能力目标： 能根据企业的主要经济业务确定需要设置的会计科目和账户。

素养目标： 树立诚实守信、客观公正的职业意识和平等、和谐、公正的社会主义核心价值观。

思维导图

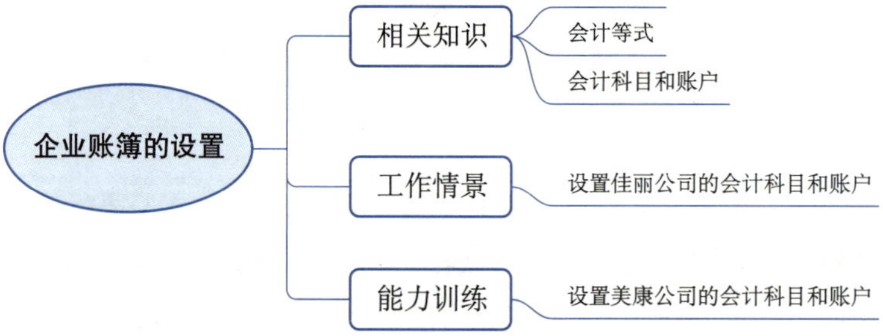

※ 相关知识 ※

一、会计要素

会计主要核算和监督企事业单位在日常经营活动或业务活动中的资金运动，即资金运动构成了会计核算和监督的内容。那么，如何理解和认识资金运动呢?

首先，资金运动是客观的。资金运动的客观性是指企事业单位的资金都要经过投入、运用和退出这样一个运动过程，这个过程不因企业所处的国家或地区的不同而不同。也正因为资金运动的客观性，才使得会计能成为一种国际性的商业语言。

其次，资金运动是抽象的。资金运动的抽象性是相对于具体的会计核算而言的，因为在会计实务中，任何经济活动所引起的资金运动都必须具体化直至量化，若仅有“资金运动”这样一个抽象的概念，那么会计核算的对象是无法落到实处的。这就需要对抽象的资金运动做进一步的分类，于是就有了会计要素。

会计要素是对会计核算和监督的内容按照经济特征所做的基本分类，是会计对象的具体化。按照《企业会计准则》，会计要素包括六个：资产、负债、所有者权益、收入、费用和利润。

（一）资产

资产是指企业过去的交易或者事项形成的、由企业拥有或者控制的、预期会给企业带来经济利益的资源，如现金、原材料、机器设备等。它是企业从事生产经营活动的物质基础。

资产具有以下特点：

第一，资产预期会给企业带来经济利益。

第二，资产是企业拥有或控制的资源。

企业拥有是指企业享有某项资源的所有权，可以按照自己的意愿使用或处置；企业控制是指企业虽然不享有其所有权，但能对其实施控制，具有支配使用权，即实质上享有该项资产所带来的经济利益，如融资租入的固定资产。

第三，资产是由企业过去的交易或者事项形成的。企业过去的交易或者事项包括购买、生产、建造行为等。

资产以各种具体形态分布或占用在生产经营过程的不同方面，其按流动性通常可分为流动资产和非流动资产。流动资产是指企业可以在一年或者超过一年的一个营业周期内变现或者耗用的资产；非流动资产是指流动资产以外的资产。

（二）负债

负债是指过去的交易或者事项形成的、预期会导致经济利益流出企业的现时义务。负债是企业权益的重要组成部分。

负债具有以下特点：

第一，负债是企业承担的现时义务。

第二，负债的清偿预期会导致经济利益流出企业。

第三，负债是由企业过去的交易或者事项形成的。

负债按照其偿还期限的长短，可以分为流动负债和非流动负债。流动负债是预计在一年或超过一年的一个营业周期内清偿的债务；非流动负债是指流动负债以外的负债。

（三）所有者权益

所有者权益是指企业资产扣除负债后由所有者享有的剩余权益。

公司的所有者权益又称股东权益，是所有者对企业资产的剩余索取权。它包括所有者投入的资本（实收资本或者股本）、直接计入所有者权益的利得和损失、留存收益等。留存收益是指企业历年实现的净利润留存于企业的部分，它来源于企业的生产经营活动，包括盈余公积和未分配利润两部分。盈余公积是指按照国家有关规定，从利润中提取的公共积累；未分配利润是指企业本期未分配完的或待以后年度分配的利润。

资产、负债、所有者权益三要素反映了企业在某一时点拥有的经济资源及其来源结构，是反映企业财务状况的会计要素，也称为静态要素、资产负债表要素。

（四）收入

收入是指企业在日常活动中形成的、会导致所有者权益增加的、与所有者投入资本无关的经济利益的总流入。

收入只有在经济利益很可能流入从而导致企业资产增加或者负债减少，且经济利益的流入额能够可靠计量时才能予以确认。

（五）费用

费用是指企业在日常活动中发生的、会导致所有者权益减少的、与向所有者分配利润无关的经济利益的总流出。

费用只有在经济利益很可能流出从而导致企业资产减少或者负债增加，且经济利益的流出额能够可靠计量时才能予以确认。

企业为生产产品、提供劳务等发生的可归属于产品成本、劳务成本等的费用，应当在确认产品销售收入、劳务收入等的同时，将已销售产品、已提供劳务的成本等计入当期损益。

（六）利润

利润是指企业在一定会计期间的经营成果。它包括收入减去费用后的净额、直接计入当期利润的利得和损失等，具体由营业利润、利润总额和净利润组成。利润是收入与费用配比、相抵后的差额，是反映经营成果的最终要素。企业利润的确认与计量，也就是收入与费用的确认与计量。

收入、费用、利润三要素反映了企业在一定会计期间的经营成果和获利能力，也称为动态要素、利润表要素。

二、会计等式

企业的生产经营过程实际上是不断地取得、使用、生产和销售不同经济资源的过程。这些经济资源就是企业的资产。企业获取用于经济活动的资产的来源有两个：一个是投资者投入，另一个是举借债务。企业的投资者向企业投入资产，不是无偿的，而是供企业作为资本赚取利润，即投资者对投入的资产拥有要求权，这种要求权即所有者权益；企业债权人借给企业资产，是供企业有偿使用的，要按期收回本金和按规定收取利息，即债权人对这部分资产同样拥有要求权，这种要求权即负债。

例如，北京佳丽服装有限公司购买布料和生产加工服装的设备，用于生产加工服装并将加工好的服装对外出售，这一过程即北京佳丽服装有限公司的生产经营过程。但是，公司初始经营活动的资金来源于哪里呢？一个来源就是所有者投入，正是因为有了所有者投入的资金，北京佳丽服装有限公司才得以成立和发展；另一个来源是举借债务，用以弥补生产经营活动中资金的不足。

根据上述内容，我们可以得到如下等式：

资产＝权益

资产＝负债＋所有者权益 （式 2-1）

企业成立之后，将资产投入生产经营中获取收入，同时必然要发生相应的费用。企业将一定会计期间所形成的全部收入与发生的全部费用相比较，其差额就是企业在这一期间从事生产经营活动的成果。因此，就产生了下列会计等式：

收入－费用＝利润 （式 2-2）

企业在取得一项收入的同时，其资产相应地增加或负债相应地减少。例如，北京佳丽服装有限公司销售给北京万盛商场绣花女衬衣 2 000 件，售价 640 000 元。公司可确认 640 000 元的收入，因为可导致经济利益流入企业（公司的银行存款增加了640 000元），即北京佳丽服装有限公司在取得收入的同时，资产（银行存款）也增加了。与之相反，企业在发生一项费用的同时，其资产相应地减少或负债相应地增加。

因为式 2-2 中收入和费用的增加或减少会反映为资产和负债的增减变化，所以我们将式 2-1“资产＝负债＋所有者权益”作为基本会计等式，称为会计恒等式。在企业持续经营期间的任何一个时点（某日）上，资产与负债和所有者权益在数量上总是保持平衡关系。它是设置账户、复式记账、编制会计报表等会计方法的理论基础。

三、会计科目和账户

如前所述，我们将会计核算和监督的内容按照会计要素分成了六大类，但是，要想真正反映企业经济活动的来龙去脉，这是远远不够的。比如，当北京佳丽服装有限公司用银行存款购进服装面料时，如果我们只用会计要素来描述，则表现为一项资产减少，而另外一项资产增加，我们不清楚具体哪一种资产减少了、哪一种资产增加了。所以，为了更好地反映经济业务活动，有必要将会计要素进一步细分，会计科目就是对会计要素的进一步分类。

（一）会计科目

会计科目是对会计要素内容做具体分类的项目名称。例如，资产应分为库存现金、银行存款、固定资产、原材料等；负债应分为短期借款、长期借款、其他应付款等。会计科目的设置可以把各项会计要素的增减变化分门别类地归集起来，使之一目了然，以便为企业内部经营管理和有关方面提供一系列具体分类核算指标，满足会计信息使用者的需要。在进行具体的会计核算之前，各会计主体要合理地设置会计科目，将所有的经济业务内容按会计要素的要求进行合理分类。企业设置会计科目时，应结合会计对象的特点，符合经济管理的要求，将统一性与灵活性结合起来，并且保持相对稳定性。合理设置会计科目是正确组织会计核算的前提。

会计科目按其反映的会计对象要素不同可以分为资产类科目、负债类科目、所有者权益类科目、成本类科目和损益类科目等。我国财政部制定并颁布的《企业会计准则——应用指南》规定的会计科目，如表 2-1 所示。

表 2-1 会计科目表（常用科目简表）

编号	会计科目名称	编号	会计科目名称
一、资产类		二、负债类	
1001	库存现金	2001	短期借款
1002	银行存款	2101	交易性金融负债
1012	其他货币资金	2201	应付票据
1101	交易性金融资产	2202	应付账款
1121	应收票据	2203	预收账款
1122	应收账款	2204	合同负债
1123	预付账款	2211	应付职工薪酬
1131	应收股利	2221	应交税费
1132	应收利息	2231	应付利息
1221	其他应收款	2232	应付股利
1231	坏账准备	2241	其他应付款
1401	材料采购	2251	持有待售负债
1402	在途物资	2401	递延收益
1403	原材料	2501	长期借款
1404	材料成本差异	2502	应付债券
1405	库存商品	2503	租赁负债
1406	发出商品	2701	长期应付款
1407	商品进销差价	2702	未确认融资费用
1408	委托加工物资	2711	专项应付款
1411	周转材料	2801	预计负债
1421	消耗性生物资产	2901	递延所得税负债
1461	融资租赁资产	三、共同类	
1471	存货跌价准备	3001	清算资金往来
1472	合同资产	3101	衍生工具
1473	合同资产减值准备	四、所有者权益类	
1481	持有待售资产	4001	实收资本
1482	持有待售资产减值准备	4002	资本公积
1501	债权投资	4003	其他综合收益
1502	债权投资减值准备	4101	盈余公积

续表

编号	会计科目名称	编号	会计科目名称
1503	其他债权投资	4103	本年利润
1511	长期股权投资	4104	利润分配
1512	长期股权投资减值准备	4201	库存股
1513	其他权益工具投资	4401	其他权益工具
1521	投资性房地产	五、成本类	
1522	投资性房地产累计折旧	5001	生产成本
1523	投资性房地产减值准备	5101	制造费用
1531	长期应收款	5201	劳务成本
1532	未实现融资收益	5301	研发支出
1533	应收融资租赁款	5404	应收退货成本
1601	固定资产	5405	合同履约成本
1602	累计折旧	5406	合同履约成本减值准备
1603	固定资产减值准备	5407	合同取得成本
1604	在建工程	5408	合同取得成本减值准备
1605	工程物资	六、损益类	
1606	固定资产清理	6001	主营业务收入
1621	生产性生物资产	6041	租赁收入
1622	生产性生物资产累计折旧	6051	其他业务收入
1631	油气资产	6101	公允价值变动损益
1632	累计折耗	6111	投资收益
1641	使用权资产	6112	资产处置损益
1642	使用权资产累计折旧	6113	其他收益
1643	使用权资产减值准备	6301	营业外收入
1701	无形资产	6401	主营业务成本
1702	累计摊销	6402	其他业务成本
1703	无形资产减值准备	6403	税金及附加
1711	商誉	6601	销售费用
1801	长期待摊费用	6602	管理费用
1811	递延所得税资产	6603	财务费用
1901	待处理财产损溢	6701	资产减值损失
		6702	信用减值损失
		6711	营业外支出
		6801	所得税费用
		6901	以前年度损益调整

在会计科目表中，每个会计科目都有确定的编号，便于登记账册和查阅账目，为实现会计数据处理手段现代化、实行会计电算化提供了条件。会计科目编号的第一位数字代表会计要素的类别，“1”代表资产类，“2”代表负债类，“3”代表共同类，“4”代表所有者权益类，“5”代表成本类，“6”代表损益类。

会计科目按提供核算指标的详细程度及统驭关系的不同，分为总分类科目和明细分类科目。总分类科目又称一级科目，是对会计要素具体内容进行总括分类、提供总括信息的会计科目，如“库存商品”“原材料”“应收账款”“固定资产”等。按我国会计准则的规定，总分类科目一般由财政部统一制定。明细分类科目又称二级科目或明细科目，是对总分类科目所做的进一步分类，提供更详细、更具体会计信息的科目，它反映会计要素的具体内容。明细分类科目除会计准则规定设置的以外，可以根据本单位经济管理的需要和经济业务的具体内容自行设置。

（二）账户

账户是根据会计科目设置的、具有一定格式和结构、用以分类反映会计要素增减变动情况及结果的载体。账户不仅应有明确的核算内容，而且应当具有一定的格式，即结构。账户所记载的各项经济业务所引起的会计要素数量上的变动，只有增加和减少两种情况。

1. 账户按提供指标的详细程度不同分类

账户按提供指标的详细程度不同分类，分为总分类账户和明细分类账户。

与会计科目的分类相对应，账户分为总分类账户和明细分类账户。总分类账户是指根据总分类科目设置的、用于对会计要素具体内容进行总括分类核算的账户，简称总账账户或总账。例如，“库存商品”“原材料”“应收账款”“固定资产”账户都是总分类账户。明细分类账户是根据明细分类科目设置的、用来对会计要素具体内容进行明细分类核算的账户，简称明细账。例如，为了更好地反映北京佳丽服装有限公司有绣花女衬衣、涤棉男衬衣和男式西服三类库存商品，我们在“库存商品”这一总分类账户下设置三个明细账户：“库存商品——绣花女衬衣”、“库存商品——涤棉男衬衣”和“库存商品——男式西服”。总分类账户也称为一级账户。

2. 账户按经济内容分类

账户的经济内容是指账户所反映会计对象的具体内容。账户按经济内容分类是对账户最基本的分类。由于会计科目按其反映的会计对象不同可以分为资产类科目、负债类科目、所有者权益类科目、成本类科目和损益类科目等，与之相适应，账户也可以分为资产类账户、负债类账户、所有者权益类账户、成本类账户和损益类账户五大类。

一个完整的账户应包括以下内容：账户的名称、经济业务发生的日期、摘要、凭证号数、增加额、减少额和余额。这样可以全面反映发生的经济业务，也便于随时考察经济业务的内容和账户的登记情况。其中增加额、减少额是本期的发生额，余额又分本期期初余额和本期期末余额。账户中四个额度的关系为：

本期期末余额＝本期期初余额＋本期增加发生额－本期减少发生额

※ 工作情景 ※

一、资料

北京佳丽服装有限公司相关资料同学习情境一项目一“工作情景”资料。2024 年 12 月，该公司发生如下经济业务：

(1) 12 月 1 日，从银行借入 3 个月期流动资金周转借款 200 000 元存入银行。

(2) 12 月 1 日，收到银行转来的上海佳宁纺织品集团有限公司的托收凭证付款通知单、增值税专用发票及运杂费单据，发票上列明所购货物为：涤棉面料 5 000 米，单位成本 31 元；丝绸面料 4 000 米，单位成本 40 元；纯羊毛面料 6 000 米，单位成本 52 元。增值税进项税额共计 81 510 元，对方代垫运费 2 000 元，增值税进项税额为 180 元。材料尚未验收入库。经审核无误，支付价税款及代垫运费。

(3) 12 月 2 日，从上海佳宁纺织品集团有限公司所购材料验收入库。

(4) 12 月 2 日，收到北京昌隆商贸公司投入资本。其中：全新服装样板切割机 2 台，单位成本 45 000 元；成本与公允价值相符，增值税进项税额为 11 700 元；银行存款（转账支票）310 000 元。

(5) 12 月 2 日，收到转账支票一张，销售给北京万盛商场产品一批。其中：绣花女衬衣 2 000 件，单价 320 元，共计售价 640 000 元，增值税销项税额 83 200 元；涤棉男衬衣 2 000件，单价 280 元，共计售价 560 000 元，增值税销项税额 72 800 元；男式西服 500 套，单价 1 200 元，共计售价 600 000 元，增值税销项税额 78 000 元。

(6) 12 月 3 日，开出转账支票一张，从北京广源服装辅料公司购入服装辅料一批。其中：衬布 6 000 米，单位成本 15 元；垫肩 4 000 个，单位成本 0.9 元；棉线 400 支，单位成本 3 元；丝线 200 支，单位成本 4.1 元；花边 600 码，单位成本 2.6 元；纽扣 5 千克，单位成本 50 元。增值税进项税额共计 12 665.9 元，材料已验收入库。

(7) 12 月 3 日，开出电汇凭证，支付上月所欠宁波大成机械配件厂绣花机配件款 14 500 元。

(8) 12 月 3 日，通过银行划拨资金 300 000 元给国泰证券公司用于交易性金融资产投资。

(9) 12 月 3 日，委托国泰证券公司购入永安股份 10 000 股，并将其划分为交易性金融资产，该笔股票投资在购买日的公允价值为 190 000 元，另支付相关交易费用 2 500 元，取得的增值税专用发票上注明的增值税税额为 150 元。

(10) 12 月 4 日，开出转账支票一张，预付北京华兴纺织品公司材料款（涤棉布 2 000米，单位成本 28 元）40 000 元。

(11) 12 月 4 日，生产产品领用材料。其中：生产绣花女衬衣 3 000 件领用丝绸面料 3 600 米，共计 144 273 元；生产涤棉男衬衣 2 500 件领用涤棉布料 3 750 米，共计 115 525 元；生产男式西服 2 000 套领用纯羊毛面料 7 000 米，共计 360 850 元（发出材料成本采用先进先出法计算）。

（12）12月6日，生产产品领用材料。其中：生产绣花女衬衣领用丝线100支，共计400元；领用花边100码，共计250元；领用纽扣1千克，共计50元。生产涤棉男衬衣领用纽扣1千克，共计50元。生产男式西服领用衬布6 000米，共计90 000元；领用垫肩4 000个，共计3 660元；领用纽扣2千克，共计100元。生产产品共同领用棉线250支，按产品产量分配，其中绣花女衬衣负担300元，涤棉男衬衣负担250元，男式西服负担200元。

（13）12月10日，从北京华兴纺织品公司采购涤棉面料一批，收到增值税专用发票，其中数量2 000米，单位成本28元，总成本56 000元，增值税进项税额7 280元，对方垫付运费200元，增值税进项税额18元，材料已经验收入库，开出转账支票补付货税款及运杂费23 498元。

（14）12月10日，收到上月从北京宏盛纸箱厂采购的包装物一批。其中：包装袋6 000只，单价0.2元；包装盒5 500只，单价0.8元；包装箱500只，单价1元。货款已于上月支付。

（15）12月10日，车间机器设备维修领用机油10千克，单位成本7.2元。

（16）12月11日，用现金从北京天星文化用品公司购买办公用品，直接发放给车间和管理部门使用。其中：打印纸20包，单价20元，车间用5包，管理部门用15包；墨盒2个，单价200元，交管理部门使用。以上物品购买时增值税专用发票上注明进项税额共计104元。

（17）12月12日，收到自来水公司增值税专用发票和银行的付款通知，采用委托收款形式支付水费1 450元，增值税进项税额130.5元，耗用量共计500立方米，单位成本2.9元。其中：生产产品耗用420立方米，由绣花女衬衣负担487.20元，涤棉男衬衣负担406元，男式西服负担324.80元；车间一般耗用40立方米，共计116元；企业管理部门耗用38立方米，共计110.20元；销售部门耗用2立方米，共计5.80元。

（18）12月13日，收到供电局增值税专用发票和银行的付款通知，采用委托收款方式支付电费9 200元，增值税进项税额1 196元，耗电量共计23 000度，单位成本0.4元。其中：生产产品耗用20 000度，由绣花女衬衣负担3 200.10元，涤棉男衬衣负担2 666.75元，男式西服负担2 133.15元；车间一般耗用1 400度，共计560元；企业管理部门耗用1 500度，共计600元；销售部门耗用100度，共计40元。

（19）12月14日，开出转账支票一张，支付给太平洋保险公司北京分公司下一年度财产保险费18 000元。

（20）12月14日，从当日开始，厂部管理部门租用锦华商场办公设备一台，租期6个月，租金12 000元到期一次支付，本月计提应付租金2 000元。

（21）12月14日，职工李强从财务部预借差旅费2 000元，用现金支付。

（22）12月15日，从银行提取现金400 000元备发工资。

（23）12月15日，用现金发放职工工资（100人）。

（24）12月16日，开出一张转账支票，向大峪希望小学捐款100 000元。

（25）12月17日，北京大华商场交来转账支票一张，支付所欠货款650 000元。

（26）12月20日，由于客户方达公司违反合同规定，向其索赔，已收到方达公司转账支票一张，金额20 000元。

(27) 12 月 20 日，采用委托收款方式销售给北京蓝岛商场产品一批。其中：绣花女衬衣 2 000 件，单价 320 元，售价共计 640 000 元，增值税销项税额 83 200 元；涤棉男衬衣 1 500 件，单价 280 元，售价共计 420 000 元，增值税销项税额 54 600 元。已办妥委托收款手续，货款尚未收回。

(28) 12 月 25 日，公司将交易性金融资产（永安股份 10 000 股）兑现 285 000 元，该项投资的成本为 190 000 元，未发生公允价值变动，假设不考虑相关税费和其他因素。

(29) 12 月 30 日，根据工时和考勤记录计算分配职工工资。其中：生产工人工资 304 000 元，绣花女衬衣负担 98 165.84 元，涤棉男衬衣负担 79 166 元，男式西服负担 126 668.16 元；车间管理人员工资 15 600 元；企业管理人员工资 72 800 元；销售部门人员工资 7 600 元。

(30) 12 月 30 日，按应付工资总额的 16%计算提取职工基本养老保险费。

(31) 12 月 30 日，职工李强报销差旅费 1 900 元，交回剩余差旅费现金 100 元。

(32) 12 月 30 日，计提本月固定资产折旧。其中：生产车间负担 25 647.20 元，管理部门负担 28 255 元，销售部门负担 2 800 元。

(33) 12 月 30 日，生产产品领用包装物。其中：包装袋 5 500 只，单位成本 0.2 元，绣花女衬衣领用 3 000 只，涤棉男衬衣领用 2 500 只；包装盒 5 500 只，单位成本 0.8 元，绣花女衬衣领用 3 000 只，涤棉男衬衣领用 2 500 只；包装箱 550 只，单位成本 1 元，绣花女衬衣领用 300 只，涤棉男衬衣领用 250 只（发出包装物成本采用先进先出法计算）。

(34) 12 月 31 日，归集和分配本月发生的制造费用共计 44 519.20 元，按生产工时比例进行分配。其中：绣花女衬衣生产工时 24 800 小时，涤棉男衬衣生产工时 20 000 小时，男式西服生产工时 32 000 小时。

(35) 12 月 31 日，计算结转完工产品生产成本。其中：绣花女衬衣 3 000 件全部完工，总成本 280 509.23 元；涤棉男衬衣 2 500 件全部完工，总成本 225 074.31 元；男式西服 2 000 套，全部未完工。

(36) 12 月 31 日，计提本月短期借款利息 1 000 元，月利率 5‰，长期借款（分期付息，到期还本）利息 24 000 元，月利率 8‰。

(37) 12 月 31 日，开出转账支票一张支付电视台产品广告费，取得的增值税专用发票上注明的增值税价款为 20 000 元，税额为 1 200 元。

(38) 12 月 31 日，结转产品销售成本。其中：绣花女衬衣 4 000 件，成本共计 600 000元；涤棉男衬衣 3 500 件，成本共计 420 000 元；男式西服 500 套，成本共计 300 000 元（按先进先出法计算）。

(39) 12 月 31 日，按 7%的税率和 3%的征收率计算本期应交城建税 17 896.59 元，教育费附加 7 669.97 元。

(40) 12 月 31 日，通过银行缴纳本月应交城建税及教育费附加。

(41) 12 月 31 日，结转本月损益类账户。

(42) 12 月 31 日，计算本月应交所得税（税率 25%），并结转所得税费用。

(43) 12 月 31 日，按税后利润的 10%计算提取法定盈余公积金。

(44) 12 月 31 日，根据董事会的决定，向投资者分配利润 100 000 元。

(45) 12 月 31 日，结转“本年利润”账户，并将“利润分配”各明细账户的余额转入

“未分配利润”明细账户。

二、工具

《会计法》《企业会计准则》《会计基础工作规范》。

三、工作行动

（一）了解公司的主要经济活动

北京佳丽服装有限公司的主要经济活动分为以下三类（如图 2-1 所示）。

1. 筹资活动

（1）公司设立：筹集资本 500 万元，注册成立北京佳丽服装有限公司。

（2）公司可通过借款等方式来弥补生产经营资金的不足，如公司从银行借入 3 个月期流动资金周转借款 200 000 元。

公司经营活动和投资活动所需资金均来源于筹资活动。

2. 经营活动——公司生产和销售服装的业务活动

（1）购买材料物资，包括布料（诸如涤棉面料、丝绸面料、纯羊毛面料等）、辅助材料（诸如衬布、垫肩等）、可以周转使用的材料（诸如包装袋等）。

（2）用购买的材料物资生产、加工服装（包括绣花女衬衣、涤棉男衬衣和男式西服等）。

（3）销售服装。

3. 投资活动

（1）公司购买设备，包括生产设备（诸如服装绘图仪、裁剪机、缝纫机、绣花机、锁眼机等）、办公用设备（诸如电脑、打印机、复印机等）。同时，公司生产经营还需厂房、建筑物等。

（2）公司购买有价证券等进行投资，如委托国泰证券公司购入永安股份 10 000 股。

（二）认知经济活动涉及的会计要素

公司经济活动涉及所有的会计要素：资产、负债、所有者权益、收入、费用和利润（如图 2-1 所示）。

1. 所有者权益和负债

公司运营的资金来源有两个：初始设立时的所有者投入（所有者权益）和借款（负债）。

公司初始设立时所有者投入的资本 500 万元即可视为公司的所有者权益。公司在运营过程中从银行借入 3 个月期流动资金周转借款 200 000 元，该经济行为已发生，未来需要公司偿还，这会导致经济利益流出企业，所以，这笔借款即企业的负债。

2. 资产

公司运营资金在经营和投资过程中物化为涤棉面料等材料物资、设备、股票投资等（资产）。

公司将所有者投入资金及借款所取得的资金运用于企业生产经营和投资。如用这些资金来购买材料、设备等，这些资金就转化为企业的资产。

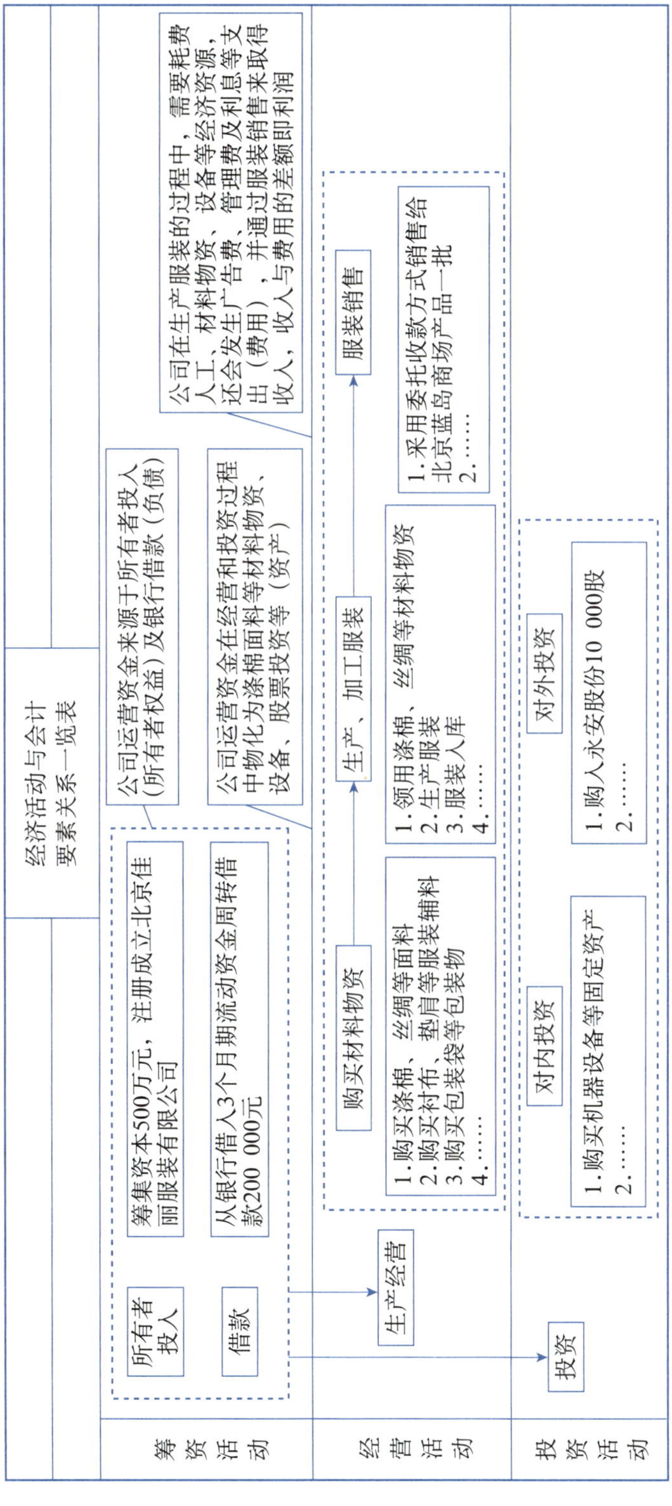

图2-1 经济活动与会计要素的关系

该公司的主要资产包括流动资产和非流动资产。其中，流动资产通常包括现金和银行存款、生产服装所需的面料和辅料，以及西服、衬衣等。服装面料、辅料之所以被划为流动资产，是因为它们通常在一个生产周期内被耗用以生产服装。公司生产的西服、衬衣等通常可以在一年内出售，所以也属于流动资产。

非流动资产主要包括厂房、生产服装所用机器设备、汽车等。厂房和设备等通常在公司内部长期使用，一般不会变现。

3. 收入、费用和利润

公司在生产服装的过程中，需要耗费人工、材料物资、设备等经济资源，还会发生广告费、管理费及利息等支出，这些经济资源的耗用和支出即费用；公司通过服装销售来取得收入，收入与费用的差额即利润。

例如，公司2024年12月2日收到转账支票一张，销售给北京万盛商场绣花女衬衣2 000件，单价320元，共计售价640 000元。公司可确认640 000元的收入，因为可导致经济利益流入公司（公司的银行存款增加了640 000元）。假定生产每件衬衣需要耗费的人工、材料及其他支出合计300元，则2 000件衬衣的成本合计600 000元。公司应在确认收入的同时，将600 000元作为费用计入当期损益。假定公司本月除销售绣花女衬衣外，没有其他任何销售收入，也未发生其他费用支出，则公司2024年12月的利润为40 000元。

（三）认知公司业务涉及的会计科目

公司结合经营活动的特点，按照我国财政部制定并颁布的《企业会计准则——应用指南》规定的会计科目，确定公司业务涉及的主要会计科目如表2-2所示。

总分类科目是对会计要素具体内容进行总括分类、提供总括信息的会计科目。例如，表2-2中的“原材料”“库存商品”等。但是，“原材料”“库存商品”等总分类科目所包含的内容有很多，为了提供更详细、更具体的会计信息，必须设置明细分类科目。例如，在“库存商品”这一总分类科目下设置了“绣花女衬衣”“涤棉男衬衣”“男式西服”明细科目，这类明细科目是根据企业具体的库存商品种类设置的。在“应交税费”这一总分类科目下设置了“应交所得税”明细科目，则是根据会计准则的规定设置的。

（四）认知公司需设置的账簿

账户是根据会计科目设置的、具有一定格式和结构、用以分类反映会计要素增减变动情况及结果的载体。我们根据公司涉及的会计科目设置公司账簿，并确定所需登记的账簿的账页格式，如表2-3所示。对于原材料等项目，除了设置“原材料”总账、“原料及主要材料”二级账外，为了更好地反映原材料核算的具体内容，我们可在“原料及主要材料”二级账下设“涤棉面料”“丝绸面料”“纯羊毛面料”三级账，这是企业经营管理的需要。

账簿按账页格式分类，可分为三栏式账簿、数量金额式账簿、多栏式账簿和横线登记式账簿。

应当采用三栏式账簿的账户有：所有的总账、现金和银行存款日记账、债权和债务明细账（应收账款明细账、应付账款明细账等）、资本账户明细账（实收资本、资本公积、盈余公积、未分配利润）等。

应当采用数量金额式账簿的账户有：原材料、库存商品等实物资产明细账。

应当采用多栏式账簿的账户有：生产成本、制造费用、主营业务收入、主营业务成本、销售费用、管理费用和财务费用等账户的明细账。

应当采用横线登记式账簿的账户有：在途物资、其他应收款等明细分类账。

四、工作成果

北京佳丽服装有限公司设置的会计科目见表 2－2，设置的账户见表 2－3。

表 2－2　北京佳丽服装有限公司会计科目一览表

经济内容	总分类科目	明细分类科目	会计科目类别
公司库存的现金	库存现金		资产类
公司在银行的存款	银行存款		资产类
现金、银行存款以外的货币资金	其他货币资金		资产类
以出售为目的的短期投资	交易性金融资产		资产类
公司应收的以商业汇票结算的货款	应收票据	北京国华商场	资产类
公司应收的销货款	应收账款	北京大华商场	资产类
计提或冲回公司可能发生的坏账损失	坏账准备		资产类
备用金、员工预借的差旅费等	其他应收款	备用金	资产类
公司购入材料	在途物资	周转材料	资产类
库存的各种材料	原材料	原料及主要材料	资产类
		辅助材料	资产类
		机物料	资产类
公司能够多次使用的材料	周转材料	包装物	资产类
		低值易耗品	资产类
库存完工产品	库存商品	绣花女衬衣	资产类
		涤棉男衬衣	资产类
		男式西服	资产类
公司对外长期投资	长期股权投资		资产类
公司的厂房、生产设备、办公设备、运输设备等	固定资产	房屋及建筑物	资产类
		专用设备	资产类
		一般办公设备	资产类
		运输设备	资产类
固定资产计提的折旧	累计折旧		资产类
采购材料物资等应支付的款项	应付账款	上海佳宁纺织品集团有限公司	负债类
		宁波大成机械配件厂	负债类
应支付的租金	其他应付款	租金	负债类
应交的所得税	应交税费	应交所得税	负债类

续表

经济内容	总分类科目	明细分类科目	会计科目类别
应支付给股东的股利	应付股利		负债类
应支付给债权人的利息	应付利息		负债类
应支付给职工的工资、福利费等	应付职工薪酬	工资、福利费等	负债类
从银行借入的长期借款	长期借款		负债类
股东的投入	实收资本		所有者权益类
资本溢价等原因形成的公积金	资本公积		所有者权益类
从税后利润中提取的公共资金积累	盈余公积		所有者权益类
当期实现的净利润（净亏损）	本年利润		所有者权益类
分配利润及其余额	利润分配		所有者权益类
归集生产的产品的成本	生产成本		成本类
归集不能直接归属于某产品的费用	制造费用		成本类
销售商品取得的收入	主营业务收入		损益类
已销售商品的取得成本	主营业务成本		损益类
销售商品时发生的费用	销售费用		损益类
公司日常管理发生的费用	管理费用		损益类
公司举借债务时发生的利息等费用	财务费用		损益类
公司负有缴纳所得税义务而发生的费用	所得税费用		损益类

表 2-3 北京佳丽服装有限公司账户一览表

总分类账		明细分类账		总分类账		明细分类账	
名称	账簿格式	名称	账簿格式	名称	账簿格式	名称	账簿格式
库存现金	三栏式账页	币种	三栏式账页	应付账款	三栏式账页	按债权人名称（上海佳宁纺织品集团有限公司、宁波大成机械配件厂）设明细账	三栏式账页
银行存款		银行账号					
其他货币资金		按其他货币资金种类设明细账		其他应付款		租金	
交易性金融资产		按类别、品种设明细账		应交税费		按应交税费项目（应交所得税）设明细账	
应收票据		按债务人名称设明细账		应付股利		按投资单位名称设明细账	
应收账款		按债务人名称（北京大华商场）设明细账		应付利息		按债权人名称设明细账	
坏账准备		按应收款项类别设明细账		应付职工薪酬		工资、奖金、津贴、补贴等	
其他应收款		备用金		长期借款		按贷款银行和种类设明细账	
在途物资		周转材料	横线登记式账页	实收资本		按投资单位名称设明细账	

续表

总分类账		明细分类账	
名称	账簿格式	名称	账簿格式
原材料	三栏式账页	原料及主要材料	数量金额式账页
		辅助材料	
		机物料	
周转材料		包装物	
		低值易耗品	
库存商品		绣花女衬衣	
		涤棉男衬衣	
		男式西服	
长期股权投资		按被投资单位设明细账	三栏式账页
固定资产		房屋及建筑物	数量金额式账页
		专用设备	
		一般办公设备	
		运输设备	
累计折旧		—	—

总分类账		明细分类账	
名称	账簿格式	名称	账簿格式
资本公积	三栏式账页	按来源设明细账	三栏式账页
盈余公积		按“法定盈余公积”“任意盈余公积”设明细账	
本年利润		—	
利润分配		按利润分配的内容设明细账	
生产成本		按产品品种设明细账，并按成本项目设置专栏	多栏式账页
制造费用		按制造费用项目设专栏	
主营业务收入		按产品品种设明细账	三栏式账页
主营业务成本		按产品品种设明细账	
销售费用		按费用项目设明细账	
管理费用		按费用项目设明细账	
财务费用		按费用项目设明细账	
所得税费用		按当期项目和递延项目设明细账	

※ 能力训练 ※

一、业务资料

北京美康食品有限公司相关资料同学习情境一项目一“能力训练”资料。2024 年 12 月，北京美康食品有限公司发生如下经济业务：

（1）12 月 1 日，从北京古船面粉厂购入原材料一批，其中：高筋粉 20 000 千克，单位成本 3 元，共 60 000 元；低筋粉 35 000 千克，单位成本 2.5 元，共 87 500 元。收到的增值税专用发票上注明价款 147 500 元，增值税进项税额为 19 175 元，对方代垫运费 550 元，增值税进项税额为 49.5 元，运费按两种原材料的重量比例分配。所购材料已经验收入库，价税款尚未支付。

（2）12 月 1 日，开出增值税专用发票，销售 250 克装奶油面包 5 000 箱，单位售价 152 元，货款共计 760 000 元，增值税销项税额共计 98 800 元。其中，向北京联华连锁超市销售 3 000 箱，向北京嘉美连锁超市销售 2 000 箱。收到北京联华连锁超市的转账支票一张，北京嘉美连锁超市价税款暂欠。

（3）12 月 1 日，从银行借入三个月期生产周转借款 180 000 元存入银行。

（4）12 月 2 日，上月从北京茂源食品包装公司购买的饼干包装箱 8 000 只（单位成本

10 元）、面包包装箱 5 000 只（单位成本 11 元）均已验收入库。

（5）12 月 2 日，委托银行划拨资金 1 000 000 元给国泰证券公司用于交易性金融资产投资。

（6）12 月 3 日，委托国泰证券公司购入江淮股份 100 000 股，并将其划分为交易性金融资产，该笔股票投资在购买日的公允价值为 976 000 元，另支付相关交易费用2 440元，取得的增值税专用发票上注明的增值税税额为 146.4 元。

（7）12 月 4 日，收到开户银行转来的付款通知，支付 12 月 1 日所欠北京古船面粉厂价税款及运杂费共计 167 274.5 元。

（8）12 月 5 日，开出增值税专用发票，向佳乐福连锁超市销售 125 克装可可双色饼干 5 000 箱，单位售价 182 元，共计 910 000 元，增值税销项税额 118 300 元。商品已经发出，价税款尚未收到。

（9）12 月 6 日，开出转账支票一张，预付平安保险公司下年度财产保险费 12 000 元。

（10）12 月 7 日，公司办公室职工杨凌出差，从财务部预借差旅费 3 000 元，以现金支付。

（11）12 月 8 日，收到转账支票一张，北京家乐食品公司投入资金 200 000 元且已入账。

（12）12 月 9 日，开出转账支票一张，支付罚款 20 000 元。

（13）12 月 11 日，收到北京广元食品机械公司转账支票一张，支付违约罚款 20 000元。

（14）12 月 15 日，开出现金支票，从银行提取现金 300 000 元备发工资。

（15）12 月 15 日，以现金发放本月职工工资 300 000 元。

（16）12 月 16 日，杨凌出差回来报销差旅费 2 800 元，交回剩余差旅费现金 200 元。

（17）12 月 17 日，收到北京嘉美连锁超市转账支票一张，收回其上月所欠购货款 100 000元。

（18）12 月 19 日，公司将交易性金融资产（江淮股份 100 000 股）兑现 1 300 000 元，该项投资的成本为 976 000 元，未发生公允价值变动，假设不考虑相关税费和其他因素。

（19）12 月 20 日，接到订单，生产 125 克装可可双色饼干 10 000 箱，领用低筋粉 36 000 千克；生产 250 克装奶油面包 5 000 箱，领用高筋粉 25 000 千克。两种产品共同领用白砂糖 17 500 千克，两种产品共同耗用材料按其定额耗用量比例分配，发出材料采用先进先出法计算成本。

（20）12 月 21 日，收到佳乐福连锁超市转账支票一张，偿还其 12 月 5 日所欠货税款 1 028 300 元并已登记入账。

（21）12 月 25 日，开出转账支票一张，从北京蓝天乳业公司购入奶油 5 000 千克，单位成本 20 元，增值税专用发票注明货款共计 100 000 元，增值税进项税额 13 000 元，材料已经验收入库。

（22）12 月 27 日，生产 125 克装可可双色饼干 10 000 箱，领用可可粉 1 000 千克，香草油 200 千克；生产 250 克装奶油面包 5 000 箱，领用奶粉 1 250 千克，干酵母 500 千克，面包改良剂 250 千克，奶油 5 000 千克，食用油 250 千克；生产饼干和面包共同领用黄油 25 500 千克，鸡蛋 15 000 千克，食盐 550 千克。两种产品共同耗用材料按其定额耗用量比例分配，发出材料采用先进先出法计算成本。

(23) 12 月 28 日，生产 125 克装可可双色饼干 10 000 箱，领用饼干包装袋 700 包，生产 250 克装奶油面包 5 000 箱，领用面包包装袋 200 包。发出包装袋成本按先进先出法计算。

(24) 12 月 29 日，生产 125 克装可可双色饼干 10 000 箱，领用饼干包装箱 10 000 只，生产 250 克装奶油面包 5 000 箱，领用面包包装箱 5 000 只。发出包装箱成本按先进先出法计算。

(25) 12 月 30 日，根据工时和考勤记录计算分配职工工资，其中生产工人工资 210 000元（生产工人工资按生产工时比例分配，其中，饼干生产工时 1 800 小时，面包生产工时 1 200 小时)，车间管理人员工资 16 000 元，企业管理人员工资 58 800 元，销售部门人员工资 15 200 元。

(26) 12 月 30 日，按应付工资总额的 16%计算提取职工基本养老保险费。

(27) 12 月 30 日，收到自来水公司增值税专用发票和银行的付款通知，支付水费 87 元，增值税进项税额 7.83 元，共计耗水 30 立方米，单位成本 2.9 元，其中生产 250 克装奶油面包耗用 10 立方米，车间一般耗用 10 立方米，企业管理部门耗用 5 立方米，销售部门耗用 5 立方米。

(28) 12 月 30 日，收到供电局增值税专用发票和银行的付款通知，支付电费 8 400 元，增值税进项税额 1 092 元，共计耗电 21 000 度，单位成本 0.4 元，其中生产产品耗用 20 000 度（按产品产量比例分配电费)，车间一般耗用 500 度，企业管理部门耗用 400 度，销售部门耗用 100 度。

(29) 12 月 30 日，计算提取本月固定资产折旧（资料见表 2－21)。

(30) 12 月 30 日，计算分配本月制造费用（按生产工时比例分配，其中，饼干生产工时 1 800 小时，面包生产工时 1 200 小时)。

(31) 12 月 30 日，本月生产的 125 克装可可双色饼干 10 000 箱、250 克装奶油面包 5 000箱全部完工，结转完工产品成本。

(32) 12 月 30 日，开出增值税专用发票，向佳乐福连锁超市、北京联华连锁超市、北京嘉美连锁超市、乐天玛特连锁超市各销售 125 克装可可双色饼干 2 500 箱、250 克装奶油面包 1 250 箱。其中：饼干单位售价 182 元，总售价 1 820 000 元；面包单位售价 152 元，总售价 760 000 元。货款共计 2 580 000 元，增值税销项税额 335 400 元。收到佳乐福连锁超市、北京嘉美连锁超市、乐天玛特连锁超市转账支票各一张，北京联华连锁超市价税款暂欠。

(33) 12 月 31 日，开出转账支票一张，支付万达商场房屋租金 12 000 元，增值税进项税额为 1 080 元。自 2019 年 7 月 1 日起，销售部租用万达商场房屋 100 平方米，租期 6 个月，每月租金 2 000 元，合同约定到期一次支付租金。前 5 个月租金已预提。

(34) 12 月 31 日，按加权平均法结转本月产品销售成本。

(35) 12 月 31 日，计算本期销售产品应缴纳的城建税和教育费附加，城建税的税率为 7%，教育费附加的征收率为 3%。

(36) 12 月 31 日，根据税收缴款书，开出转账支票支付本月应交城建税及教育费附加。

(37) 12 月 31 日，计提本月短期借款利息 900 元，月利率为 5‰，长期借款（分期付息，到期还本）利息 48 000 元，月利率为 8‰。

(38) 12 月 31 日，结转本月损益类账户，计算本月利润总额。

(39) 12 月 31 日，计算并结转本月应缴纳的所得税税额，所得税税率为 25%，计算出本月税后净利润。

(40) 12 月 31 日，年终结转“本年利润”账户。

(41) 12 月 31 日，按税后利润的 10%计算提取法定盈余公积金。

(42) 12 月 31 日，根据董事会的决定，向投资者分配利润 200 000 元。

(43) 12 月 31 日，将“利润分配”各明细账的余额转入“未分配利润”明细账。

二、工作任务行动及考核

(1) 填写工作任务清单。

(2) 填写工作任务考核报告表。

项目二　企业期初建账

学习目标

知识目标：进一步理解会计要素、会计科目和账户之间的关系，理解复式记账、借贷记账法的基本原理，以及总账、明细账和日记账之间的关系，掌握借贷记账法下账户的基本结构和试算平衡的基本原理。

能力目标：能根据企业设置的会计科目和账户进行期初建账工作，并能进行账户的期初余额试算平衡。

素养目标：树立诚实守信、坚持准则、客观公正、严谨认真的职业意识。

思维导图

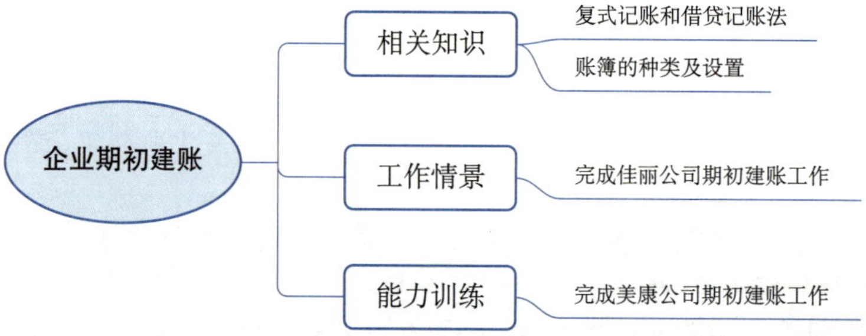

※ 相关知识 ※

一、复式记账和借贷记账法

（一）复式记账

复式记账是相对于单式记账而言的。单式记账是指对发生的每项经济业务只在一个账户中进行记录的记账方法。复式记账是指对发生的每一笔经济业务都以相等的金额，在相互联系的两个或两个以上的账户中进行记录的记账方法。我们举一个例子来说明单式记账与复式记账的区别：北京佳丽服装有限公司采购涤棉面料一批，支付价款 56 000 元。若采用单式记账法，只在账户中记录银行存款的支出 56 000 元，对于收到的涤棉面料却不在账户中记录。若采用复式记账法，一方面需要在“银行存款”账户中记录银行存款支出 56 000 元，另一方面需要在“原材料”账户中记录原材料增加56 000元。

（二）借贷记账法

借贷记账法是指以“借”“贷”为记账符号，对每一项经济业务，以相等的金额在两个或两个以上相互联系的账户中同时进行记录的一种复式记账法。借贷记账法是各种复式记账方法中应用最广泛的一种方法。

借贷记账法产生于 13 世纪的意大利。1494 年，意大利数学家卢卡·帕乔利出版了《算术、几何、比及比例概要》一书，系统地阐释了借贷记账法的理论与方法，之后逐渐流传于全世界。1992 年 11 月 30 日，我国财政部发布了《企业会计准则》，规定“会计记账采用借贷记账法”，自此，我国的所有经济单位都采用借贷记账法记账。

1. 记账符号

采用借贷记账法时，以“借”“贷”二字为记账符号，表示记账的方向。所有的账户都有两个记账方向，即“借方”和“贷方”，并且把“借方”固定在账户的左方，把“贷方”固定在账户的右方。为了会计研究和教学的方便，也为了日常业务汇总与试算平衡的方便，常常将账户简化为“T”形账户，如图 2-2 所示。对于一个具体账户而言，“借”和“贷”究竟哪个代表增加、哪个代表减少，要根据其性质及核算内容来确定。

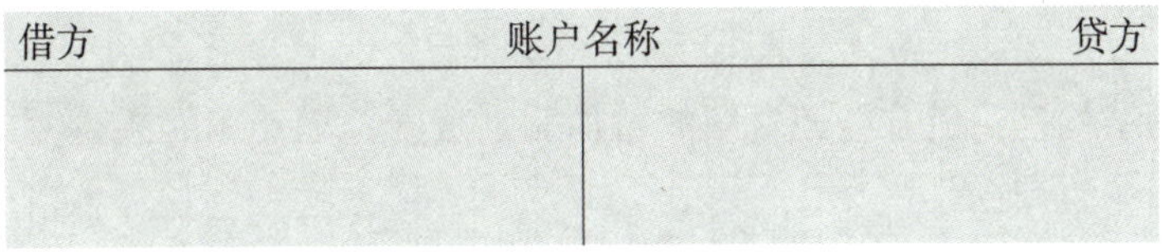

图 2-2 “T”形账户

2. 账户的基本结构

（1）资产、成本类账户。

资产、成本类账户的结构是：借方登记资产、成本的增加额，贷方登记资产的减少额或成本的转出额，账户余额一般在借方，如图 2-3 所示。

借方	资产、成本类账户名称		贷方
期初余额	×××		
资产、成本的增加额	×××	资产的减少额或成本的转出额	×××
本期发生额	×××	本期发生额	×××
期末余额	×××		

图 2-3 资产、成本类账户

$$\text{资产、成本类账户借方期末余额} = \text{借方期初余额} + \text{借方本期发生额} - \text{贷方本期发生额}$$

（2）负债、所有者权益类账户。

负债、所有者权益类账户的结构是：贷方登记负债、所有者权益的增加额，借方登记负债、所有者权益的减少额，账户余额一般在贷方，如图 2-4 所示。

借方	负债、所有者权益类账户名称		贷方
		期初余额	×××
负债、所有者权益的减少额	×××	负债、所有者权益的增加额	×××
本期发生额	×××	本期发生额	×××
		期末余额	×××

图 2-4 负债、所有者权益类账户

$$\text{负债、所有者权益类账户贷方期末余额} = \text{贷方期初余额} + \text{贷方本期发生额} - \text{借方本期发生额}$$

（3）损益类账户。

损益类账户包括益类账户和损类账户。收入增加最终导致所有者权益的增加，所以，益类账户的结构与所有者权益类账户的结构相似；而费用增加最终导致所有者权益的减少，所以，损类账户的结构与所有者权益类账户的结构相反，与资产类账户的结构相似。

益类账户的结构是：贷方登记收入的增加额，借方登记收入的减少额或转出额，期末没有余额，如图 2-5 所示。

借方	益类账户名称		贷方
收入的减少额或转出额	×××	收入的增加额	×××
本期发生额	×××	本期发生额	×××

图 2-5 益类账户

损类账户的结构是：借方登记费用的增加额，贷方登记费用的减少额或转出额，期末没有余额，如图 2-6 所示。

借方	损类账户名称		贷方
费用的增加额	×××	费用的减少额或转出额	×××
本期发生额	×××	本期发生额	×××

图 2-6 损类账户

在借贷记账法下，任何一笔业务会同时涉及两个或两个以上的账户。假定北京佳丽服装有限公司从银行借入 3 个月期流动资金周转借款 200 000 元并存入银行。该笔业务的发生会使公司的资产（银行存款）增加 200 000 元，同时使公司的负债（短期借款）增加 200 000 元。该笔业务对“银行存款”和“短期借款”账户的影响如图 2－7 所示。

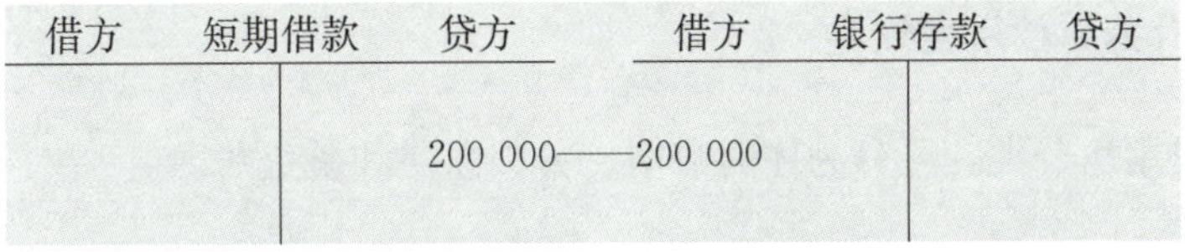

图 2－7 “银行存款”和“短期借款”账户

3. 记账规则

借贷记账法的记账规则是：有借必有贷，借贷必相等。“有借必有贷”的含义是：对于发生的每笔经济业务，在一个账户中记借方，同时在另一个或几个账户中记贷方，或者在一个账户中记贷方，同时在另一个或几个账户中记借方。“借贷必相等”的含义是：记入借方的金额与记入贷方的金额必须相等。

4. 试算平衡

借贷记账法的试算平衡有两种：一种是账户余额试算平衡法，另一种是账户发生额试算平衡法。

（1）账户余额试算平衡法。

账户余额试算平衡法是根据“资产＝负债＋所有者权益”的平衡关系而确定账户余额是否正确的一种方法。资产的余额一般在借方，负债和所有者权益的余额一般在贷方，所以，我们可以根据会计等式，得出余额试算平衡的公式：

全部账户期初（期末）借方余额合计＝全部账户期初（期末）贷方余额合计

（2）账户发生额试算平衡法。

按照借贷记账法的记账规则，记入账户借方的金额与记入账户贷方的金额必须相等。由此，我们可以得到如下账户发生额试算平衡公式：

本期全部账户借方发生额合计＝本期全部账户贷方发生额合计

通过上述公式，检查账户记录是否正确、完整的方法，我们称为账户发生额试算平衡法。

在会计实务中，账户记录的试算平衡是通过编制试算平衡表来进行的。会计人员于每月月末，在已经结出各账户本期发生额及余额以后，将所有账户的发生额和余额过入试算平衡表，并计算期初余额、本期发生额、期末余额借、贷方各自的合计数，验证账户记录是否存在发生额及余额的平衡关系。

如果试算不平衡，可以肯定账户记录或计算有错误，应查明原因，予以纠正。如果试算平衡，并不意味着账户记录完全正确，因为有一些错误的出现并不影响借、贷方的平衡，如重复登记和漏记整笔经济业务、错记账户或记反借贷方向等。所以，试算平衡存在局限性，要保证账户记录的正确性，还必须通过其他方法进行核对和检查。

二、账簿的种类及设置

会计账簿，简称账簿，是由专门格式和相互联结在一起的若干账页组成的，以会计凭证为依据，序时、分类地连续、系统、全面记录和反映各项经济业务的簿籍。账簿是编制会计报表的基础，是连接会计凭证和会计报表的中间环节，设置和登记账簿是会计核算的基本方法之一。各单位必须依法设置会计账簿。在会计实务中，账簿多种多样，为了便于理解和掌握会计账簿，可按照不同的标准对其进行分类。

（一）会计账簿按用途分类

会计账簿按用途分类，可分为序时账簿、分类账簿和备查账簿。

1. 序时账簿

序时账簿也称日记账，是按照经济业务发生的时间先后顺序，逐日逐笔登记的账簿。日记账按其记录内容的不同可分为普通日记账和特种日记账两种。

普通日记账是用来登记各单位全部经济业务的发生、完成情况的日记账。它将日常发生的经济业务以原始凭证为依据，按照先后顺序在账簿中编制会计分录，作为登记分类账的依据。因而这种日记账也称分录簿，它起到了记账凭证的作用，在我国，该种日记账较少使用。

特种日记账是专门用来登记某一特定项目经济业务发生、完成情况的日记账。将该类经济业务在账簿中按发生的时间先后顺序进行登记，可以反映出这一特定项目增减变动的详细情况。为了加强对货币资金的监督和管理，各单位必须设置现金日记账和银行存款日记账。

2. 分类账簿

分类账簿是对全部经济业务进行分类登记的账簿。按其反映内容的详细程度不同，分类账簿分为总分类账簿和明细分类账簿两种。

总分类账簿简称总账，是根据总分类科目开设的，用来总括记录全部经济业务，提供总括核算资料的簿籍。现行制度规定，单位必须设置总分类账簿。

明细分类账簿简称明细账，是根据总分类科目所属的明细分类科目开设的，用来详细记录某一类经济业务，提供明细核算资料的簿籍。明细分类账簿是总分类账簿的具体化，两者相辅相成，互为补充。各个单位在设置总分类账的基础上，还应根据会计核算和经营管理的需要设置明细分类账，进行明细分类核算。

3. 备查账簿

备查账簿也称辅助账簿，是对某些在序时账簿和分类账簿中未能登记或登记不够详细的事项进行补充登记的账簿，如“租入固定资产登记簿”。该种账簿不是单位必须设置的，而由各单位根据实际需要自行决定是否设置。备查账簿没有固定的格式，由单位根据需要自行设计。

（二）会计账簿按外表形式分类

会计账簿按外表形式分类，可分为订本账簿、活页账簿和卡片账簿。

1. 订本账簿

订本账簿是在启用前将若干账页固定装订成册，并对账页进行连续编号的账簿。其优点是可以防止账页的散失和非法抽换；缺点是必须为每一个账户预留空白账页，预留不准确会影响账簿记录的连续性或造成浪费，并且这种账簿在同一时点只能由一人登账，不便于分工记账。现行会计制度规定，现金、银行存款日记账必须使用订本账，总分类账簿一般也使用订本账。

2. 活页账簿

活页账簿是在账簿登记完毕之前，不把账页固定地装订成册，而是装在活页账夹中的账簿。这种账簿的优点是可以根据需要随时增加账页，并且有利于分工记账；缺点是账页容易丢失或被抽换。因此，活页账簿中的空白账页在使用时应按顺序连续编定分户号数和页码，由记账人员和会计主管在账页上加盖印章，放置在账夹内。账簿登记完毕后（通常是一个会计年度结束时），将账页予以装订，加具封面，再按实际使用的账页顺序编定总页数，并加具目录。明细分类账一般采用活页账簿形式。

3. 卡片账簿

卡片账簿是由印有专门格式、分散的卡片作为账页组成的账簿。这种账簿平时将账页放置在卡片箱中，由专人负责保管，可以随取随放。所以，卡片账簿是一种特殊的活页账簿，其优缺点及防范措施与活页账簿相同。它适用于记载内容比较复杂的财产物资明细账，如固定资产明细账（固定资产卡片）、原材料明细账等。

（三）会计账簿按账页格式分类

会计账簿按账页格式分类，可分为三栏式账簿、数量金额式账簿、多栏式账簿和平行式账簿。

1. 三栏式账簿

三栏式账簿是指由设置借方、贷方和余额三个金额栏的账页组成的账簿。总分类账、日记账，以及资本、债权、债务等明细账一般采用三栏式账簿。

2. 数量金额式账簿

数量金额式账簿亦称三大栏式账簿，是指由在借方、贷方和余额三大栏内分设数量、单价、金额三小栏目的账页组成的账簿。原材料、库存商品等实物资产明细账一般采用数量金额式账簿。

3. 多栏式账簿

多栏式账簿是指由在借方、贷方两个基本栏次中按需要又分设若干专栏的账页所组成的账簿。例如，多栏式日记账，多栏式收入、成本、费用明细账。

4. 平行式账簿

平行式账簿是指利用平行登记式账页将同一经济业务的若干内容在同一横行进行详细登记的账簿，又称为横线登记式账簿。这种账簿一般用于“在途物资”“其他应收款”等明细分类账。

※ 工作情景 ※

一、资料

北京佳丽服装有限公司 2024 年 12 月 1 日总分类账户和明细分类账户余额资料如下。

（一）总分类账户余额

总分类账户余额如表 2－4 所示。

表 2-4 总分类账户余额

2024 年 12 月 1 日 单位：元

账户名称	借或贷	期初数	账户名称	借或贷	期初数
库存现金	借	7 000	应付账款	贷	426 800
银行存款	借	2 843 000	其他应付款	贷	2 000
其他货币资金	借		应交税费	贷	76 000
交易性金融资产	借		应付股利	贷	80 000
应收票据	借	265 000	应付利息	贷	650 000
应收账款	借	650 000	应付职工薪酬	贷	35 000
坏账准备	贷	0	长期借款	贷	6 500 000
其他应收款	借	10 000	实收资本	贷	5 500 000
在途物资	借	6 100	资本公积	贷	643 500
原材料	借	217 376	盈余公积	贷	298 000
周转材料	借	35 800	本年利润	贷	1 700 000
库存商品	借	2 100 000	利润分配	贷	772 464
长期股权投资	借	145 000			
固定资产	借	13 295 900			
累计折旧	贷	2 891 412			
合计	借	16 683 764	合计	贷	16 683 764

（二）几个主要明细账户的期初余额

应收票据——北京国华商场：265 000 元。

应收账款——北京大华商场：650 000 元。

应付账款——上海佳宁纺织品集团有限公司：412 300 元。

——宁波大成机械配件厂：14 500 元。

其他应收款——备用金：10 000 元。

其他应付款——租金：2 000 元。

固定资产——房屋及建筑物：9 859 400 元。

——专用设备：2 560 000 元。

——一般办公设备：216 500 元。

——运输设备：660 000 元。

应交税费——应交所得税：76 000 元。

应付职工薪酬——福利费：35 000 元。

（三）在途物资、原材料、周转材料、库存商品明细账余额

在途物资、原材料、周转材料、库存商品明细账余额见表 2-5。

表 2-5 在途物资、原材料、周转材料、库存商品明细账 单位：元

总分类账	明细分类账		期初余额		
	二级账	三级账	数量	单位成本	金额
在途物资	周转材料	包装袋	6 000 只	0.2	1 200
		包装盒	5 500 只	0.8	4 400
		包装箱	500 只	1.0	500

续表

总分类账	明细分类账		期初余额		
	二级账	三级账	数量	单位成本	金额
原材料	原料及主要材料	涤棉面料	1 000 米	30.0	30 000
		丝绸面料	1 500 米	40.0	60 000
		纯羊毛面料	2 000 米	50.0	100 000
	辅助材料	衬布	1 600 米	15.0	24 000
		垫肩	600 个	1.0	600
		棉线	300 支	3.0	900
		丝线	150 支	4.0	600
		花边	180 码	2.5	450
		纽扣	5 千克	50.0	250
	机物料	机油	80 升	7.2	576
周转材料	包装物	包装袋	500 只	0.2	100
		包装盒	500 只	0.8	400
		包装箱	200 只	1.0	200
	低值易耗品	绣花机配件	10 套	1 450.0	14 500
		缝纫机配件	15 套	1 200.0	18 000
		衣架	2 000 只	1.3	2 600
库存商品	绣花女衬衣		6 000 件	150.0	900 000
	涤棉男衬衣		5 000 件	120.0	600 000
	男式西服		1 000 套	600.0	600 000

二、工具

《会计法》、《会计基础工作规范》、总分类账及各种明细分类账账页等。

三、工作行动

（一）账簿启用

在启用会计账簿时，应填写封面及扉页的主要内容。封面主要标明账簿名称和记账单位名称。例如，总分类账、××明细分类账、现金日记账、银行存款日记账等。扉页主要列示账簿启用登记表和账户目录。

会计人员启用新账簿时，应在账簿封面上写明单位名称和账簿名称，在账簿的扉页上填写账簿启用登记表和账户目录。在账簿启用登记表中详细填写单位名称、账簿名称、启用日期、账簿册数、账簿编号、账簿页数（活页账一般是会计年度结束，结完账装订成册后才能标出账页的连续页码）、记账人员和会计机构负责人或会计主管人员姓名，加盖名章和单位公章，粘贴印花税票，并在印花税票中间画两条出头的横线以示注销。记账人员或会计机构负责人（或会计主管人员）如有变动，应办理交接手续，注明交接日期、接替人员和监交人员姓名，并由交接双方人员签名、盖章。没有办清交接手续的，不得调动或离职。

（二）总分类账期初建账

总分类账（见表2-6）一般采用三栏式的订本账。

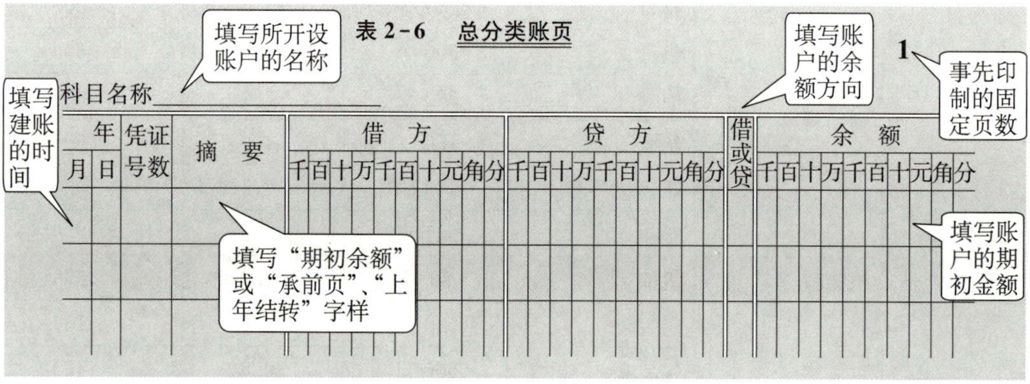

（三）明细账期初建账

明细账的设置比较复杂，应根据各单位的实际需要，按照总分类科目的二级科目、三级科目以及更详细分类的科目分类设置。明细账一般采用活页式账簿，个别的采用卡片式账簿，其账页的格式应根据各单位经济管理的需要和各明细分类账记录内容的不同，采用三栏式、数量金额式、多栏式和平行式等。

1. 三栏式明细分类账

三栏式明细分类账见表2-7。

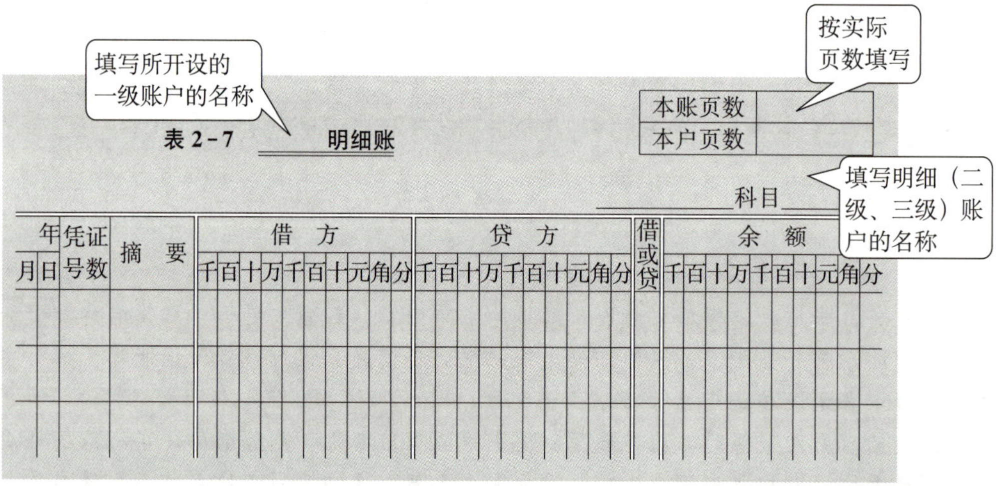

2. 数量金额式明细分类账

数量金额式明细分类账见表2-8。

分别填写材料物资的类别、名称、规格、计量单位、编号等

填写账户名称

填写期初结存材料物资的数量、单价和金额

本账页数	
本户页数	

表 2-8 明细账

类别： 名称： 规格： 计量单位： 编号：

年		凭单号	摘要	借方			贷方			余额		
				数量	单价	金额	数量	单价	金额	数量	单价	金额
月	日					千百十万千百十元角分			千百十万千百十元角分			千百十万千百十元角分

3. 多栏式明细分类账

多栏式明细分类账见表 2-9。

按账户具体分类的项目，填写借方（贷方）各项目及金额

填写账户名称

表 2-9 ______

科目名称：______

年		凭单号	摘要	借方	贷方	借或贷	余额		
月	日			百十万千百十元角分	百十万千百十元角分		百十万千百十元角分	百十万千百十元角分	百十万千百十元角分

按账户具体分类的项目，填写借方（贷方）各项目及金额

明细账

借（贷）方金额分析					
百十万千百十元角分	百十万千百十元角分	百十万千百十元角分	百十万千百十元角分	百十万千百十元角分	百十万千百十元角分

4. 平行式明细分类账

平行式明细分类账见表 2-10。

已付款但货物在途时，在账页左边记录

货物到达验收入库时，在账页同一行次的右边记录

表 2-10　在途物资登记簿

付款记录									收料记录						
年		凭证		供应单位	发票号	材料名称	数量	金额	年		凭证		实收数量	金额	备注
月	日	字	号						月	日	字	号			

(四) 试算平衡

按照账户余额试算平衡法，对期初余额进行试算平衡。

四、工作成果

北京佳丽服装有限公司 2024 年 12 月 1 日期初建账如下：

(1) 以总分类账户为例，账簿启用登记表和账户目录见表 2-11、表 2-12。

表 2-11　总分类账簿启用登记表

设计单位：北京市财政局

使用者名称		北京佳丽服装有限公司			印鉴
账簿编号		总字第 1 号　第 1 册			北京佳丽服装有限公司 ★ 公章 王治印 芳
账簿页数		本账簿共计使用　　页			
启用日期		2024 年 12 月 1 日			
截止日期		年　月　日			
责任者盖章	记账	审核	主管	部门领导	
	田静			李新	

交接记录					
姓名	交接日期		交接盖章	监交人员	
				职务	姓名
	经管	年　月　日			
	交出	年　月　日			
	经管	年　月　日			
	交出	年　月　日			
	经管	年　月　日			
	交出	年　月　日			

印花税票

表 2-12 账户目录

科目名称	页次	科目名称	页次	科目名称	页次
库存现金	1				
银行存款	3				
应收票据	9				
应收账款	11				
……					

（2）总分类账户期初建账，以“应收账款”为例（见表 2-13）。

表 2-13 总分类账页 11

科目名称 应收账款

2024年		凭证号数	摘要	借方										贷方										借或贷	余额									
月	日			千	百	十	万	千	百	十	元	角	分	千	百	十	万	千	百	十	元	角	分		千	百	十	万	千	百	十	元	角	分
12	1		承前页																					借			6	5	0	0	0	0	0	0

（3）三栏式明细分类账期初建账，以银行存款日记账、应收账款明细账为例（见表 2-14 和表 2-15）。

表 2-14 银行存款日记账 1

2024年		凭证号	结算凭证		摘要	对方科目	借方										贷方										借或贷	余额									
月	日		种类	号数			千	百	十	万	千	百	十	元	角	分	千	百	十	万	千	百	十	元	角	分		千	百	十	万	千	百	十	元	角	分
12	1				承前页																						借		2	8	4	3	0	0	0	0	0

本账页数	
本户页数	

表 2-15 应收账款明细账

科目 北京大华商场

2024年		凭证号数	摘要	借方										贷方										借或贷	余额									
月	日			千	百	十	万	千	百	十	元	角	分	千	百	十	万	千	百	十	元	角	分		千	百	十	万	千	百	十	元	角	分
12	1		承前页																					借			6	5	0	0	0	0	0	0

（4）数量金额式明细账期初建账，以原材料——原料及主要材料（涤棉面料）明细账

为例（见表 2－16）。

本账页数	
本户页数	

表 2－16　原材料明细账

类别：原料及主要材料　　名称：涤棉面料　　规格：　　计量单位：米　　编号：

2024年		凭单号	摘要	借方												贷方												余额											
月	日			数量	单价	金额										数量	单价	金额										数量	单价	金额									
						千	百	十	万	千	百	十	元	角	分			千	百	十	万	千	百	十	元	角	分			千	百	十	万	千	百	十	元	角	分
12	1		承前页																									1 000	30.00				3	0	0	0	0	0	0

（5）平行式账页期初建账，以在途物资明细账为例（见表 2－17）。

表 2－17　在途物资登记簿

付款记录									收料记录						
2024年		凭证		供应单位	发票号	材料名称	数量	金额	年		凭证		实收数量	金额	备注
月	日	字	号						月	日	字	号			
12	1			北京宏盛纸箱厂		包装袋 包装盒 包装箱	6 000 只 5 500 只 500 只	6 100							

（6）账户期初余额试算平衡表见表 2－18。

表 2－18　账户期初余额试算平衡表

2024 年 12 月 1 日　　单位：元

资产类账户	借方期初余额	负债和所有者权益类账户	贷方期初余额
库存现金	7 000	应付账款	426 800
银行存款	2 843 000	其他应付款	2 000
其他货币资金		应交税费	76 000
交易性金融资产		应付股利	80 000
应收票据	265 000	应付利息	650 000
应收账款	650 000	应付职工薪酬	35 000
坏账准备		长期借款	6 500 000
其他应收款	10 000	实收资本	5 500 000
在途物资	6 100	资本公积	643 500
原材料	217 376	盈余公积	298 000
周转材料	35 800	本年利润	1 700 000
库存商品	2 100 000	利润分配	772 464
长期股权投资	145 000		
固定资产	13 295 900		
累计折旧	—2 891 412		
合计	16 683 764	合计	16 683 764

经过试算平衡检查，北京佳丽服装有限公司各账户期初余额登记正确。

※ 能力训练 ※

一、业务资料

(1) 北京美康食品有限公司总分类账户余额表如表 2-19 所示。

表 2-19 总分类账户余额表

2024 年 12 月 1 日　　　　单位：元

账户名称	借或贷	期初数	账户名称	借或贷	期初数
库存现金	借	7 000	应付账款	贷	120 000
银行存款	借	1 576 000	其他应付款	贷	10 000
其他货币资金	借		应交税费	贷	54 000
交易性金融资产	借		应付股利	贷	150 000
应收票据	借	300 000	应付利息	贷	576 000
应收账款	借	100 000	应付职工薪酬	贷	108 000
坏账准备	贷		长期借款	贷	6 000 000
其他应收款	借	4 000	实收资本	贷	5 500 000
在途物资	借	360 000	资本公积	贷	500 000
原材料	借	1 501 000	盈余公积	贷	500 000
周转材料	借	172 000	本年利润	贷	1 500 000
库存商品	借	1 185 000	利润分配	贷	911 420
长期股权投资	借	200 000			
固定资产	借	11 836 500			
累计折旧	贷	1 312 080			
合计	借	15 929 420	合计	贷	15 929 420

(2) 几个主要明细账户的期初余额如下：

应收票据——北京物美连锁超市：300 000 元。

应收账款——北京嘉美连锁超市：100 000 元。

应付账款——北京古船面粉厂：120 000 元。

其他应收款——备用金：4 000 元。

其他应付款——租金：10 000 元。

应交税费——应交所得税：54 000 元。

应付职工薪酬——福利费：108 000 元。

(3) 期初在途物资、原材料、周转材料、库存商品明细账余额资料如表 2-20 所示。

表 2-20 在途物资、原材料、周转材料、库存商品明细账 单位：元

总分类账	二级账	三级账	期初余额		
			数量	单位成本	金额
在途物资	周转材料	饼干包装箱	8 000 只	20.00	160 000
		面包包装箱	5 000 只	40.00	200 000
原材料	原料及主要材料	高筋粉	10 000 千克	3.00	30 000
		低筋粉	10 000 千克	2.50	25 000
	辅助材料	白砂糖	20 000 千克	4.80	96 000
		奶粉	4 000 千克	50.00	200 000
		鸡蛋	20 000 千克	7.00	140 000
		食盐	5 000 千克	7.00	35 000
		黄油	30 000 千克	21.00	630 000
		面包改良剂	1 000 千克	60.00	60 000
		干酵母	1 000 千克	44.00	44 000
		食用油	1 000 千克	12.00	12 000
		奶油	—	—	—
		可可粉	4 000 千克	51.00	204 000
		香草油	1 000 千克	25.00	25 000
周转材料	包装物	面包包装袋	1 000 包	50.00	50 000
		饼干包装袋	1 000 包	60.00	60 000
		面包包装箱	2 000 只	11.00	22 000
		饼干包装箱	4 000 只	10.00	40 000
库存商品	250 克装奶油面包		5 000 箱	105.00	525 000
	125 克装可可双色饼干		6 000 箱	110.00	660 000

(4) 固定资产及累计折旧期初资料如表 2-21 所示。

表 2-21 固定资产及累计折旧期初资料 单位：元

总分类账户	固定资产明细账	明细分类账					原始价值	月折旧率	累计已提折旧
		使用部门	品名规格	计量单位	数量	单价			
固定资产	房屋及建筑	基本生产车间	厂房	m^2	500	7 000	3 500 000	3‰	252 000
		公司管理部门	办公楼	m^2	400	7 000	2 800 00	3‰	201 600
			仓库	m^2	100	7 000	700 000	3‰	50 400
			职工食堂	m^2	200	7 000	1 400 000	3‰	100 800
	专用设备	基本生产车间	面包生产线	套	1	1 500 000	1 500 000	8‰	288 000
			饼干生产线	套	1	1 000 000	1 000 000	8‰	192 000
	一般办公设备	公司管理部门	电脑	台	10	8 000	80 000	20‰	9 600
			打印机	台	5	3 500	17 500	20‰	8 640
			复印机	台	2	12 000	24 000	20‰	5 760
			空调	台	8	3 500	28 000	15‰	5 040
			办公家具	套	20	2 600	52 000	5‰	6 240
			保险柜	套	3	5 000	15 000	5‰	60 000
	运输设备	公司管理部门	小轿车	辆	2	160 000	320 000	0.4 元/千米	60 000
		销售部	中型货车	辆	2	200 000	400 000	0.4 元/千米	72 000

注：小轿车本月行驶 5 000 千米，中型货车本月行驶 6 000 千米。

二、工作任务行动与考核

(1) 填写工作任务清单。
(2) 填写工作任务考核报告表。

会计职场圈

职场箴言

合抱之木，生于毫末；九层之台，起于累土；千里之行，始于足下。

职场提醒

财务人牢记“五要”“五不要”：

要道德操守，不要失去道德底线；
要懂法守法，不要知法犯法抗法；
要尊重事实，不要编造经营假象；
要真实记账，不要做假账两套账；
要依法申报，不要偷税骗税虚开。

案例

许某在某陶瓷公司担任会计期间，受该公司总经理黄某某（已判刑）和财务总监张某某（已判刑）指使，设立真假两套财务账，三年间，隐藏主营业务收入过千万元，偷逃税款 569 150.96 元（事后已补缴）。

法院认为，许某伙同他人采取隐瞒、伪造记账凭证少列主营业务收入，逃避缴纳税款，数额巨大，且占应纳税额百分之三十以上，其行为已构成逃税罪。虽然已补缴税款，但也无法免除责任。许某因犯逃税罪，被判处有期徒刑三年，缓刑三年，并处罚金人民币 100 000 元。

《会计法》第三十八条明确规定，因有提供虚假财务会计报告，做假账，隐匿或者故意销毁会计凭证、会计账簿、财务会计报告，贪污，挪用公款，职务侵占等与会计职务有关的违法行为被依法追究刑事责任的人员，不得再从事会计工作。

学习情境三

原始凭证的填制、审核与传递

项目一　原始凭证的填制

学习目标

知识目标：了解原始凭证的种类，熟悉原始凭证的内容，掌握原始凭证的填制方法。

能力目标：能根据企业的主要经济业务，熟练填制常见的原始凭证。

素养目标：具有诚实守信、廉洁自律的职业素养和客观公正的社会责任感。

思维导图

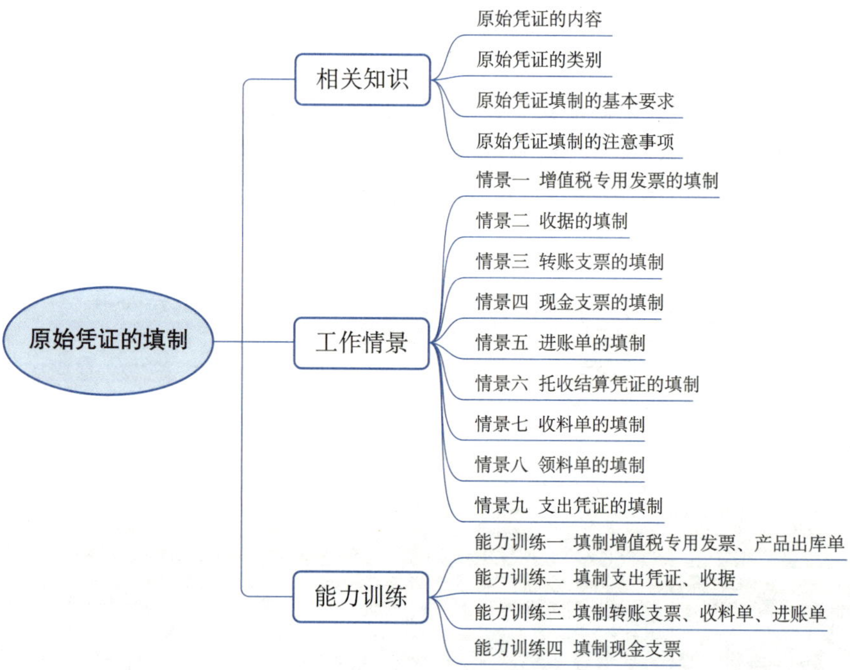

※ 相关知识 ※

会计凭证是记录经济业务，明确经济责任，据以登记账簿的书面证明。企业和单位在发生任何一项经济业务时，都必须取得或填制会计凭证。会计凭证是多种多样的，按其填制程序和用途不同，可分为原始凭证和记账凭证。

一、原始凭证的内容

原始凭证也称单据，是指企业或单位在经济业务发生或完成时取得或填制的，用以载明经济业务的具体内容，明确经济责任的一种书面证明。例如，发票、收据、入库单、支票、车票等。原始凭证具有法律效力，是填制记账凭证或登记账簿的原始依据，是重要的会计核算资料。

经济活动纷繁复杂，来源于经济活动的原始凭证也是种类繁多，格式各异。为了反映经济业务的发生或完成情况，表明经济业务的性质，明确有关单位和个人的经济责任，无论哪一种原始凭证都应该具备一些最基本的内容。原始凭证的基本要素如下：

（1）凭证的名称。它表明原始凭证所记录经济业务内容的种类，反映原始凭证的用途。如增值税专用发票、收料单等，都是原始凭证的名称。

（2）凭证的日期和编号。凭证的日期一般是经济活动发生或完成的日期。

（3）填制凭证单位的名称或填制人姓名。

（4）经办人员的签名或盖章。它用以明确经办单位及人员的经济责任。

（5）接受凭证的单位名称或个人姓名。

（6）经济业务内容。主要是表明经济业务的项目、名称、性质及有关的附注。该项内容是对凭证名称的具体说明，应设置专门的摘要栏进行记录。

（7）经济业务的数量、单价和金额。这是原始凭证的核心内容，因为会计信息主要是通过对经济业务的数据加工而得到的，该项内容是会计货币计量的假设所决定的。

二、原始凭证的类别

原始凭证种类繁多，可以按不同的标志对其分类。

（一）按来源分类

原始凭证按来源不同，可以分为外来原始凭证和自制原始凭证。

1. 外来原始凭证

外来原始凭证是指在经济业务活动发生或完成时，从其他单位或个人处直接取得的原始凭证。例如，购进货物时取得的发票，乘坐交通工具时取得的火车票、飞机票，对外支付款项时取得的收据等。

2. 自制原始凭证

自制原始凭证是指本单位内部具体经办业务的部门和人员，在执行或完成某项经济业务时所填制的原始凭证。例如，购买货物时填写的支票，材料入库时填制的收料单，销售产品时填制的销货发票等。

（二）按填制方法分类

原始凭证按填制方法不同，可以分为一次凭证、累计凭证和汇总原始凭证。

1. 一次凭证

一次凭证是指凭证的填制手续一次完成，用以记录一项或若干项同类性质经济业务的原始凭证。例如，收料单、领料单、发票、收款收据、费用报销单等。所有的外来原始凭证和大部分自制原始凭证都属于一次凭证。

2. 累计凭证

累计凭证是指对某些在一定时期内不断重复发生的同类经济业务，在规定的期限内多次、连续地加以记录的原始凭证。例如，限额领料单、费用限额卡等。累计凭证属于自制原始凭证。

3. 汇总原始凭证

汇总原始凭证又称原始凭证汇总表，是指将一定时期内反映同类经济业务的若干张同类原始凭证加以汇总，编制成一张原始凭证。例如，收料凭证汇总表、发料凭证汇总表、工资结算汇总表等。

（三）按格式分类

原始凭证按格式不同，可以分为通用凭证和专用凭证。

1. 通用凭证

通用凭证是指在一定范围内具有统一格式和使用方法的凭证。这里的“一定范围”，可以是全国范围，也可以是某省、某市、某地区或某系统。例如，全国统一使用的各种银行结算凭证、火车票，某一地区统一印制的收款收据等。

2. 专用凭证

专用凭证是指具有特定内容和专门用途的原始凭证。例如，增值税专用发票、差旅费报销单等。

三、原始凭证填制的基本要求

（1）真实可靠。即必须根据发生的真实经济业务填制原始凭证，不弄虚作假。

（2）内容完整。即原始凭证的项目要逐项填写，签字和盖章必须齐全，不可遗漏，所有联次一次填制完成，并保证其内容和金额一致。

（3）填制及时。即每项经济业务发生或完成时，应立即填制原始凭证，做到不事后补填、不误时、不积压。

（4）书写清楚。即文字、数字书写工整，易于辨认；复写的凭证不串格、串行，不模糊。

（5）顺序使用。即按照原始凭证编号的次序连续使用，不得跳号；如出现跳号情况，跳号的凭证应加盖“作废”戳记，不得撕毁，并与存根一同保存。

四、原始凭证填制的注意事项

（1）阿拉伯数字应当一个一个地写，不得连笔写。阿拉伯金额数字前面应当书写币种符号或者货币名称简写和币种符号。币种符号与阿拉伯金额数字之间不得留有空白。凡阿拉伯数字前写有币种符号的，数字后面不再写货币单位。

（2）所有以元为单位（其他货币种类为货币基本单位）的阿拉伯数字，除表示单价等情况外，一律填写到角分；无角分的，角位和分位可写“0”，或者用符号“—”代替；有角无分的，分位应当写“0”，不得用符号“—”代替。

（3）汉字大写数字金额如零、壹、贰、叁、肆、伍、陆、柒、捌、玖、拾、佰、仟、万、亿等，一律用正楷或者行书体书写，不得用〇、一、二、三、四、五、六、七、八、九、十等简化字代替，不得任意自造简化字。大写数字金额到元或者角为止的，在“元”或者“角”字之后应当写“整”字或者“正”字；大写数字金额有分的，分字后面不写“整”字或者“正”字。

（4）大写数字金额前未印有货币名称的，应当加填货币名称，货币名称与金额数字之间不得留有空白。合计的小写金额前应加“￥”符号。凡填有大写和小写金额的原始凭证，大写与小写金额必须相符。

（5）阿拉伯金额数字中间有“0”时，汉字大写金额要写“零”字；阿拉伯金额数字中间连续有几个“0”时，汉字大写金额可以只写一个“零”字；阿拉伯金额数字元位是“0”，或者数字中间连续有几个“0”、元位也是“0”但角位不是“0”时，汉字大写金额可以只写一个“零”字，也可以不写“零”字。

※ 工作情景 ※

情景一　增值税专用发票的填制

一、资料

2024 年 12 月 20 日，北京佳丽服装有限公司销售给北京蓝岛商场产品一批，其中：绣花女衬衣 2 000 件，单价 320 元，售价共计 640 000 元，增值税销项税额 83 200 元；涤棉男衬衣 1 500 件，单价 280 元，售价共计 420 000 元，增值税销项税额 54 600 元。

北京蓝岛商场的相关资料如下：

纳税人识别号：110105123456789。

地址、电话：朝阳区十八里铺 1 号，89520000。

开户行及账号：中国工商银行朝阳支行，0200020020187654321。

二、工具

(1) 北京增值税专用发票一式三联（发票联见图 3-1）。

北京增值税专用发票

1100232130　　全国统一发票监制章 北京 国家税务局监制　　№ 08939119

发票联　　开票日期

购买方	名　称： 纳税人识别号： 地 址、电 话： 开户行及账号：					密码区		
货物或应税劳务、服务名称	规格型号	单位	数量	单价	金额	税率	税额	
合　计								
价税合计（大写）	（小写）							
销售方	名　称： 纳税人识别号： 地 址、电 话： 开户行及账号：					备注		

收款人：　复核：　开票人：　销售方：（章）

税总函［2024］203号北京印钞有限公司

第三联 发票联 购买方记账凭证

图 3-1　北京增值税专用发票票样

第一联：记账联，销售方记账凭证。

第二联：抵扣联，购买方扣税凭证。

第三联：发票联，购买方记账凭证。

(2) 电脑、税控发票打印机。

三、工作行动

“开票日期”——按销售业务发生或完成的日期填写。

“购买方”——按购货单位的相关资料填写，单位名称要填写全称，不得简写。

“密码区”——密码必须清晰打印在密码区内，不得出线或有污迹，否则发票将不能通过认证，其抵扣联将不能进行进项税额的抵扣。

“货物或应税劳务、服务名称”——填写销售货物或提供劳务、服务的名称，如品种较多，也可按不同税率的货物汇总填写。

“规格型号”“单位”“数量”——按销售货物或提供劳务、服务的型号、单位、数量填写。如果汇总开具发票，此栏可不填。

“单价”——填写货物或提供劳务、服务的不含税单位价格。如果汇总开具发票，此栏可以不填写。

“金额”——填写销售货物或提供劳务、服务的销售额。销售额＝单价×数量。

“税率”——按销售货物或提供劳务、服务的适用税率填写。

“税额”——按“税额=销售额×税率”的计算结果填写。

“合计”——填写“金额”“税额”的合计数，注意合计金额前要加“¥”。

“价税合计（大写）（小写）”——填写销售货物或提供劳务、服务的销售额与税额汇总数额的大小写金额。大写金额应顶格填写，不留空。

“销售方”——按销货单位的名称及相关资料填写，不得简写。

签名盖章——收款人或开票人应签名、盖章。发票联和购货方扣税凭证要加盖销售单位发票专用章。如开出的是汇总发票，则必须同时开具加盖财务专用章或发票专用章的销货清单。

开具红字专用发票的情况：

增值税一般纳税人取得专用发票后，发生销货退回、开票有误等情形但不符合作废条件的，或者销货部分退回及发生销售折让的，购买方应向主管税务机关填报“开具红字增值税专用发票申请单”；主管税务机关对一般纳税人填报的申请单进行审核后，出具“开具红字增值税专用发票通知单”；购买方必须暂依通知单所列增值税税额从当期进项税额中转出，未抵扣增值税进项税额的可列入当期进项税额，待取得销售方开具的红字专用发票后，与留存的通知单一并作为记账凭证；销售方凭购买方提供的通知单开具红字专用发票，在防伪税控系统中以销项负数开具。

四、工作成果

北京佳丽服装有限公司开具的增值税专用发票如图3-2所示。

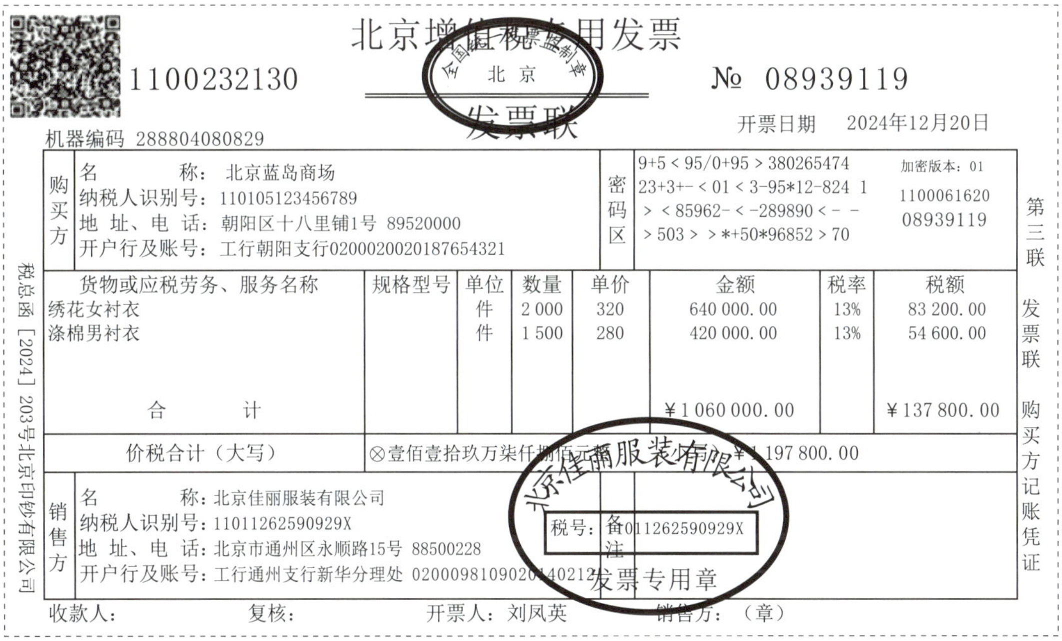

北京增值税专用发票

（全国统一发票监制章 北京）

1100232130　　　　№ 08939119

发票联

机器编码 288804080829　　　　开票日期 2024年12月20日

购买方	名　　称：北京蓝岛商场 纳税人识别号：110105123456789 地 址、电 话：朝阳区十八里铺1号 89520000 开户行及账号：工行朝阳支行0200020020187654321	密码区	9+5＜95/0+95＞380265474 23+3+-＜01＜3-95*12-824 1 ＞＜85962-＜-289890＜- - ＞503＞＞*+50*96852＞70

加密版本：01　1100061620　08939119

货物或应税劳务、服务名称	规格型号	单位	数量	单价	金额	税率	税额
绣花女衬衣		件	2 000	320	640 000.00	13%	83 200.00
涤棉男衬衣		件	1 500	280	420 000.00	13%	54 600.00
合　　计					¥1 060 000.00		¥137 800.00
价税合计（大写）	⊗壹佰壹拾玖万柒仟捌佰元整				（小写）¥1 197 800.00		

销售方	名　　称：北京佳丽服装有限公司 纳税人识别号：11011262590929X 地 址、电 话：北京市通州区永顺路15号 88500228 开户行及账号：工行通州支行新华分理处 02000981090201402121	备注	（北京佳丽服装有限公司 税号：11011262590929X 发票专用章）

收款人：　　复核：　　开票人：刘凤英　　销售方：（章）

第三联 发票联 购买方记账凭证

税总函〔2024〕203号北京印钞有限公司

图3-2 开具的增值税专用发票

加油站

增值税电子发票和数电发票

增值税电子发票，是电子发票的一种，分为增值税电子专用发票和增值税电子普通发票。自2015年12月1日起，国家税务总局决定，在全国范围内推行增值税电子发票系统开具增值税电子普通发票。自2021年1月21日起，在新办纳税人中实行增值税专用发票电子化。

增值税电子普通发票的发票代码为12位，编码规则为：第1位为0，第2～5位代表省、自治区、直辖市和计划单列市，第6～7位代表年度，第8～10位代表批次，第11～12位代表票种（11代表增值税电子普通发票）。发票号码为8位，按年度、分批次编制。

增值税电子普通发票的开票方和受票方需要纸质发票的，可以自行打印增值税电子普通发票的版式文件，其法律效力、基本用途和基本使用规定等与税务机关监制的增值税普通发票相同。

增值税电子专用发票属于增值税专用发票，其法律效力、基本用途、基本使用规定等与增值税纸质专用发票相同。电子专票采用电子签名代替原发票专用章。纳税人可通过全国增值税发票查验平台下载增值税电子发票版式文件阅读器，查阅电子专票并验证电子签名的有效性。电子专票无须加盖发票专用章。北京增值税电子普通发票和专用发票见图3-3、图3-4。

北京增值税电子普通发票

全国统一发票监制章 国家税务总局 北京市税务局

发票代码：
发票号码：
开票日期：
校 验 码：

机器编号：

购买方	名　　称： 纳税人识别号： 地 址、电 话： 开户行及账号：	密码区	

货物或应税劳务、服务名称	规格型号	单位	数量	单价	金额	税率	税额
合　　计							
价税合计（大写）	（小写）						

销售方	名　　称： 纳税人识别号： 地 址、电 话： 开户行及账号：	备注	

收款人：　　复核：　　开票人：　　销售方：（章）

图3-3　北京增值税电子普通发票

北京增值税电子专用发票

全国统一发票监制章
国家税务总局
北京市税务局

发票代码：
发票号码：
开票日期：
校 验 码：

机器编号：

购买方	名　　称： 纳税人识别号： 地 址、电 话： 开户行及账号：				密码区			
货物或应税劳务、服务名称 合　　计	规格型号	单位	数量	单价	金额	税率	税额	
价税合计（大写）					（小写）			
销售方	名　　称： 纳税人识别号： 地 址、电 话： 开户行及账号：				备注			

收款人：　　复核：　　开票人：

图 3-4　北京增值税电子专用发票

自 2024 年 12 月 1 日起，国家税务总局在全国正式推广应用全面数字化电子发票（简称数电发票）。

数电发票（见图 3-5）是《中华人民共和国发票管理办法》中“电子发票”的一

电子发票（增值税专用发票）

全国统一发票监制章
国家税务总局
北京市税务局

发票号码：
开票日期：

二维码

购买方信息	名　称： 统一社会信用代码/纳税人识别号：				销售方信息	名　称： 统一社会信用代码/纳税人识别号：		
项目名称 合　　计	规格型号	单位	数量	单价	金额	税率/征收率	税额	
价税合计（大写）					（小写）			
备注								

开票人：

图 3-5　北京增值税数电发票

种，是指将发票的票面要素全面数字化、号码全国统一赋予、开票额度智能授予、信息通过税务数字账户等方式在征纳主体之间自动流转的新型发票。数电发票与纸质发票具有同等法律效力。

数电发票的发票号码为20位，没有发票代码。数电发票的票面取消了联次，不区分记账联、发票联、抵扣联。同时，取消了校验码、收款人、复核人、销售方（章）、地址栏、银行账户账号栏。数电发票采用电子签名代替原发票专用章。数电发票将“货物或应税劳务、服务名称”栏次简化为“项目名称”。数电发票必须有全国统一发票监制章。

单位和个体工商户可以登录自有的税务数字账户，选择票据类别、发票来源、票种、发票号码等条件，查询、下载、打印、导出发票相关信息。自然人可以登录本人的个人所得税App，进入“我的票夹”查看、下载、导出、拒收从电子发票服务平台取得、申请代开的数电发票，并可使用扫码开票、发票抬头信息维护、红字发票提醒等功能。纳税人可以登录全国统一规范电子税务局，使用其集成的电子发票服务平台上的“发票业务”功能，即可进行发票开具、交付、查验以及用途勾选等系列操作。

情景二　收据的填制

一、资料

2024年12月30日，北京佳丽服装有限公司职工李强报销差旅费1 900元，并交回剩余现金100元。

二、工具

普通收据（见图3－6）。

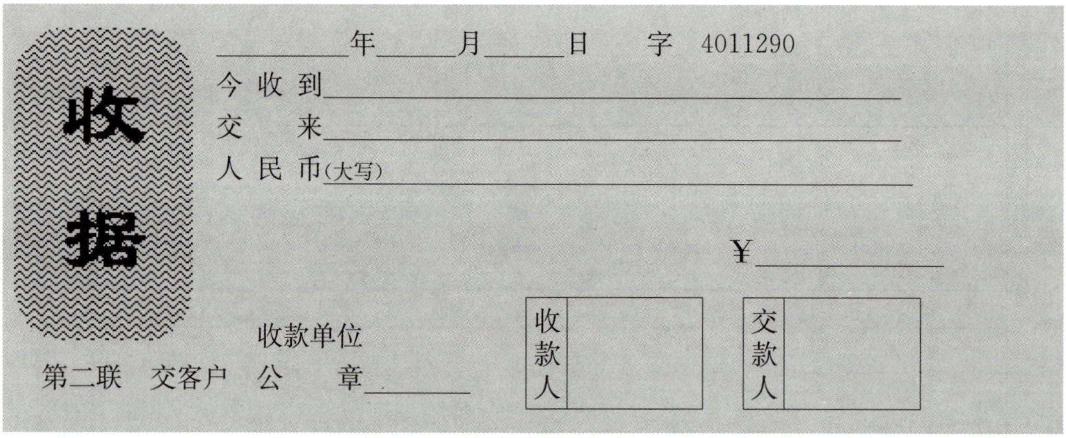
收据
年　月　日　字　4011290
今收到
交　来
人民币（大写）
¥
收款单位公章
第二联　交客户
收款人
交款人

图3－6　收据票样

第一联：存根（黑墨）。

第二联：付款方收执（红墨）。

第三联：记账（绿墨）。

三、工作行动

“年月日”——按收款时间填写。
“今收到”——按付款单位或个人的全称填写。
“交来”——按收到款项的内容填写。
“人民币（大写）”——大写金额要顶格写。
“收款单位公章”——应盖收款单位财务专用章。
“收款人”——收款人亲笔签名。
“交款人”——交款人亲笔签名。

四、工作成果

北京佳丽服装有限公司开具的收据如图 3-7 所示。

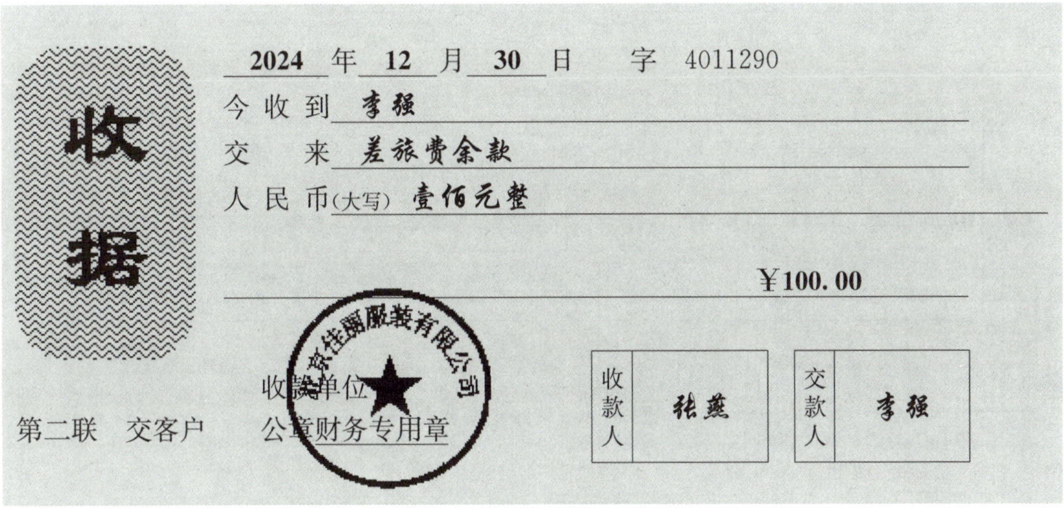
收据

2024 年 12 月 30 日　字 4011290

今收到 李强

交来 差旅费余款

人民币（大写）壹佰元整

¥100.00

收款单位公章财务专用章 北京佳丽服装有限公司

收款人 张燕　交款人 李强

第二联 交客户

图 3-7 开具的收据

情景三 转账支票的填制

一、资料

2024 年 12 月 4 日，北京佳丽服装有限公司开出转账支票一张，预付北京华兴纺织品公司材料款 40 000 元。

二、工具

（1）中国工商银行转账支票（见图 3-8 和图 3-9）。

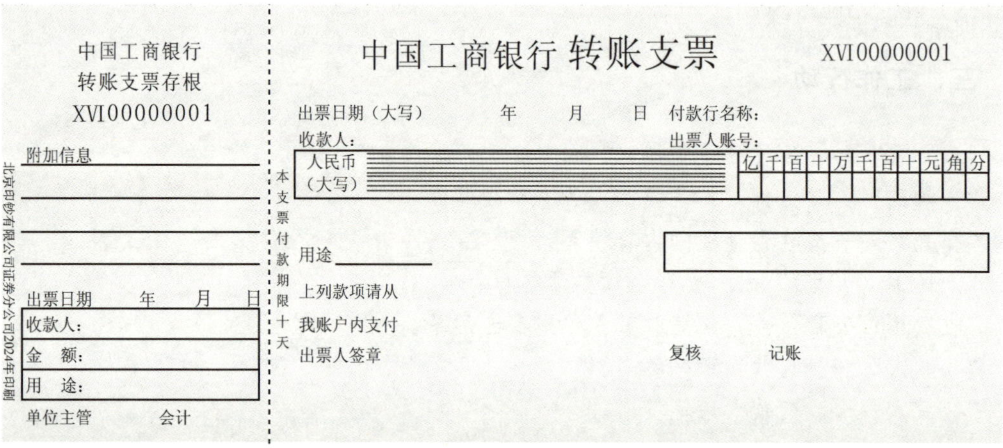
中国工商银行
转账支票存根
XVI00000001
附加信息
出票日期 年 月 日
收款人：
金 额：
用 途：
单位主管 会计
北京印钞有限公司证券分公司2024年印制

中国工商银行 转账支票 XVI00000001
出票日期（大写） 年 月 日 付款行名称：
收款人： 出票人账号：
人民币（大写）
亿 千 百 十 万 千 百 十 元 角 分
本支票付款期限十天
用途
上列款项请从
我账户内支付
出票人签章
复核 记账

图 3-8 转账支票正面

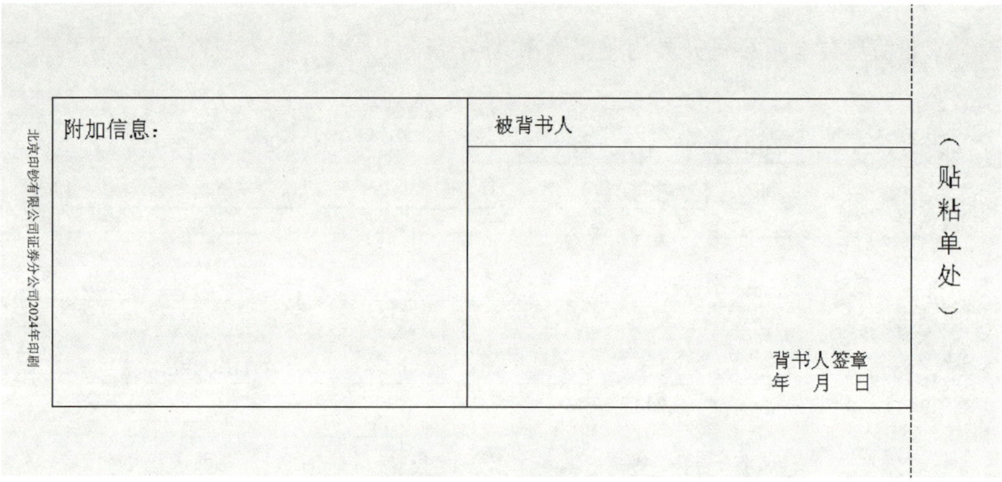
附加信息：
被背书人
背书人签章
年 月 日
（贴粘单处）
北京印钞有限公司证券分公司2024年印制

图 3-9 转账支票背面

（2）票据打印机。

三、工作行动

（一）支票正联正面的填写

“出票日期”——按付款业务发生或完成的日期填写，日期必须使用中文大写；在支票正联用大写填写出票日期时，为防止变造支票的出票日期，在填写月、日时应注意：月为1、2和10的，日为1～9以及10、20和30的，应在其前加“零”；日为11～19的，应在其前加“壹”。

“收款人”——按收款单位或个人的全称填写。

“付款行名称”“出票人账号”——填写出票单位开户银行的名称和账号。

“人民币（大写）”——按汉字大写金额规范的要求顶格填写。

小写金额——认真、正确填写阿拉伯数字金额，不得连写，一律写到角分，无角分的，角位和分位可写“0”，并在阿拉伯数字前用“¥”封顶。

“用途”——简明扼要填写支票的用途，如“货款”“租金”等。

“出票人签章”——加盖出票人的预留银行印鉴（财务专用章和法人章）。

密码区——小写金额栏下的空格栏，在此空格栏内记载支付密码。开户银行为提供支付密码的银行，切记不得在支票未使用时先行将密码填好。

（二）支票正联背面的填写

“附加信息”——一般填写收款人的账号等内容。

“被背书人”——收到的支票如收进自己的账户，则在栏内填写自己的单位全称，在下面栏内写上“委托收款”字样并盖章（预留银行印鉴）。如果想转给其他单位，则在栏内填写对方单位全称，在下面栏内什么都不写，只盖章。

（三）支票存根的填写

“附加信息”——一般填写付款人的账号。

“出票日期”——存根部分的出票日期可用阿拉伯数字书写。

“收款人”——按收款单位或个人的全称填写。

“金额”——使用小写填写正联所填写的金额。

“用途”——填写和正联相同的内容。

四、工作成果

北京佳丽服装有限公司开具的转账支票如图 3－10 所示。

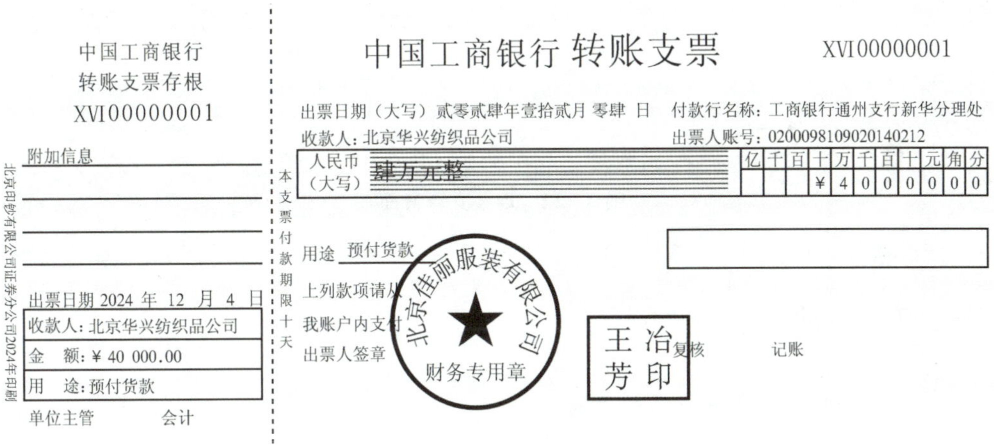
中国工商银行
转账支票存根
XⅥ00000001
附加信息
出票日期 2024 年 12 月 4 日
收款人：北京华兴纺织品公司
金 额：¥ 40 000.00
用 途：预付货款
单位主管 会计
北京印钞有限公司证券分公司2024年印制

中国工商银行 转账支票 XⅥ00000001
出票日期（大写）贰零贰肆年壹拾贰月 零肆 日 付款行名称：工商银行通州支行新华分理处
收款人：北京华兴纺织品公司 出票人账号：0200098109020140212
人民币（大写）肆万元整

亿	千	百	十	万	千	百	十	元	角	分
			¥	4	0	0	0	0	0	0

本支票付款期限十天
用途 预付货款
上列款项请从
我账户内支付
出票人签章

复核 记账

图 3－10 开具的转账支票

情景四 现金支票的填制

一、资料

2024 年 12 月 15 日，北京佳丽服装有限公司从银行提取现金 400 000 元备发工资。

二、工具

(1) 中国工商银行现金支票（见图 3－11 和图 3－12）。

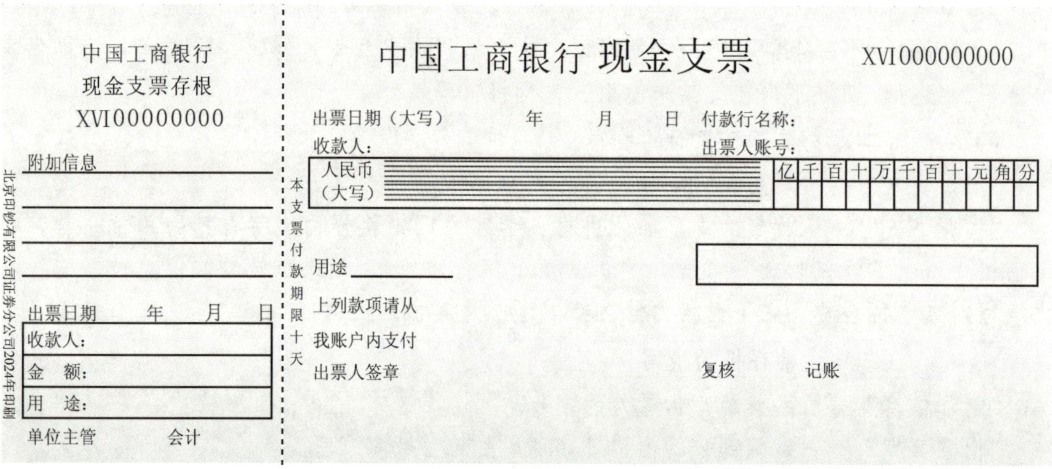
中国工商银行
现金支票存根
XVI00000000
附加信息
北京印钞有限公司证券分公司2024年印制
出票日期 年 月 日
收款人：
金 额：
用 途：
单位主管 会计
本支票付款期限十天
中国工商银行 现金支票 XVI000000000
出票日期（大写） 年 月 日 付款行名称：
收款人： 出票人账号：
人民币（大写）
亿 千 百 十 万 千 百 十 元 角 分
用途
上列款项请从
我账户内支付
出票人签章
复核 记账

图 3-11 现金支票正面

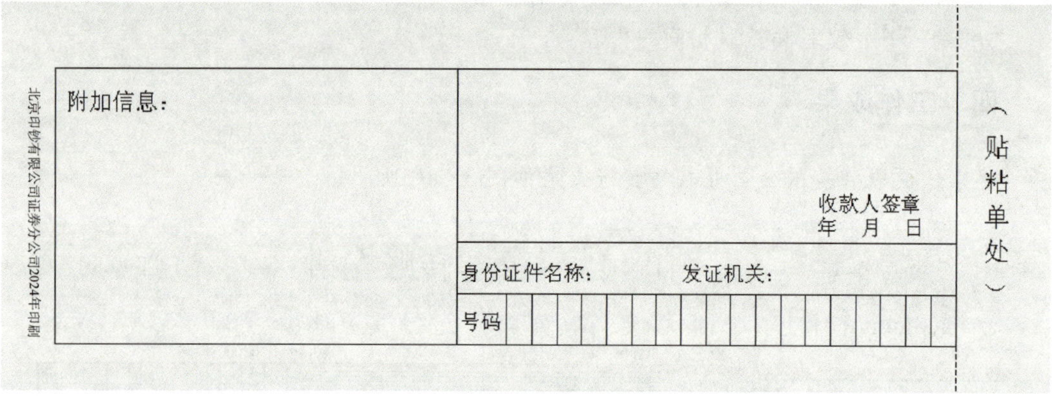
北京印钞有限公司证券分公司2024年印制
附加信息：
收款人签章
年 月 日
身份证件名称： 发证机关：
号码
（贴粘单处）

图 3-12 现金支票背面

(2) 票据打印机。

三、工作行动

（一）支票正联正面的填写

支票正联的填写方法同转账支票，只是应注意对于“用途”栏，现金支票有一定限制，一般填写“备用金”“差旅费”“工资”“劳务费”等。

（二）支票正联背面的填写

(1) 现金支票的收款人为本单位的，背面“收款人签章”栏内加盖本单位的财务专用章和法人章，之后收款人可凭现金支票直接到开户银行提取现金。

(2) 现金支票的收款人为收款人个人的，背面不盖任何章，收款人在现金支票背面填上身份证号码和发证机关名称，凭身份证和现金支票签字领款。

（三）支票存根的填写

支票存根的填写方法同转账支票。

四、工作成果

北京佳丽服装有限公司开具的现金支票如图 3-13 所示。

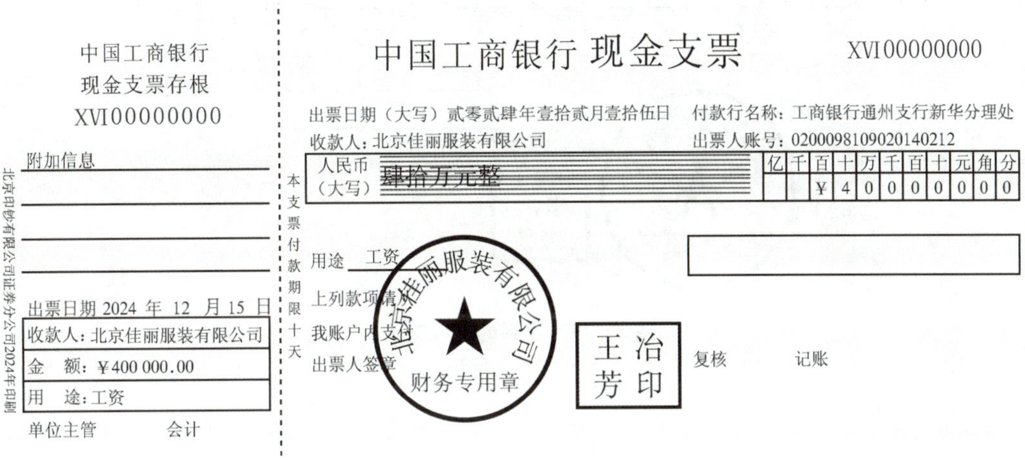

中国工商银行
现金支票存根
XVI00000000
附加信息
出票日期 2024 年 12 月 15 日
收款人：北京佳丽服装有限公司
金 额：¥400 000.00
用 途：工资
单位主管 会计
北京印钞有限公司证券分公司2024年印制

本支票付款期限十天

中国工商银行 现金支票 XVI00000000
出票日期（大写）贰零贰肆年壹拾贰月壹拾伍日 付款行名称：工商银行通州支行新华分理处
收款人：北京佳丽服装有限公司 出票人账号：0200098109020140212

人民币（大写）	肆拾万元整	亿	千	百	十	万	千	百	十	元	角	分
				¥	4	0	0	0	0	0	0	0

用途 工资
上列款项请从
我账户内支付
出票人签章 复核 记账

图 3-13 开具的现金支票

◈ **支票填制的注意事项**

（1）支票正面不能有涂改痕迹，否则支票作废。

（2）受票人如果发现支票填写不全，可以补记，但不能涂改。

（3）支票的有效期为 10 天，日期首尾算一天，遇节假日顺延。

（4）出票单位现金支票背面印章盖得模糊时，可把模糊印章打叉，重新再盖一次。

（5）收款单位转账支票背面印章盖得模糊时，不能以重新盖章的方法来补救。此时，收款单位可带转账支票及银行进账单到出票单位的开户银行去办理收款手续（不用付手续费），俗称“倒打”，这样就不用到出票单位重新开支票了。

（6）背书时，注意收款人名称和背书章的名称要一致。

（7）现金支票和转账支票可以开给个人。

情景五 进账单的填制

一、资料

2024 年 12 月 2 日，北京佳丽服装有限公司收到北京昌隆商贸公司投入资本 400 000 元，其中全新服装样板切割机 2 台，单位成本 45 000 元（成本与公允价值相符），增值税进项税额为 11 700 元；银行存款 310 000 元（转账支票见图 3-14）。

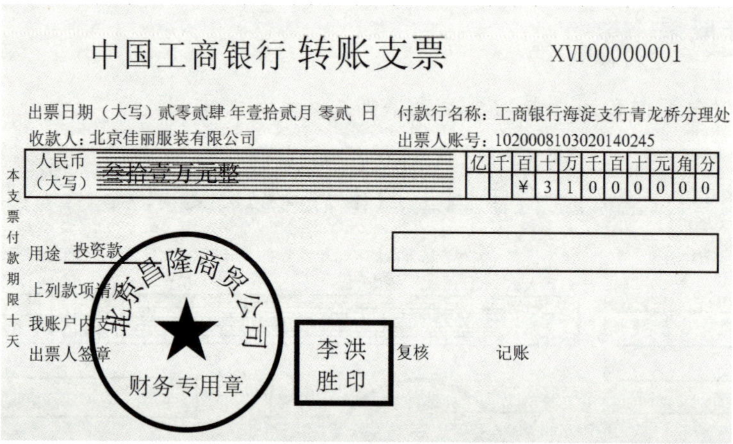
中国工商银行 转账支票 XVI00000001

出票日期（大写）贰零贰肆 年壹拾贰月 零贰 日 付款行名称：工商银行海淀支行青龙桥分理处

收款人：北京佳丽服装有限公司 出票人账号：102000810302014O245

人民币（大写）	叁拾壹万元整	亿	千	百	十	万	千	百	十	元	角	分
				¥	3	1	0	0	0	0	0	0

本支票付款期限十天

用途 投资款

上列款项请从

我账户内支付

出票人签章

北京昌隆商贸公司 财务专用章

李洪胜印

复核 记账

图 3－14 收到的转账支票

二、工具

进账单一式三联（第一联见图 3－15）。

第一联：此联是开户银行交给持（出）票人的回单（白纸黑墨）。

第二联：此联由收款人开户银行作贷方凭证（白纸红墨）。

第三联：此联是收款人开户银行交给收款人的收账通知（白纸黑墨）。

中国工商银行 进账单 （回 单） 1

年 月 日

出票人	全称		收款人	全称	
	账户			账户	
	开户银行			开户银行	
金额	人民币（大写）		亿千百十万千百十元角分		
票据种类		票据张数			
票据号码					
	复核 记账		开户银行盖章		

此联是开户银行交给持（出）票人的回单

图 3－15 进账单票样

三、工作行动

分别填列出票人（付款人）、收款人的全称、账号、开户银行，以及大小写金额。

“票据种类”——填写送交银行的票据种类（转账支票、现金支票或银行汇票）。

“票据张数”——填写送交银行结算票据的张数。

“票据号码”——填写送交银行结算票据的号码。

四、工作成果

北京佳丽服装有限公司收到的进账单如图 3－16 所示。

中国工商银行 **进账单** （回 单） **1**

2024 年 12 月 2 日

<table>
<tr><td rowspan="3">出票人</td><td>全 称</td><td colspan="4">北京昌隆商贸公司</td><td rowspan="3">收款人</td><td>全 称</td><td colspan="11">北京佳丽服装有限公司</td></tr>
<tr><td>账 号</td><td colspan="4">1020008103020140245</td><td>账 号</td><td colspan="11">0200098109020140212</td></tr>
<tr><td>开户银行</td><td colspan="4">工行海淀支行青龙桥分理处</td><td>开户银行</td><td colspan="11">工行通州支行新华分理处</td></tr>
<tr><td rowspan="2">金额</td><td rowspan="2">人民币（大写）</td><td colspan="6" rowspan="2">叁拾壹万元整</td><td>亿</td><td>千</td><td>百</td><td>十</td><td>万</td><td>千</td><td>百</td><td>拾</td><td>元</td><td>角</td><td>分</td></tr>
<tr><td></td><td></td><td>¥</td><td>3</td><td>1</td><td>0</td><td>0</td><td>0</td><td>0</td><td>0</td><td>0</td></tr>
<tr><td colspan="2">票据种类</td><td>转支</td><td>票据张数</td><td>1</td><td colspan="14" rowspan="3">开户银行盖章</td></tr>
<tr><td colspan="2">票据号码</td><td colspan="3">XVI00000001</td></tr>
<tr><td colspan="5">复核 记账</td></tr>
</table>

此联是开户银行交给持（出）票人的回单

图 3－16 收到的进账单

情景六 托收结算凭证的填制

一、资料

2024 年 12 月 20 日，北京佳丽服装有限公司采用委托收款方式销售给北京蓝岛商场产品一批，价税总计 1 197 800 元，开出增值税专用发票一张，货已发送。

二、工具

托收凭证一式五联（第一联见图 3－17）。

第一联：此联作收款人开户银行给收款人的受理回单（白纸蓝墨）。

第二联：收款人开户银行作贷方凭证（白纸红墨）。

第三联：付款人开户银行作借方凭证（白纸黑墨）。

第四联：付款人开户银行凭以汇款或收款人开户银行作收账通知（白纸紫墨）。

第五联：付款人开户银行给付款人作按期付款通知（白纸绿墨）。

三、工作行动

“委托日期”——按发出商品办理委托业务发生或完成的日期填写。

“业务类型”——根据采取的结算方式以及电报划款或邮寄划款的要求，在相应栏内画“√”选择。

托收凭证 (受理回单) **1**

委托日期　　年　　月　　日

<table>
<tr><td colspan="2">业务类型</td><td colspan="10">委托收款（□邮划 □电划）　托收承付（□邮划 □电划）</td></tr>
<tr><td rowspan="3">收款单位</td><td>全　称</td><td colspan="3"></td><td rowspan="3">付款单位</td><td>全　称</td><td colspan="5"></td></tr>
<tr><td>账　号</td><td colspan="3"></td><td>账　号</td><td colspan="5"></td></tr>
<tr><td>地　址</td><td>省　市县</td><td>开户行</td><td></td><td>地　址</td><td>省　市县</td><td>开户行</td><td colspan="3"></td></tr>
<tr><td rowspan="2">金额</td><td colspan="6" rowspan="2">人民币
（大写）</td><td colspan="5">亿 千 百 十 万 千 百 十 元 角 分</td></tr>
<tr><td colspan="5"></td></tr>
<tr><td colspan="2">款项内容</td><td></td><td>托收凭据名　称</td><td colspan="3"></td><td>附寄单证张数</td><td colspan="4"></td></tr>
<tr><td colspan="2">商品发运情况</td><td colspan="2"></td><td colspan="3">合同名称号码</td><td colspan="5"></td></tr>
<tr><td colspan="3">备注

复核　记账</td><td colspan="4">款项收妥日期

年　月　日</td><td colspan="5">收款人开户行盖章

年　月　日</td></tr>
</table>

此联作收款人开户银行给收款人的受理回单

图 3-17　托收凭证票样

"收款单位"——填写收款单位全称、账号和地址。在银行开立存款账户的，账号户名与收款人名称必须一致；以银行以外的单位或在银行开立存款账户的个人为收款人的，托收凭证必须记载收款人开户银行名称；以未在银行开立存款账户的个人为收款人的，托收凭证必须记载被委托银行的名称。

"付款单位"——填写付款单位全称、账号和地址。账号户名与付款人名称必须一致，委托收款以银行以外的单位为付款人的，托收凭证必须记载付款人开户银行名称。

"金额"——分别填写托收款项的大小写金额。

"款项内容"——填写委托收款的内容，如货款等。

"托收凭据名称"——填写办理委托收款手续时的债务单据名称，如发票、合同、商业汇票等。

"附寄单证张数"——填写随托收凭证附寄单证的实际张数。

"商品发运情况"——填写商品发运的方式、地点。

"合同名称号码"——填写托收款项所依据的合同名称及号码。

收款人应在第二联加盖财务专用章或预留银行印鉴，收款人开户银行受理托收业务时，应在第一联加盖业务公章。

四、工作成果

北京佳丽服装有限公司因上述经济业务办理的托收凭证如图 3-18 所示。

托收凭证（受理回单）　　1

委托日期 2024 年 12 月 20 日

业务类型	委托收款（☑邮划 □电划）			托收承付（□邮划 □电划）			
收款单位	全　称	北京佳丽服装有限公司		付款单位	全　称	北京蓝岛商场	
	账　号	0200098109020140212			账　号	0200020020187654321	
	地　址	省 北京 市县	开户行：工行通州支行新华分理处		地　址	省 北京 市县	开户行：工行朝阳支行
金额	人民币（大写）	壹佰壹拾玖万柒仟捌佰元整				亿 千 百 十 万 千 百 十 元 角 分	¥ 1 1 9 7 8 0 0 0 0
款项内容	货款	托收凭据名称	发票	附寄单证张数	1		
商品发运情况	已发运	合同名称号码	购销合同 82480510				
备注	复核　记账	款项收妥日期	年　月　日	收款人开户行盖章	年　月　日		

此联作收款人开户银行给收款人的受理回单

图 3-18　办理的托收凭证

情景七　收料单的填制

一、资料

2024 年 12 月 3 日，北京佳丽服装有限公司开出转账支票一张，从北京广源服装辅料公司购入服装辅料一批，其中：衬布 6 000 米，单位成本 15 元；垫肩 4 000 个，单位成本 0.9 元；棉线 400 支，单位成本 3 元；丝线 200 支，单位成本 4.1 元；花边 600 码，单位成本 2.6 元；纽扣 5 千克，单位成本 50 元。增值税进项税额共计 12 665.9 元，材料已验收入库。订货合同编号为 82480524，发票编号为 08936234，采购员为卫华，检验员为张晓伟。

二、工具

收料单（外购材料验收入库时填制的凭证）一般一式三联，如图 3-19 所示。

第一联：供仓库留存备查。

第二联：供会计部门作为记账依据。

第三联：供供应部门检查供货合同履行情况。

三、工作行动

收料单应于材料入库当天开具。

“材料编号”“材料名称”“材料规格”“计量单位”——根据企业制定的材料编码，以及实际收到的材料名称、规格、计量单位填写。

收料单

供货单位名称： 凭证编号：

订货合同编号： 材料类别：

发票编号： 年 月 日 收料仓库：

材料编号	材料名称	材料规格	计量单位	数量		实际成本					备注
				应收	实收	买价		运杂费	其他	合计	
						单价	金额				

采购： 检验： 验收：

图 3－19 收料单票样

“数量”——应收数量填写购买物资（发票上）的数量，实收数量填写实际验收入库物资的数量。

“单价”——填写物资的实际购买价格。

“金额”——单价与实收数量的乘积。

“运杂费”——填写购买物资所发生的运杂费。

“合计”——金额＋运杂费＋其他。

其他项目按相关内容填写。

收入材料应由采购部门确认、质检员检验，最后由仓库保管验收，相关人员应在收料单上签字或盖章。

四、工作成果

北京佳丽服装有限公司因上述采购业务办理的收料单如图 3－20 所示。

收料单

供货单位名称：北京广源服装辅料公司 凭证编号：01

订货合同编号：82480524 材料类别：辅料

发票编号：08936234 2024 年 12 月 3 日 收料仓库：2

材料编号	材料名称	材料规格	计量单位	数量		实际成本					备注
				应收	实收	买价		运杂费	其他	合计	
						单价	金额				
	衬布		米	6 000	6 000	15.00	90 000.00			90 000.00	
	垫肩		个	4 000	4 000	0.90	3 600.00			3 600.00	
	棉线		支	400	400	3.00	1 200.00			1 200.00	
	丝线		支	200	200	4.10	820.00			820.00	
	花边		码	600	600	2.60	1 560.00			1 560.00	
	纽扣		千克	5	5	50.00	250.00			250.00	

采购：卫华 检验：张晓伟 验收：张磊

图 3－20 办理的收料单

情景八 领料单的填制

一、资料

2024年12月4日，北京佳丽服装有限公司的生产车间生产男式西服2 000套，领用纯羊毛面料7 000米，单价为51.55元。车间负责人为赵洪，领料人为周远。

二、工具

领料单一般一式三联，如图3-21所示。

第一联：仓库留存备查。

第二联：会计部门作为记账依据。

第三联：领料部门留存备查。

领料单

凭证编号：

领料单位： 材料类别：

用　途： 年　月　日 材料仓库：

材料编号	材料名称	材料规格	计量单位	数量		实际成本		备注
				请领	实领	单位成本	金额	

领料单位负责人：　　领料人：　　发料人：

图3-21 领料单票样

三、工作行动

为便于汇总，领料单要"一料一单"填制，即一种材料填写一张单据。

领料单应于材料领用当天开具。

"领料单位"——填写领用部门名称。

"用途"——填写领用材料的具体用途，如生产某产品、包装某产品、机器维修等。

"材料编号""材料名称""材料规格""计量单位"——根据企业制定的材料编码，以及实际领用的材料名称、规格、计量单位填写。

"数量"——请领数量填写申请领用材料的数量，实领数量填写实际领用出库材料的数量。

"单位成本"——填写领用材料的实际成本。发出材料如果采用个别计价法、先进先出法、移动加权平均法计价，应填写其发出的单价；如果采用月末一次加权平均法计价，则领料时只填写数量，不填写单价；如果采用计划成本计价，应填写计划单位成本。

"金额"——单位成本与实领数量的乘积。

发出材料应由领料部门负责人批准，领料人和仓库保管等相关人员应在领料单上签字或盖章。

四、工作成果

北京佳丽服装有限公司因上述领料业务办理的领料单如图 3-22 所示。

领料单

凭证编号：01

领料单位：基本生产车间　　材料类别：原料及主要材料

用　　途：生产男式西服　　2024 年 12 月 4 日　　材料仓库：3

材料编号	材料名称	材料规格	计量单位	数量		成本		备注
				请领	实领	单位成本	金额	
	纯羊毛面料		米	7 000	7 000		360 850.00	

领料单位负责人：赵洪　　领料人：周远　　发料人：张磊

图 3-22　办理的领料单

情景九　支出凭证的填制

一、资料

2024 年 12 月 14 日，北京佳丽服装有限公司职工李强从财务部预借差旅费 2 000 元，财务部用现金支付。

二、工具

支出凭单如图 3-23 所示。

支　出　凭　单

年　月　日

即　　付 ______________________________

对方科目编号

计人民币：______________________________ ¥

领 款 人：______________

会计主管人员		出纳付讫	

图 3-23　支出凭单票样

三、工作行动

“年月日”——填写支出现金当天的日期。
“即付”——填写支付该笔现金的原因。
“对方科目编号”——此栏可填，也可不填。
“计人民币”——顶格填写人民币金额大写，并在“¥”符号后边填写小写金额。
出纳支出现金前，应先由单位授权的负责人签字，领款人和出纳等相关人员必须签字。

四、工作成果

北京佳丽服装有限公司因上述经济业务填写的支出凭单如图 3－24 所示。

支 出 凭 单

2024 年 12 月 14 日

即　付　预支李强差旅费 2 000 元

现金付讫

对方科目编号

计人民币：贰仟元整　　¥ 2 000.00

领款人：李　强

会计主管人员	李　新	出纳付讫员	张　燕

图 3－24　填写的支出凭单

※ 能力训练 ※

能力训练一　填制增值税专用发票、产品出库单

一、业务资料

北京美康食品有限公司于 2024 年 12 月 1 日向北京联华连锁超市销售 250 克装奶油面包 3 000 箱，单位售价 152 元，税率 13%，开出增值税专用发票。价税款以转账支票结算。北京联华连锁超市的纳税人识别号为：110105196203211484；地址为：西城区阜外大街 1 号，电话号码为：66520000；开户行及账号为：工行西城支行，0200020020112345678。

二、工作任务要求

为北京美康食品有限公司填制增值税专用发票（见图 3－1）、产品出库单（见图 3－25）。

产品出库单

购货单位： 年 月 日 凭证编号：

用途	产品名称	产品规格	计量单位	数量	成本		备注
					单位成本	金额	

主管： 会计： 保管员： 经手人：

图 3-25 出库单票样

能力训练二 填制支出凭证、收据

一、业务资料

2024 年 12 月 7 日，北京美康食品有限公司办公室职工杨凌出差，向财务部预借差旅费3 000元，财务部以现金支付。12 月 16 日，杨凌出差回来报销差旅费2 800元，交回剩余差旅费现金 200 元。

二、工作任务要求

填制 12 月 7 日的支出凭证（见图 3-23）以及 12 月 16 日的收据（见图 3-6）。

能力训练三 填制转账支票、收料单、进账单

一、业务资料

北京美康食品有限公司于 2024 年 12 月 25 日开出转账支票一张，从北京蓝天乳业公司购入奶油 5 000 千克，单位成本 20 元，增值税专用发票上注明货款共计 100 000 元，增值税进项税额 13 000 元，材料已经验收入库。北京蓝天乳业公司的纳税人识别号为：110114195206281285；地址、电话为：昌平区北七家镇大街 1 号，87560000；开户行及账号为：工行昌平支行，020002012012124365。

二、工作任务要求

为北京美康食品有限公司填制转账支票（见图 3-8、图 3-9）和收料单（见图 3-19），为北京蓝天乳业公司填制进账单（见图 3-15）。

能力训练四 填制现金支票

一、业务资料

2024 年 12 月 15 日，北京美康食品有限公司从银行提取现金40 000元备用。

二、工作任务行动及考核

(1) 填制现金支票（见图 3－11、图 3－12）。
(2) 填写工作任务清单（能力训练一、二、三、四填写）。
(3) 填写工作任务考核报告表（能力训练一、二、三、四填写）。

项目二　原始凭证的审核与传递

学习目标

知识目标：掌握原始凭证的审核内容，了解原始凭证的传递程序。
能力目标：能熟练进行原始凭证的审核。
素养目标：具有坚持准则、严谨认真的职业素养和守时精神。

思维导图

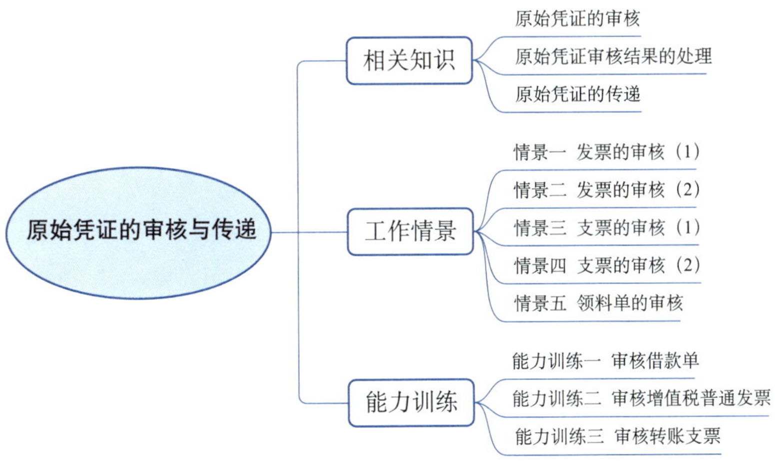

※ 相关知识 ※

一、原始凭证的审核

对原始凭证进行审核和监督，是对会计信息质量实行源头控制的重要环节，是会计基础工作的重要内容。实践中，原始凭证的审核包括形式审查和实质审查两个方面。

（一）形式审查

形式审查是从原始凭证的外表形式上就其完整性、正确性和及时性进行审查。

1. 完整性审核

原始凭证完整性的审核内容包括原始凭证名称、填制原始凭证的日期、填制原始凭证的单位名称或者填制人员的姓名、接受原始凭证的单位、经济业务事项名称、经济业务事项的数量、单价和金额及经办经济业务事项人员的签名或盖章等是否齐全。外来原始凭证必须有填制单位公章和填制人员的签名；从个人处取得的原始凭证，必须由填制人员签名或者盖章；自制原始凭证必须由经办部门和经办人员签名或盖章；对外开出的原始凭证，必须加盖本单位公章。

2. 正确性审核

原始凭证正确性的审核内容包括：原始凭证的各项计算是否正确；凭证中有书写错误的，是否按规定的方法进行更正；凭证的联次是否正确。

3. 及时性审核

原始凭证的及时性是保证会计信息及时性的基础。为此，要求企业在经济业务发生或完成时及时填制有关原始凭证，及时进行凭证的传递。审核时，应注意审核原始凭证的填制日期，特别是时效性较强的原始凭证，如银行汇票、支票、银行本票等更应仔细检查其签发日期。

（二）实质审查

实质审查是对原始凭证内容的真实性、合法性、合理性进行的审查。

1. 真实性审核

真实性审核包括如下内容：

（1）凭证记录的当事双方单位和当事人是否真实。

（2）凭证记录的业务发生时间和地点是否真实。

（3）凭证记录的经济事项是否真实。

（4）凭证记录的经济事项的数量、金额是否真实。

2. 合法性审核

原始凭证的合法性审核就是审核原始凭证所记录的经济活动的发生是否符合有关政策、法律、制度，以及本单位相关规章制度、合同的规定，是否符合规定的审批权限及规定的凭证传递和审查程序，审查是否存在弄虚作假、违法乱纪、贪污舞弊的行为。

3. 合理性审核

原始凭证的合理性审核就是审核原始凭证所记录的经济业务是否符合企业生产经营活动的特点、是否符合有关的计划或预算等。

二、原始凭证审核结果的处理

对原始凭证的审核结果，根据我国会计法律制度的规定，会计机构、会计人员应根据不同的情况做出不同的处理：

（1）对不真实、不合法的原始凭证，有权不予受理，并向单位负责人报告，请求查明原因，追究有关当事人的责任。

（2）对记载不准确、不完整的原始凭证予以退回，并要求经办人员按照国家统一会计制度的规定进行更正、补充。

（3）发现填制错误的原始凭证，不得涂改、挖补，应当由开出单位重开或者更正，更正处应当加盖开出单位的公章。

（4）原始凭证金额有错误的，应当由出具单位重开，不得在原始凭证上更正。

三、原始凭证的传递

原始凭证的传递是指原始凭证从取得或填制到审核、办理业务手续、整理、记账直至装订、归档保管为止的传递流程。合理有序的凭证传递流程是会计核算正常、有效进行的前提。科学、合理的传递程序，能保证原始凭证在传递过程中的安全、及时、准确和完整。因此，合理组织原始凭证的传递是会计的一项不可忽视的工作。

（一）合理确定原始凭证的传递程序

明确经济业务发生后由哪个部门负责填制（取得）原始凭证，之后由哪个部门接办该业务。对于一式数联的原始凭证，应确定每一联次的用途和传递路线。

原始凭证的传递程序应该既严密完备又简便易行，如果传递层次过多，会影响业务的及时办理和及时记账，也容易造成凭证的遗失。各单位应根据自身的机构设置情况、管理要求及会计核算内部分工的粗细程度，结合岗位责任制，制定适合自身特点的原始凭证传递程序。

（二）合理确定原始凭证的传递时间

规定原始凭证在每个环节的停留时间，要考虑相关部门和人员在经办业务时各项手续对时间的合理要求，既要防止凭证积压，又要避免时间过紧。

此外，为了明确经济责任，保障原始凭证的安全、完整，应规定原始凭证在传递过程中的交接签收制度。可设置凭证传递登记簿，记载相关内容，经办人和接办人要在其上签章。

※ 工作情景 ※

情景一　发票的审核（1）

一、资料

2024 年 12 月 10 日，北京东易制衣有限公司从北京大新毛纺有限公司购进纯毛面料 5 000 米，每米 85 元，税率 13%，货款未付，材料尚未入库。增值税专用发票如图 3－26 所示。

北京增值税专用发票

1100173120 № 01845236

全国统一发票监制章 北京 国家税务总局监制

发票联

机器编码 288804080829 开票日期 2024年12月10日

购买方	名　　称：北京东易制衣有限公司 纳税人识别号：11010562571729X 地 址、电 话：北京市朝阳区常营3号 84531288 开户行及账号：工行朝阳支行常营分理处 0200012341234561234	密码区	9+5 < 95/0+95 > 380265321 23+3+- < 01 < 3-95*12-824 1 > < 85962- < -289890 < - - > 503 > > *+50*96285 > 60 加密版本：01 1100061620 08939119

货物或应税劳务、服务名称	规格型号	单位	数量	单价	金额	税率	税额
纯毛面料		米	5 000	85.00	425 000.00	13%	55 250.00
合　　计					¥425 000.00		¥55 250.00
价税合计（大写）	⊗肆拾捌万零贰佰伍拾元整				（小写）¥480 250.00		

销售方	名　　称：北京大新毛纺有限公司 纳税人识别号：110105632611275 地 址、电 话：北京市昌平区沙河镇白沙路9号 65274567 开户行及账号：工行昌平支行沙河分理处 0200044564562233123	备注	北京大新毛纺有限公司 110105632611275 发票专用章

收款人：　　复核：　　开票人：刘小明　　销售方：（章）

税总函［2024］1006号北京印钞有限公司

第三联 发票联 购买方记账凭证

图 3－26　增值税专用发票

二、工具

税务机关有关发票管理规定、《会计基础工作规范》、会计相关法律法规。

三、工作行动

从完整性、正确性、及时性、真实性、合法性、合理性等方面对增值税专用发票进行审核。

四、工作成果

经过审核，该增值税专用发票为虚假伪造发票，因为发票代码第 5～6 位代表制版年度，发票记载的业务发生时间是 2024 年 12 月 10 日，而发票的制版时间为 2017 年。根据《会计法》的规定，对伪造、变造会计凭证、会计账簿，编制虚假财务会计报告的，根据情节和后果的不同，追究刑事责任或进行行政处罚。

情景二　发票的审核（2）

一、资料

2024 年 12 月 6 日，北京东易制衣有限公司从南阳北方纺织厂购进衬布 10 000 米，每米 1.9 元，共计 19 000 元，税款 2 470 元。收到的增值税专用发票如图 3－27 所示。

河南增值税专用发票

全国统一发票监制章 河南 国家税务总局监制

发票联

4100242130 № 02254321

机器编码 122304423429 开票日期 2024年12月6日

购买方	名 称：北京东易制衣有限公司 纳税人识别号：11010562571729X 地 址、电 话：北京市朝阳区常营3号 84531288 开户行及账号：工行朝阳支行常营分理处 0200012341234561234	密码区	8+5＜95/0+95＞410265321 23+3+-＜01＜3-95*12-854 1＞＜85962-＜-289890＜- -＞503＞＞*+50*96342＞ 60	加密版本：01 1100061620 08934211

货物或应税劳务、服务名称	规格型号	单位	数量	单价	金额	税率	税额
衬布		米	10 000	1.90	19 000.00	13%	2 470.00
合 计					¥19 000.00		¥2 470.00
价税合计（大写）	⊗贰万壹仟肆佰柒拾元整				（小写）¥21 470.00		

销售方	名 称：南阳北方纺织厂 纳税人识别号：411305125744222 地 址、电 话：河南南阳车站路23号0377(64531226) 开户行及账号：工行南阳百乐分理处 1714421001100456123	备注	

收款人： 复核： 开票人：刘佳 销售方：（章）

第三联 发票联 购买方记账凭证

税函〔2024〕1006号北京印钞有限公司

图 3-27 增值税专用发票

二、工具

税务机关有关发票管理规定、《会计基础工作规范》、会计相关法律法规。

三、工作行动

从完整性、正确性、及时性、真实性、合法性、合理性等方面对增值税专用发票进行审核。

四、工作成果

经过审核，南阳北方纺织厂没有在增值税专用发票上加盖发票专用章。根据规定，应将发票退回加盖发票专用章。

情景三 支票的审核（1）

一、资料

2024 年 12 月 5 日，北京东易制衣有限公司向东华服装公司销售男式夹克 100 件，每件 300 元，计 30 000 元；销售男式西服套装 60 套，每套 780 元，计 46 800 元。开出增值税专用发票，增值税总计 9 984 元。收到的转账支票如图 3-28 所示。

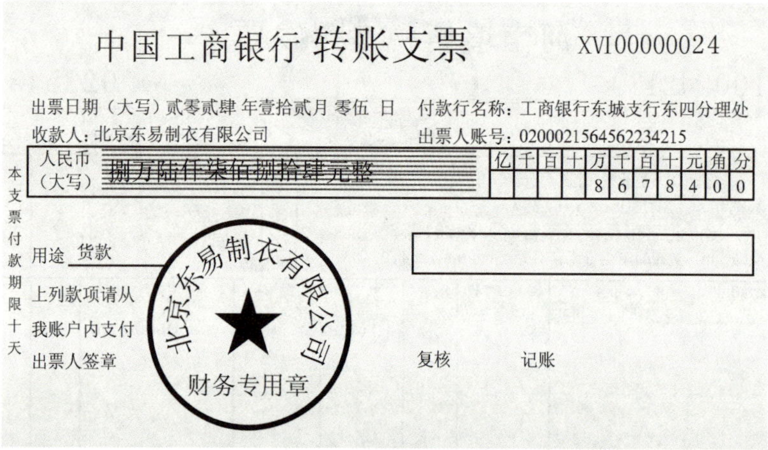
中国工商银行 转账支票　　XVI00000024

出票日期（大写）贰零贰肆 年壹拾贰月 零伍 日　付款行名称：工商银行东城支行东四分理处

收款人：北京东易制衣有限公司　出票人账号：0200021564562234215

本支票付款期限十天

人民币（大写）	捌万陆仟柒佰捌拾肆元整	亿	千	百	十	万	千	百	十	元	角	分
						8	6	7	8	4	0	0

用途 货款

上列款项请从

我账户内支付

出票人签章　北京东易制衣有限公司 财务专用章

复核　记账

图 3-28　转账支票

二、工具

银行票据管理和填制的有关制度和规定、《会计基础工作规范》。

三、工作行动

从完整性、正确性、及时性、真实性、合法性、合理性等方面对支票进行审核。

四、工作成果

按照支票填写要求，经过审核，该转账支票填制手续不完整：

（1）小写金额前应该加“¥”符号。

（2）支票缺少法人章。

处理办法：退回转账支票，补盖法人章，并在小写金额前加“¥”符号。

情景四　支票的审核（2）

一、资料

2024 年 12 月 10 日，北京东易制衣有限公司收到北京欣欣商贸服装有限公司开来的转账支票，支付前欠货款 120 200 元。收到的转账支票如图 3-29 所示。

二、工具

银行票据管理和填制的有关制度和规定、《会计基础工作规范》。

三、工作行动

从完整性、正确性、及时性、真实性、合法性、合理性等方面对支票进行审核。

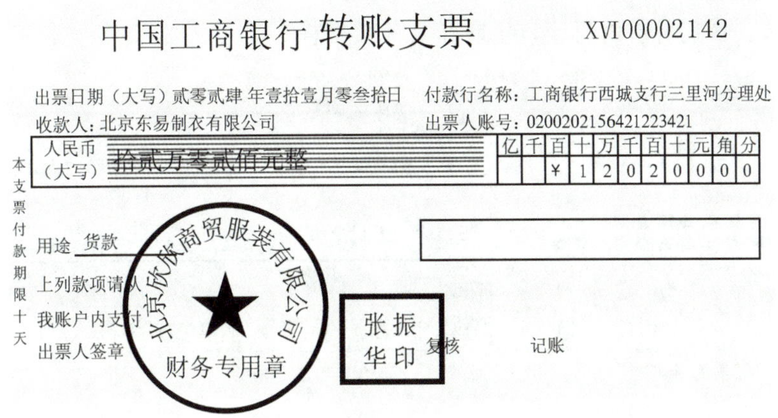
中国工商银行 转账支票 XVI00002142

出票日期（大写）贰零贰肆 年壹拾壹月零叁拾日 付款行名称：工商银行西城支行三里河分理处

收款人：北京东易制衣有限公司 出票人账号：0200202156421223421

本支票付款期限十天

人民币（大写）	亿	千	百	十	万	千	百	十	元	角	分
拾贰万零贰佰元整			¥	1	2	0	2	0	0	0	0

用途 货款

上列款项请从

我账户内支付

出票人签章 复核 记账

北京欣庆商贸服装有限公司 财务专用章

张振华印

图 3－29 转账支票

四、工作成果

按照支票填写相关规定，经过审核，该转账支票存在两个问题：

（1）人民币大写金额不符合要求，“120 200 元”应写为“壹拾贰万零贰佰元整”。

（2）该支票出票日期为 2024 年 11 月 30 日，而收到支票的日期已经是 12 月 10 日，支票的付款期为 10 天，该支票已经过了支付期。

处理办法：退回支票，重新开具。

情景五　领料单的审核

一、资料

2024 年 12 月 3 日，北京东易制衣有限公司二车间生产男式西服套装领用原料——纯羊毛面料 3 500 米，生产男式休闲西服上衣领用辅料——垫肩 2 000 个，发出的材料月末计价。刚来车间实习的小李填写的领料单如图 3－30 所示。

二、工具

《会计基础工作规范》。

三、工作行动

从完整性、正确性、及时性、真实性、合法性、合理性等方面对领料单进行审核。

四、工作成果

按照《会计基础工作规范》及会计核算的要求，经过审核，小李填制的领料单存在的问题是：把领用的不同用途且不同材料填写在一张领料单上，导致领料单上领用材料的用途无法辨别，使耗用的材料费用无法准确地归集。

处理办法：区别材料的用途，重新开具两张领料单。

领 料 单

凭证编号：01

领料单位：二车间　　　　材料类别：原料/辅料

用　　途：生产男式西服套装及男式休闲西服　　2024年12月3日　　材料仓库：

材料编号	材料名称	材料规格	计量单位	数量		成本		备注
				请领	实领	单位成本	金额	
	纯羊毛面料		米	3 500	3 500			
	垫肩		个	2 000	2 000			

领料单位负责人：　　领料人：李文辉　　发料人：

图 3-30　领料单

◈ **原始凭证审核的其他注意事项**

原始凭证不得外借，其他单位如因特殊原因需要使用原始凭证时，经本单位会计机构负责人、会计主管人员批准，可以复制。向外单位提供的原始凭证复印件，应当在专设的登记簿上登记，并由提供人员和收取人员共同签名或者盖章。

从外单位取得的原始凭证如有遗失，应当取得原开出单位盖有公章的证明，并注明原始凭证的号码、金额和内容等，由经办单位会计机构负责人、会计主管人员和单位负责人批准后，才能代作原始凭证。如果确实无法取得证明，如火车票、轮船票、飞机票等凭证，由当事人写出详细情况，由经办单位会计机构负责人、会计主管人员和单位负责人批准后，代作原始凭证。

※ 能力训练 ※

能力训练一　审核借款单

一、业务资料

2024年12月7日，销售部钱红预借差旅费1 500元，钱红填写借款单后到财务部门办理支款手续。钱红填制的借款单如图3-31所示。

借 款 单

2024 年 12 月 7 日 第 1 号

借款单位：销售部门	
借款理由：出差	
借款数额：人民币（大写）壹仟伍佰元整	￥150.00
本部门负责人意见：李 阳	借款人：钱红
领导批示： 财务负责人：	经办人：

图 3 - 31 借款单

二、工作任务要求

站在出纳的角度对借款单进行审核，找出有错误的地方，并做出处理。

能力训练二 审核增值税普通发票

一、业务资料

2024 年 12 月 18 日，北京东易制衣有限公司从北京康达日化用品商贸公司购入 100ml 缝纫机油 50 瓶，每瓶 20 元，货税款总计 1 130 元。取得的增值税普通发票如图 3 - 32 所示。

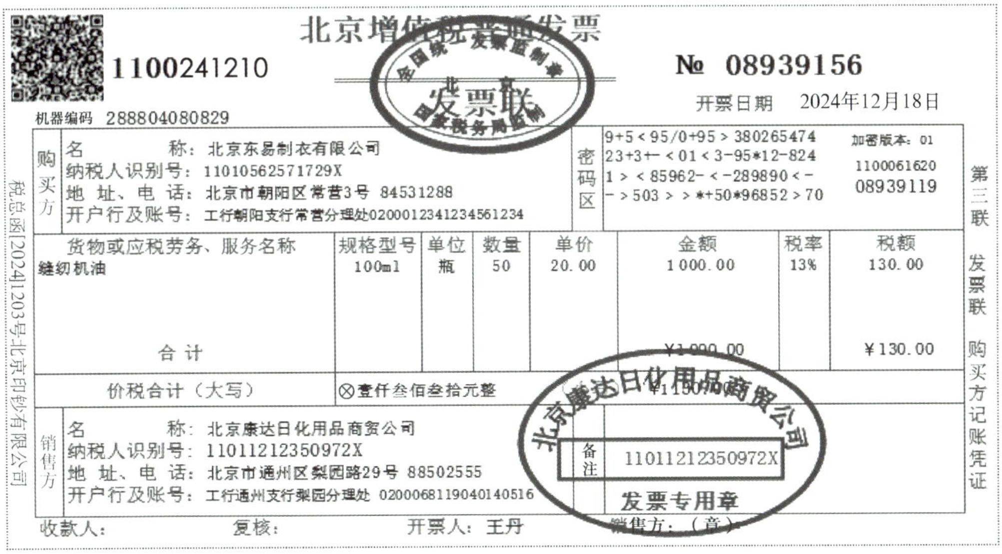

北京增值税普通发票

1100241210 № 08939156

机器编码 288804080829 开票日期 2024年12月18日

购买方 名 称：北京东易制衣有限公司
纳税人识别号：11010562571729X
地 址、电 话：北京市朝阳区常营3号 84531288
开户行及账号：工行朝阳支行常营分理处0200012341234561234

密码区 9+5 < 95/0+95 > 380265474
23+3+- < 01 < 3-95*12-824
1 > < 85962- < -289890 < -
- > 503 > > *+50*96852 > 70
加密版本：01
1100061620
08939119

货物或应税劳务、服务名称	规格型号	单位	数量	单价	金额	税率	税额
缝纫机油	100ml	瓶	50	20.00	1 000.00	13%	130.00
合 计					￥1 000.00		￥130.00
价税合计（大写）	⊗壹仟叁佰叁拾元整				（小写）￥1 130.00		

销售方 名 称：北京康达日化用品商贸公司
纳税人识别号：11011212350972X
地 址、电 话：北京市通州区梨园路29号 88502555
开户行及账号：工行通州支行梨园分理处 0200068119040140516

备注

收款人： 复核： 开票人：王丹 销售方：（章）

图 3 - 32 增值税普通发票

二、工作任务要求

对发票进行审核，找出有错误的地方，并做出处理。

能力训练三　审核转账支票

一、业务资料

2024 年 12 月 5 日，北京东易制衣有限公司向北京东华服装公司销售男式夹克，货款及税款共计 35 865 元。收到的转账支票如图 3－33 所示。

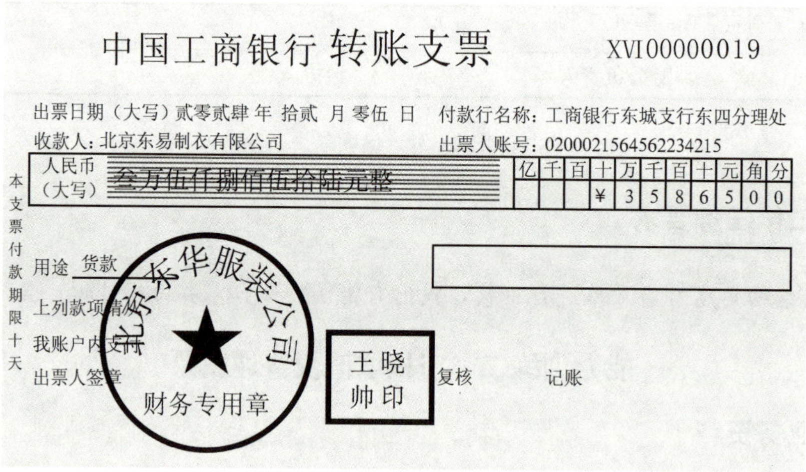
中国工商银行 转账支票　XVI00000019

出票日期（大写）贰零贰肆 年 拾贰 月 零伍 日　付款行名称：工商银行东城支行东四分理处

收款人：北京东易制衣有限公司　出票人账号：0200021564562234215

人民币（大写）	亿	千	百	十	万	千	百	十	元	角	分
叁万伍仟捌佰伍拾陆元整				¥	3	5	8	6	5	0	0

本支票付款期限十天

用途 货款

上列款项请从

我账户内支付

出票人签章　复核　记账

北京东华服装公司 财务专用章

王晓帅印

图 3－33　转账支票

二、工作任务行动及考核

（1）对支票进行审核，找出有错误的地方，并做出处理。

（2）填写工作任务清单（能力训练一、二、三填写）。

（3）填写工作任务考核报告表（能力训练一、二、三填写）。

会计职场圈

职场箴言

学习的过程，除了你自己，没有任何人可以代劳，通过知识的吸收，加上你不断地反省、思考，化为自己的宝贵经验，这就是智慧的开启之处，也是奠定你一生能够不断成长的基础。

职场提醒

财务人员要严格履行财务制度，涉及转款时，要当面核实、签字审批，养成坚持原则、严谨认真的职业习惯。

案例

某国有企业出纳、会计因疏忽造成国有资产损失

被告人黄某、林某某分别担任某国有企业的出纳、会计。2021 年 7 月，诈骗人员（另案处理）冒充该国有企业总经理，通过 QQ 联系黄某，让黄某向其他公司支付保证金 200

万元。

黄某在未经核实且明显违反规定程序的情况下，仅依据 QQ 群里诈骗人员的要求，主动联系会计林某某，要求转款。林某某在未尽到审慎义务的情况下，违规将审批付款的网银 U 盾密码告诉黄某。随后，黄某独自操作，将该国有企业账户内的 200 万元资金转账至诈骗人员指定的公司账户。事后，黄某并未按要求制作资金审批手续，林某某也未按要求提醒黄某补做审批材料。

诈骗人员得手之后，得寸进尺，依然通过 QQ 联系黄某，让黄某向指定账户支付 3 500 万元。黄某将付款事由告知林某某，因为这次款项金额较大，林某某打电话向公司总经理核实付款情况，遂发现被骗，立即向公安机关报案。

2021 年 12 月，法院判决，从涉案收款账户中扣押的 734 411.89 元发还该国有企业，但尚有 1 265 588.11 元经济损失未挽回。

因疏忽造成国有资产损失，2022 年 6 月，黄某、林某某分别主动到该地区监察委员会接受调查，并如实供述了犯罪事实。该地区人民法院审理认为，被告人黄某、林某某在担任国有企业出纳、会计期间，未严格遵守公司财务管理制度，严重不负责任，致使国有资产损失，其行为已构成国有公司人员失职罪。但鉴于黄某、林某某主动到案，如实供述犯罪事实，系自首，依法可从轻或减轻处罚。

最终，法院认定被告人黄某犯国有公司人员失职罪，判处有期徒刑八个月，缓刑一年；被告人林某某犯国有公司人员失职罪，判处有期徒刑八个月，缓刑一年。

近年来，电信诈骗手段层出不穷，财务人员按“老板”在微信上的要求给所谓“账户”转账后竟落入不法分子精心设计的圈套。骗子套路深，稍不留意，财务人员就会被骗。

如何识别和防范电信财务诈骗？一是公司负责人在日常工作中，如需财务人员转款，一定不要使用 QQ 和微信，必须当面告知或电话告知，切勿养成习惯性大意心理。二是公司会计、出纳等财务人员，在工作中涉及通过 QQ、电子邮件、微信等方式接到上级指令或公司同事代为转达，要求转款时，务必严格遵守财务管理规章制度，严格履行核实报批程序，当面核实、签字审批，切实避免上当受骗。

学习情境四

记账凭证的填制、审核与传递

项目一　记账凭证的填制

学习目标

知识目标：进一步掌握复式记账的基本原理和借贷记账法的要点，理解会计分录和记账凭证的关系，熟悉收款凭证、付款凭证和转账凭证的格式、使用范围和填制方法。

能力目标：能够根据企业的主要经济业务，判断需要使用的记账凭证的种类并填制记账凭证。

素养目标：具有爱岗敬业、诚信客观、严谨认真的职业素养和精益求精的工匠精神。

思维导图

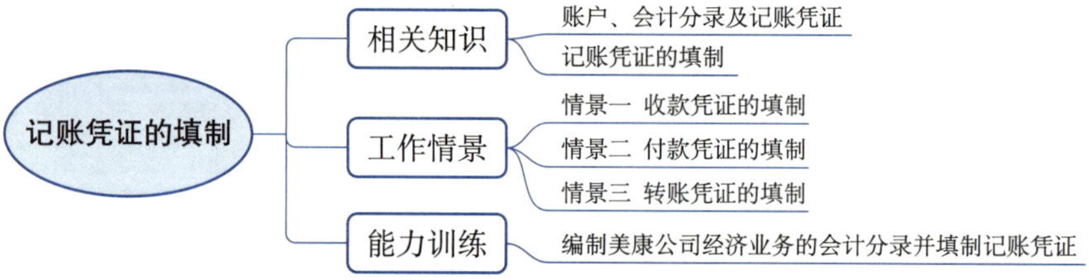

※ 相关知识 ※

一、账户、会计分录及记账凭证

（一）账户的对应关系与对应账户

根据复式记账和借贷记账法的基本原理，企业发生的每一笔经济业务，必须在两个或两个以上有关的账户中进行登记，即在记入一个账户的借方的同时，还要以相等的金额记入另一个或几个账户的贷方；或者在记入一个账户的贷方的同时，还要以相等的金额记入另一个或几个账户的借方。这样，就使得每一笔业务中应用到的账户之间形成了一种相互对应的关系，有了这种对应关系的账户叫作对应账户。

（二）会计分录

经济业务发生或完成时，根据原始凭证或原始凭证汇总表的记载，判断经济业务所涉及的账户，明确账户之间的对应关系，并在登记入账之前充分记录这种对应关系，就形成了会计分录，简称分录。

会计分录包括三个要素，即所记录的账户的名称、记账方向和金额。根据经济业务所涉及的账户的多少，会计分录可以分为简单分录与复合分录。

在经济业务中，借方和贷方分别只涉及一个账户，即“一借一贷”的会计分录叫作简单分录，格式如下：

借：库存现金	1 000	
贷：其他应收款		1 000
借：管理费用	2 000	
贷：银行存款		2 000

借方或贷方涉及两个或两个以上的账户，即“一借多贷”或“一贷多借”的会计分录叫作复合分录。复合分录一般不允许出现“多借多贷”。复合分录的格式如下：

借：原材料	200 000	
应交税费	26 000	
贷：应付账款		226 000

（三）会计分录与记账凭证的关系

在会计核算的实际工作中，会计分录是反映在记账凭证上的。记账凭证也称传票，是根据审核无误的原始凭证或原始凭证汇总表编制的、用来确定会计分录、作为记账依据的一种会计凭证。

二、记账凭证的填制

（一）记账凭证的基本要素和种类

1. 记账凭证的基本要素

记账凭证的基本要素如图 4-1 所示。

2. 记账凭证的种类

记账凭证按其所记录的经济业务与库存现金和银行存款之间有无关系，可以分为收款凭证、付款凭证和转账凭证。三类凭证的具体内容如表 4-1 所示。

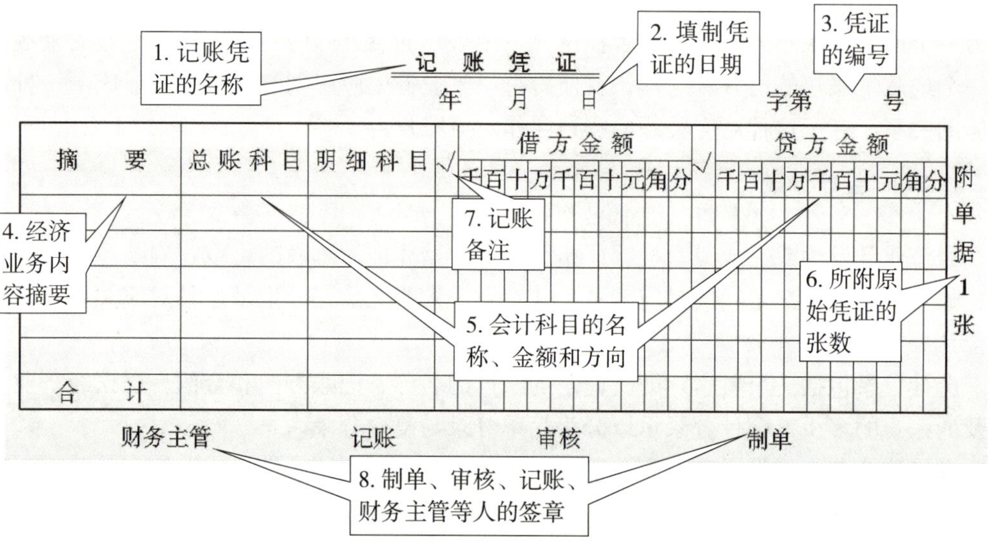

图 4-1 记账凭证的基本要素

表 4-1 三类凭证

凭证名称	凭证内容
收款凭证	凡涉及库存现金、银行存款收入的业务，根据相关原始凭证或原始凭证汇总表填制的记账凭证。根据收入的货币资金的不同，收款凭证又可以分为现金收款凭证和银行存款收款凭证两种。
付款凭证	凡涉及库存现金、银行存款支付的业务，根据相关原始凭证或原始凭证汇总表填制的记账凭证。根据支付的货币资金的不同，付款凭证又可以分为现金付款凭证和银行存款付款凭证两种。
转账凭证	凡不涉及库存现金和银行存款收付的业务，根据相关原始凭证或原始凭证汇总表填制的记账凭证。

收款凭证和付款凭证既是登记现金日记账和银行存款日记账的依据，也是出纳人员收付款项的依据，其填制工作是由出纳人员来完成的。在实际业务中，如涉及从银行提取现金或者将现金存入银行这类业务，为了避免重复反映货币资金的收付，一般只编制付款凭证。

在计算机记账环境下或是手工记账、规模比较小、业务量比较少的单位，也可以不设收款凭证、付款凭证和转账凭证，而是不分收款业务、付款业务和转账业务，统一填制一种通用记账凭证。通用记账凭证格式如图 4-1 所示。

（二）记账凭证的填制要求

为了保证记账凭证的正确性，在填制之前，必须对相关的原始凭证或原始凭证汇总表进行审核，只有审核无误的原始凭证或原始凭证汇总表，才能作为记账凭证填制的依据。记账凭证各项目填制的基本要求如表 4-2 所示。

表 4－2　记账凭证各项目填制的基本要求

项目	填制要求
日期	记账凭证的种类不同，其填制日期有不同的规定。其中，现金收款凭证和现金付款凭证的日期按照办理现金收款和现金付款的日期填写；银行存款收款凭证的日期一般按照银行进账单或银行受理回执的戳记日期填写；银行存款付款凭证的日期一般按照财会部门开出付款单据的日期或承付的日期填写；转账凭证的日期按照办理转账手续的日期填写，如果是月末结转的业务，按照当月最后一天的日期填写。
摘要	摘要的填写一定要真实、准确，即根据相关业务内容和所附原始凭证及原始凭证汇总表的内容进行填写。另外，一定要做到简明扼要、说明清楚。
会计分录和会计科目	一般每张会计凭证只填写一笔会计分录，如果是复合分录，涉及的会计科目较多，则需要填制两张或两张以上的记账凭证。转账凭证或通用记账凭证中，会计科目要按照“先借后贷”的顺序填写。 会计科目应填写全称，不得简写或只填写会计科目的编号。需要填写明细科目时，应在“明细科目”栏内填写明细科目的名称。
金额	(1) 记账凭证的金额必须与相关原始凭证或原始凭证汇总表的金额相符。 (2) 会计科目所对应的发生额与“合计”行的合计金额必须相符。 (3) 数字的填写一定要规范，以人民币作为记账本位币的，在合计数字前一位要填写人民币符号，不是合计数字，前面不用填写人民币符号。 (4) 如果一笔经济业务的会计分录涉及的会计科目较多，需要填写若干张记账凭证，只在最后一张记账凭证的“合计”行填写合计金额。 (5) 所有会计科目所对应的金额和“合计”行的金额填写完毕，金额栏最后一行数字与合计行之间有空行的，应在空行内画斜线（左下至右上）或“S”线注销。
编号	记账凭证无论是不分种类、只按填制日期的先后顺序统一编号，还是按照收款凭证、付款凭证和转账凭证进行分类编号，均应按月从“1”开始按顺序编号，不得重号或跳号。
所附原始凭证的张数	记账凭证是根据审核无误的原始凭证或原始凭证汇总表填制的，要将相关的原始凭证或原始凭证汇总表附在后面，其张数一般按自然张数计算，并用阿拉伯数字填写在记账凭证右边缘的附件张数栏内。差旅费、市内交通费、医疗费等报销单据，也可贴在一张纸上，作为一张原始凭证附件。对于一些不需要数字计算的收入或费用结转业务，记账凭证可以不附原始凭证。
签名或盖章	记账凭证的填制，一定要明确经济责任，相关会计主管、记账、复核、制单等人员要在记账凭证上签字或盖章，收、付款凭证上一定要有出纳人员的签字或盖章。

记账凭证一般要用蓝黑墨水或碳素墨水填写，不能用红色墨水填写，红字的使用一般只限于以下特殊情况：

(1) 金额为负数。

(2) 登账之后发现记账凭证有错误，采用红字更正法进行更正。如果是登账之前发现记账凭证有错误，应该按正确的会计分录重新填写一张，作为登账的依据。

※ 工作情景 ※

情景一　收款凭证的填制

一、资料

2024 年 12 月 30 日，北京佳丽服装有限公司职工李强报销差旅费 1 900 元，交回剩余差旅费现金 100 元。开具的收据如图 4-2 所示。

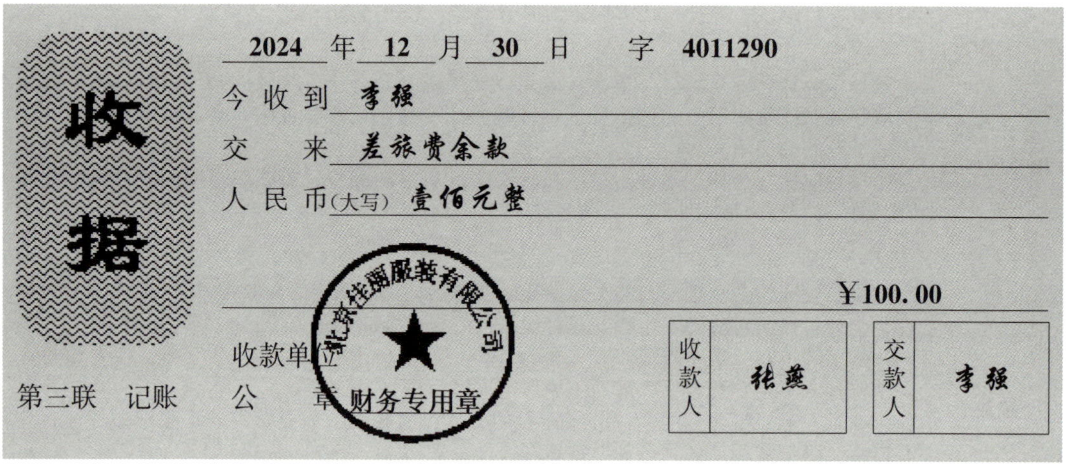

收据

2024 年 12 月 30 日　　字 4011290

今收到 李强

交　来 差旅费余款

人民币(大写) 壹佰元整

¥100.00

收款单位公章 北京佳丽服装有限公司 财务专用章

收款人 张燕　　交款人 李强

第三联　记账

图 4-2　收据

二、工具

空白收款凭证。

三、工作行动

(1) 根据收据，判断该笔业务所涉及的账户及账户之间的对应关系，确定会计分录。

(2) 确定经济业务的类型，选择要填制的记账凭证的种类。

(3) 填制收款凭证。

1) 借方科目：填写借记的会计科目全称。

2) 年月日：按收款业务发生的日期填写。

3) 凭证字号：以月为单位，按收款业务时间顺序编号。

4) 摘要：对经济业务的简要说明，表达要简明扼要，不可不填或错填。

5) 贷方科目：填写贷记的总分类科目全称，不能只填写科目代码。

6) 明细科目：填写贷记的明细分类科目全称，不能只填写科目代码。

7) 记账符号：在记账后画“√”，避免重记或漏记。

8) 金额：填写每个对应会计科目的金额，注意金额前不加“¥”符号。

9) 合计金额：填写贷方金额的合计数，并在金额前加“¥”符号。

10）附单据张数：填写所附原始凭证的张数。

四、工作成果

工作成果见图 4-3。

收 款 凭 证

借方科目 库存现金　　　　2024 年 12 月 30 日　　　　现 收字第 01 号

摘　要	贷方科目	明细科目	记账符号	金额 千	百	十	万	千	百	十	元	角	分
李强交回差旅费余款	其他应收款	李强							1	0	0	0	0
合　计								¥	1	0	0	0	0

附单据 1 张

财务主管　　记账　　出纳　　审核　　制单 张燕

图 4-3　收款凭证

◈ 记账凭证填制中的其他注意事项

（1）摘要应顶格书写。

（2）如果一笔会计分录根据需要填制了两张或两张以上的记账凭证，应按顺序，采用分数编号法进行编号。如第三笔经济业务的会计分录需要填制的记账凭证有三张，则三张记账凭证的编号分别为“$3\frac{1}{3}$”“$3\frac{2}{3}$”“$3\frac{3}{3}$”。

（3）如果根据同一张原始凭证编制几张内容不同的记账凭证，则将原始凭证附在主要记账凭证后边，并在未附原始凭证的记账凭证上注明“单据×张，附在第×号记账凭证上”，以便复核查阅。

（4）如果原始凭证数量过多或有重要的原始凭证应另行保管的，应在记账凭证背面加以说明。

（5）收、付款凭证应按照业务流程顺序签字或盖章，即按照“制单→审核→出纳（收款）→记账→财务主管”的顺序传递。

情景二　付款凭证的填制

一、资料

2024 年 12 月 3 日，北京佳丽服装有限公司开出转账支票一张，从北京广源服装辅料公司购入服装辅料一批，其中：衬布 6 000 米，单位成本 15 元；垫肩 4 000 个，单位成本 0.9 元；棉线 400 支，单位成本 3 元；丝线 200 支，单位成本 4.1 元；花边 600 码，单位成本 2.6 元；纽扣 5 千克，单位成本 50 元。增值税进项税额共计 12 665.9 元，材料已验收入库。该笔业务的相关原始凭证见图 4-4～图 4-7。

北京增值税专用发票

1100243130 № 08936234

发票联

机器编码 408069288247

开票日期 2024年12月3日

购买方	名 称：北京佳丽服装有限公司 纳税人识别号：11011262590929X 地 址、电 话：北京市通州区永顺路15号 88500228 开户行及账号：工行通州支行新华分理处 0200098109020140212	密码区：6+5 < 65/0+65 > 3802654474 32+3+- < 01 < 3-95*12-824 1 > < 85962- < -289809 < - - > 503 > > *+50*96852 > 07 加密版本：01 1100061620 08938118

货物或应税劳务、服务名称	规格型号	单位	数量	单价	金额	税率	税额
辅料					97 430.00	13%	12 665.90
合 计					¥97 430.00		¥12 665.90
价税合计（大写）	⊗壹拾壹万零玖拾伍元玖角整				（小写）¥110 095.90		

销售方	名 称：北京广源服装辅料公司 纳税人识别号：110108197405213142 地 址、电 话：海淀区阜石路110号 66520000 开户行及账号：工行海淀支行0200020030144215621	备注

收款人： 复核： 开票人：刘凤英 销售方：（章）

税总函［2024］1203号北京印钞有限公司

第三联 发票联 购买方记账凭证

（印章：全国统一发票监制章 北京 国家税务局监制）

（印章：北京广源服装辅料公司 110108197405213142 发票专用章）

图 4-4 开具的增值税专用发票

销货清单

购货单位：北京佳丽服装有限公司 2024年12月3日 单位：元

编号	名称	规格	计量单位	销售数量	单价	金额
	衬布		米	6 000	15.00	90 000.00
	垫肩		个	4 000	0.90	3 600.00
	棉线		支	400	3.00	1 200.00
	腈纶		支	200	4.10	820.00
	花边		码	600	2.60	1 560.00
	纽扣		千克	5	50.00	250.00

销货单位 开票 张军 复核

（印章：北京广源服装辅料公司 税号：110108197405213142 发票专用章）

图 4-5 销货清单

中国工商银行

转账支票存根

XVI00101241

附加信息

出票日期 2024年12月3日

收款人：	北京广源服装辅料公司
金 额：	¥110 095.90
用 途：	货款

单位主管 会计

北京印钞厂证券分厂2024年印制

图 4-6 支票存根

收料单

供货单位名称：北京广源服装辅料公司　　凭证编号：01

订货合同编号：82480524　　材料类别：辅料

发票编号：08936234　　2024年12月3日　　收料仓库：

材料编号	材料名称	材料规格	计量单位	数量		实际成本					备注
				应收	实收	买价		运杂费	其他	合计	
						单价	金额				
	衬布		米	6 000	6 000	15.00	90 000.00			90 000.00	
	垫肩		个	4 000	4 000	0.90	3 600.00			3 600.00	
	棉线		支	400	400	3.00	1 200.00			1 200.00	
	丝线		支	200	200	4.10	820.00			820.00	
	花边		码	600	600	2.60	1 560.00			1 560.00	
	纽扣		千克	5	5	50.00	250.00			250.00	

采购：卫华　　检验：张晓伟　　验收：张森

图 4－7　收料单

二、工具

空白付款凭证。

三、工作行动

（1）根据原始凭证，判断该笔业务所涉及的账户及账户之间的对应关系，确定会计分录。

（2）确定经济业务的类型，选择要填制的记账凭证的种类。

（3）填制付款凭证。

1）贷方科目：填写贷记的会计科目全称。

2）年月日：按付款业务发生的日期填写。

3）借方科目：填写借记的总分类科目全称，不能只填写科目代码。

4）明细科目：填写借记的明细分类科目全称，不能只填写科目代码。

其他项目的填写方法同收款凭证。

四、工作成果

工作成果见图 4－8。

付 款 凭 证

贷方科目 银行存款　　2024年12月3日　　银付字第01号

摘要	借方科目	明细科目	记账符号	千	百	十	万	千	百	十	元	角	分
以转账支票支付北京广	原材料	辅助材料					9	7	4	3	0	0	0
源服装辅料公司货款	应交税费	应交增值税（进项）					1	2	6	6	5	9	0
合计					¥	1	1	0	0	9	5	9	0

附单据 4 张

财务主管　　记账　　出纳　　审核　　制单 张燕

图4-8 付款凭证

情景三 转账凭证的填制

一、资料

2024年12月2日，北京佳丽服装有限公司1日从上海佳宁纺织品集团有限公司所购材料验收入库。与该笔业务相关的原始凭证如图4-9和图4-10所示。

收料单

供货单位名称：上海佳宁纺织品集团有限公司　　凭证编号：01

订货合同编号：20091134　　材料类别：主要材料

发票编号：15636234　　2024年12月2日　　收料仓库：

材料编号	材料名称	材料规格	计量单位	数量		实际成本					备注
				应收	实收	买价		运费	其他	合计	
						单价	金额				
	涤棉		米	5 000	5 000	31	155 000	496		155 496	
	丝绸		米	4 000	4 000	40	160 000	512		160 512	
	纯羊毛		米	6 000	6 000	52	312 000	992		312 992	

采购：卫华　　检验：张晓伟　　验收：张森

图4-9 收料单

运费分配表

2024年12月2日

材料名称	买价	分配率	运费
涤棉	155 000.00		496.00
丝绸	160 000.00		512.00
纯羊毛	312 000.00		992.00
合计	627 000.00	0.003 2	2 000.00

制单 田静　　复核 李新

图4-10 运费分配表

二、工具

空白转账凭证。

三、工作行动

(1) 根据原始凭证，判断该笔业务所涉及的账户及账户之间的对应关系，确定会计分录。

(2) 确定经济业务的类型，选择要填制的记账凭证的种类。

(3) 填制转账凭证。

1) 年月日：按转账业务发生的日期填写，期末结账业务应填写期末日期。

2) 总账科目：填写借记和贷记的会计科目全称，先写借方科目，后写贷方科目。

3) 借方金额：填写借记的总账科目金额。

4) 贷方金额：填写贷记的总账科目金额。

其他项目的填写方法同收付款凭证。

四、工作成果

工作成果见图 4－11（限于篇幅，根据图 4－9 收料单中所列内容，转账凭证中填制的原材料明细科目可精确到三级账）。

转 账 凭 证

2024 年 12 月 2 日 转字第 02 号

摘要	总账科目	明细科目	√	借方金额										√	贷方金额									
				千	百	十	万	千	百	十	元	角	分		千	百	十	万	千	百	十	元	角	分
在途材料验收入库	原材料	原料及主要材料				6	2	9	0	0	0	0	0											
	在途物资																6	2	9	0	0	0	0	0
合计					¥	6	2	9	0	0	0	0	0			¥	6	2	9	0	0	0	0	0

附单据 2 张

财务主管　　记账　　审核　　制单 田静

图 4－11 转账凭证

※ 能力训练 ※

一、业务资料

2024 年 12 月，北京美康食品有限公司发生的经济业务如下：

(1) 12 月 1 日，从银行借入三个月期生产周转借款 180 000 元存入银行。

(2) 12 月 4 日，收到开户银行转来的付款通知，支付 12 月 1 日所欠北京古船面粉厂价税款及运杂费共计 167 274.5 元。

(3) 12 月 5 日，开出增值税专用发票，向佳乐福连锁超市销售 125 克装可可双色饼干 5 000 箱，单位售价 182 元，共计 910 000 元，增值税销项税额 118 300 元，商品已经发出，价税款尚未收到。

(4) 12 月 15 日，开出现金支票，从银行提取现金 300 000 元备发工资。

(5) 12 月 15 日，以现金发放本月职工工资 300 000 元。

(6) 12 月 16 日，杨凌出差回来报销差旅费 2 800 元，交回剩余差旅费现金 200 元。

(7) 12 月 17 日，收到北京物美连锁超市开出的转账支票一张，收回其上月所欠货款 100 000元。

(8) 12 月 25 日，开出转账支票一张，从北京红星乳业公司购入奶油 5 000 千克，单位成本 20 元，增值税专用发票注明货款共计 100 000 元，增值税进项税额 13 000 元。奶油已经验收入库。

(9) 12 月 30 日，根据工时和考勤记录计算分配职工工资，其中：生产工人工资 210 000 元（生产工人工资按生产工时比例分配，其中，饼干生产工时 1 800 小时，面包生产工时 1 200 小时），生产可可双色饼干的工人负担 126 000 元，生产奶油面包的工人负担 84 000 元；车间管理人员工资 16 000 元；企业管理人员工资 58 800 元；销售部门人员工资15 200元。

二、工作任务行动与考核

(1) 填写工作任务清单。

(2) 填写工作任务考核报告表。

项目二　企业主要经济业务核算

——筹资及投资的核算

学习目标

知识目标：了解企业筹资及投资业务中会计核算的主要内容，掌握企业筹资及投资业务的基本会计核算方法。

能力目标：能根据企业发生的筹资及投资业务编制会计分录，并熟练填制记账凭证。

素养目标：树立法律意识，具有诚实守信、参与管理、强化服务的职业素养和社会责任感。

思维导图

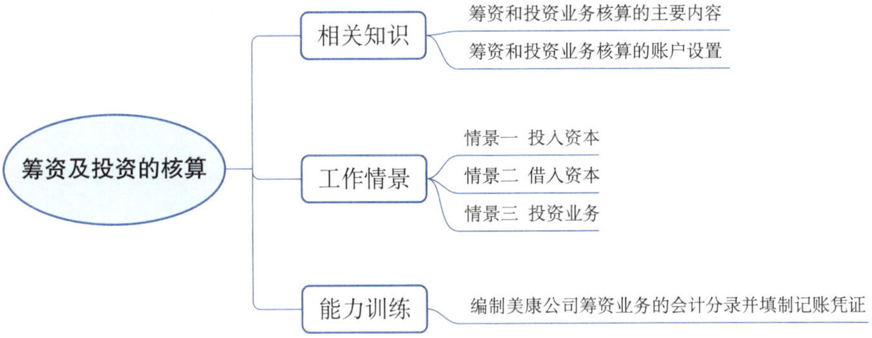

※ 相关知识 ※

一、筹资和投资业务核算的主要内容

（一）筹资业务核算的主要内容

从会计的角度而言，资金即某个会计主体所拥有的财产物资的货币表现。无论是企业还是行政事业单位，要进行正常的生产经营活动，必须有资金作为物质保证。筹集资金过程中的经济业务核算，是会计核算的一个重要内容，按照资金筹集的形式来划分，主要包括投入资本的核算和借入资本的核算。

投入资本是指所有者在企业注册资本的范围内实际投入的资本，是指出资人实际投入企业作为资本的资金数额。所谓注册资本，是指企业在设立时向市场监督管理部门登记的资本总额，也就是全部出资人设定的出资额之和。按照投资主体的不同，投入资本一般可分为国家投入资本、法人投入资本、个人投入资本和外商投入资本四类；按照投资形式的不同，投入资本可分为货币资产投资、实物资产投资、无形资产投资等。投入资本核算主要包括接受投资和资本公积或盈余公积转增资本这两种业务。

企业筹集资金，除了所有者投入资本以外，为了补充生产经营过程中资金周转的不足，或是为了购进或建造固定资产，扩大企业的生产经营规模，往往需要从银行或其他金融机构借入资本，即取得银行贷款。企业的借入资本按照偿还期限的长短，可以分为短期借款和长期借款。企业借入的偿还期限在一年（包含一年）以内的借款叫作短期借款，借入的偿还期限在一年以上的借款叫作长期借款。无论是短期借款还是长期借款，必须按照规定的借款用途使用，并计算借款利息，到期还本付息。在“基础会计”课程中，主要介绍短期借款的取得、利息的计算及到期还本付息的核算。

（二）投资业务核算的主要内容

企业在保证正常的生产经营活动资金需要的同时，如果有闲置的资金，可用于对外投资。企业的投资业务按照投资期限的不同，可以分为短期投资和长期投资；按照投资的性质不同，可以分为股权投资和债权投资。本书只介绍短期投资中交易性金融资产业务的核算。

交易性金融资产主要指企业为了近期内出售而持有的金融资产，如企业以赚取差价为目的从二级市场购入的股票、债券、基金等。本书主要介绍作为交易性金融资产的短期股票投资，包括股票的购入、交易费用的发生、股票的出售等业务的核算。

二、筹资和投资业务核算的账户设置

（一）筹资业务核算的账户设置

筹资业务核算应设置的主要账户如表 4-3 所示。

表 4-3 筹资业务核算应设置的主要账户

账户名称	账户结构及核算内容
银行存款	属于资产类账户，用来核算企业存在银行或其他金融机构的货币资金。其借方登记银行存款的增加额，贷方登记银行存款的减少额，期末余额一般在借方，反映期末现有银行存款的数额。
固定资产	属于资产类账户，用来核算企业固定资产的原价。其借方登记企业外购、自制、接受投资等而增加的固定资产原价，贷方登记企业因出售、报废、毁损、对外投资等而减少的固定资产原价，期末余额一般在借方，反映企业期末固定资产的账面原价。企业应按固定资产的类别、项目和使用部门开设明细账，对固定资产进行明细核算。
实收资本	属于所有者权益类账户，用来核算投资者投入资本的增减变动情况及其结果。其借方登记投入资本的减少数或归还数，贷方登记收到投资者投入的资本，以及按规定将资本公积、盈余公积转增的资本，期末余额在贷方，反映期末投资者投入资本的实有数额。企业应按投资者开设明细账，对实收资本进行明细核算。
资本公积	属于所有者权益类账户，用来核算企业由于财产重估、接受捐赠、转增资本等形成的资本公积发生的增减变动情况及其结果。其借方登记用资本公积转增资本等资本公积的减少数，贷方登记企业财产重估增值、接受的投资者的投资大于其所占资本份额的差额等资本公积的增加数，期末余额在贷方，反映期末资本公积的实有数额。企业应按资本公积的类别开设明细账，对资本公积进行明细核算。
短期借款	属于负债类账户，用来核算企业从银行或其他金融机构借入的期限在一年以内的各种借款。其借方登记企业到期偿还的借款的数额，贷方登记企业借入的借款的数额，期末余额在贷方，反映企业期末尚未归还的短期借款的数额。企业应按照债权人的名称或借款的种类开设明细账，对短期借款进行明细核算。

续表

账户名称	账户结构及核算内容
财务费用	属于损益类账户，用来核算企业为筹集资金而发生的各种费用。其借方登记企业因筹集资金而发生的借款利息等费用，期末将本账户借方归集的各项财务费用从贷方转入“本年利润”账户，结转后期末无余额。企业应按财务费用的种类开设明细账，对财务费用进行明细核算。
应付利息	属于负债类账户，用来核算企业从银行取得借款，在借款持有期之内应付而未付给银行的借款利息。其借方登记借款利息的偿还数额，贷方登记计算提取的借款利息的数额，期末余额在贷方，反映期末企业应付而未付给银行的借款利息。

（二）投资业务核算的账户设置

投资业务核算应设置的主要账户如表 4－4 所示。

表 4－4　投资业务核算应设置的主要账户

账户名称	账户结构及核算内容
交易性金融资产	属于资产类账户，用来核算企业以交易为目的所持有的股票投资、债券投资、基金投资等交易性金融资产的公允价值。企业持有的直接指定为以公允价值计量且其变动计入当期损益的金融资产也在“交易性金融资产”账户内核算。该账户的借方登记交易性金融资产的取得成本、资产负债表日其公允价值高于账面余额的差额等，贷方登记资产负债表日其公允价值低于账面余额的差额，以及企业出售交易性金融资产时结转的成本和公允价值变动损益。企业应按交易性金融资产的类别和品种，分别开设“成本”“公允价值变动”等明细账，对交易性金融资产进行明细核算。
其他货币资金	属于资产类账户，用来核算企业除库存现金、银行存款以外的各种货币资金，如存出投资款、外埠存款、信用卡存款等。该账户的借方登记其他货币资金的增加数，贷方登记其他货币资金的减少数，期末余额在借方，反映企业实际持有的其他货币资金。企业应按照其他货币资金的种类开设明细账，对其他货币资金进行明细核算。
投资收益	属于损益类账户，用来核算企业对外投资取得的收入或发生的损失。该账户的借方登记投资损失和期末投资净收益的转出数，贷方登记取得的投资收入和期末投资净损失的转出数，期末结转后该账户无余额。企业应按照投资收益的种类开设明细账，对投资收益进行明细核算。

※ 工作情景 ※

情景一　投入资本

一、资料

2024 年 12 月 2 日，北京佳丽服装有限公司收到昌隆商贸公司投入资本，其中：全新服装样板切割机 2 台，单位成本 45 000 元（成本与公允价值相符），增值税进项税额为 11 700 元；转账支票 310 000 元（限于篇幅，原始凭证从略，下同）。

二、工具

会计准则、《会计基础工作规范》、相关法律法规。

三、工作行动

（1）审核：对收到的发票、转账支票、固定资产验收单等原始凭证进行审核。

（2）分析：该业务涉及“固定资产”“银行存款”“实收资本”账户。其中：收到的切割机作为固定资产增加，记入“固定资产”账户，收到的转账支票送存银行，作为银行存款增加，记入“银行存款”账户，“银行存款”和“固定资产”账户均属于资产类账户，增加记借方；收到的各项投资作为资本增加，记入“实收资本”账户，该账户属于所有者权益类账户，增加记贷方。

（3）制单：该业务要分别编制收款凭证和转账凭证。

四、工作成果

上述经济业务应编制的会计分录如下：

借：固定资产——专用设备——服装样板切割机	90 000	
应交税费——应交增值税（进项税额）	11 700	
贷：实收资本——昌隆商贸公司		101 700
借：银行存款	310 000	
贷：实收资本——昌隆商贸公司		310 000

因本教材篇幅有限，记账凭证的列示从略。

情景二　借入资本

一、资料

（1）2024 年 12 月 1 日，北京佳丽服装有限公司从银行借入 3 个月期流动资金周转借款 200 000 元存入银行。

（2）2024 年 12 月 31 日，北京佳丽服装有限公司计提本月短期借款利息 1 000 元、长期借款（分期付息，到期还本）利息 24 000 元。

二、工具

会计准则、《会计基础工作规范》、相关法律法规。

三、工作行动

（1）审核：对收到的银行贷款凭证等原始凭证进行审核。

（2）分析：

1）第 1 笔业务涉及“银行存款”“短期借款”账户。其中：借入款项存入银行作为银行存款增加，记入“银行存款”账户，该账户属于资产类账户，增加记借方；借入3个月期借款作为短期借款增加，记入“短期借款”账户，该账户属于负债类账户，增加记贷方。

2）第2笔业务涉及“财务费用”“应付利息”账户。其中：计提的利息作为财务费用，记入“财务费用”账户，该账户属于费用类账户，增加记借方；计提的利息尚未支付，作为应付利息，记入“应付利息”账户，该账户属于负债类账户，增加记贷方。

（3）制单：第1笔业务编制收款凭证，第2笔业务编制转账凭证。

四、工作成果

上述经济业务应编制的会计分录如下：

（1）借：银行存款	200 000	
贷：短期借款		200 000
（2）借：财务费用——利息	25 000	
贷：应付利息——短期借款利息		1 000
——长期借款利息		24 000

情景三　投资业务

一、资料

2024年12月，北京佳丽服装有限公司发生如下与投资相关的业务：

（1）12月3日，通过银行划拨资金300 000元给国泰证券公司用于交易性金融资产投资。

（2）12月3日，委托国泰证券公司购入永安股份10 000股，并将其划分为交易性金融资产，该笔股票投资在购买日的公允价值为190 000元，另支付相关交易费用2 500元，取得的增值税专用发票上注明的增值税税额为150元。

（3）12月25日，公司将交易性金融资产（永安股份10 000股）兑现285 000元，该项投资的成本为190 000元，未发生公允价值变动，假设不考虑相关税费和其他因素。

二、工具

会计准则、《会计基础工作规范》、相关法律法规。

三、工作行动

（1）审核：对付款凭证及股票买卖交割单等原始凭证进行审核。

（2）分析：

1）第1笔业务涉及“银行存款”“其他货币资金”账户。其中：划拨出的资金作为其他货币资金，记入“其他货币资金”账户，该账户属于资产类账户，增加记借方；银行存款减少，记入“银行存款”账户，资产减少记贷方。

2）第2笔业务涉及“交易性金融资产”、“投资收益”、“其他货币资金”和“应交税费”账户。其中：购入股票190 000元作为交易性金融资产，记入“交易性金融资产”账户，该账户是资产类账户，增加记借方；支付交易费用2 500元作为投资费用，记入“投资收益”账户，该账户属于损益类账户，费用增加记借方；支付相关交易费用所涉及的增值税税额150元，记入“应交税费——应交增值税（进项税额）”明细账户，该账户属于负债类账户，进项税额记借方；其他货币资金减少192 650元，记入“其他货币资金”账户，资产减少记贷方。

3）第3笔业务涉及“交易性金融资产”、“投资收益”和“其他货币资金”账户。其中：出售股票的成本190 000元作为交易性金融资产减少，记入“交易性金融资产”账户的贷方；出售股票的净收入285 000元，作为其他货币资金的增加，记入“其他货币资金”账户的借方；出售股票的净收入大于账面价值的差额，作为投资收益，记入“投资收益”账户，该账户属于损益类账户，收益增加记贷方。

（3）制单：第1笔业务编制付款凭证，第2、3笔业务编制转账凭证。

四、工作成果

上述经济业务应编制的会计分录如下：

（1）借：其他货币资金——存出投资款	300 000	
贷：银行存款		300 000
（2）借：交易性金融资产——短期股票投资（永安股份）——成本	190 000	
投资收益	2 500	
应交税费——应交增值税（进项税额）	150	
贷：其他货币资金——存出投资款		192 650
（3）借：其他货币资金——存出投资款	285 000	
贷：交易性金融资产——短期股票投资（永安股份）——成本		190 000
投资收益		95 000

※ 能力训练 ※

一、业务资料

2024年12月，北京美康食品有限公司筹集资金过程中发生如下几笔经济业务：

（1）12月1日，从银行借入3个月期生产周转借款180 000元存入银行。

（2）12月2日，委托银行划拨资金1 000 000元给国泰证券公司，用于金融性资产投资。

（3）12月3日，委托国泰证券公司购入江淮股份100 000股，并将其划分为交易性金融资产，该笔股票投资在购买日的公允价值为976 000元，另支付相关交易费用2 440元，取得的增值税专用发票上注明的增值税进项税额为146.4元。

（4）12月8日，收到转账支票一张，北京家乐食品公司投入的资金200 000元已入账。

（5）12月19日，公司将交易性金融资产（江淮股份100 000股）兑现1 300 000元，该项投资的成本为976 000元，未发生公允价值变动，假设不考虑相关税费和其他因素。

（6）12月31日，计提本月短期借款利息900元（月利率5‰）、长期借款（分期付息、到期还本）利息48 000元（月利率8‰）。

二、工作任务行动与考核

（1）填写工作任务清单。
（2）填写工作任务考核报告表。

项目三　企业主要经济业务核算

——供应过程的核算

学习目标

知识目标：了解企业供应过程中会计核算的主要内容，并掌握相应的会计核算方法。

能力目标：能根据企业供应过程中发生的业务编制会计分录，并熟练填制记账凭证。

素养目标：具有诚实守信、客观公正的职业素养和遵纪守法、依法纳税的社会责任感。

思维导图

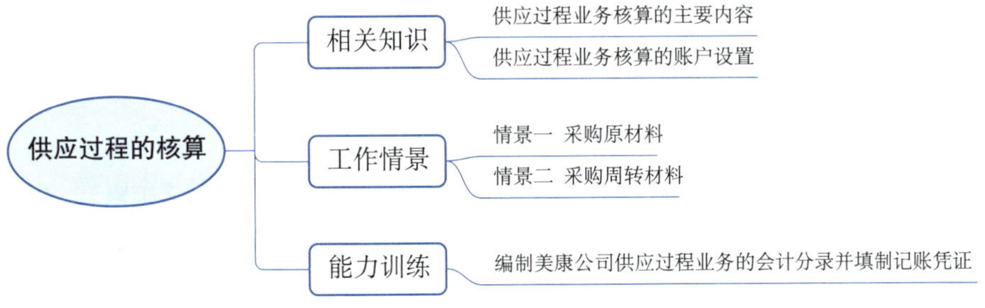

※ 相关知识 ※

一、供应过程业务核算的主要内容

工业企业的生产经营活动，主要包括供应、生产、销售三个过程，其主要的经济业务也大都发生在这三个过程中。供应过程即生产的准备阶段，其主要任务是用货币资金购进原材料，进行生产过程的材料储备，这个阶段的资金从货币资金形态转化成了储备资金形态，所以，供应过程也可称为储备过程。

供应过程是指从材料采购、验收入库开始，到投入产品的生产为止的全过程，其核算内容主要包括材料采购成本的确定、货款的结算、材料验收入库的核算等。

（一）材料采购成本的确定

材料采购成本是指材料在外购过程中形成的成本，包括材料的买价及采购费用。材料采购成本的构成如表4-5所示。

表4-5 材料采购成本的构成

项目	内容
买价	买价，即供货方开具的发票上所列材料购入的总成本，一种材料对应一种价格，所以，买价可以直接计入材料的采购成本。
采购费用	采购费用，即材料采购过程中发生的运杂费、装卸费，以及运输途中的合理损耗、入库前的整理挑选费用等。如果只购买一种材料，则上述各项采购费用可以直接计入该种材料的采购成本；购买两种以上材料共同发生的采购费用，则需按照一定的分配标准，在不同的材料之间进行分配，分别计入不同的材料采购成本中。采购费用在不同材料之间的分配标准，包括材料的买价、重量、体积等。以材料重量作为分配标准为例，假设购买甲、乙两种材料共同发生一笔运杂费，运杂费的分配和采购成本的计算步骤如下： （1）计算分配率（计算分配率除不尽时，小数点后应保留四位）： $分配率=\frac{应分配的运杂费}{甲材料的重量+乙材料的重量}$ （2）计算运杂费： 甲材料应负担的运杂费=甲材料的重量×分配率 乙材料应负担的运杂费=乙材料的重量×分配率 （3）计算采购成本： 甲材料的采购成本=甲材料的买价+甲材料应负担的运杂费 乙材料的采购成本=乙材料的买价+乙材料应负担的运杂费 如果运输途中发生损耗等，使材料采购的应收数量和实收数量不符，单位采购成本按实收数量计算。
税金	（1）关税。进口材料需支付进口关税，一种材料对应一种关税，故可以直接计入材料的采购成本。 （2）消费税。消费税是价内税，包含在货物的成本中。 （3）增值税。增值税是价外税，其是否计入货物的成本应视税法的规定确定。小规模纳税人支付的增值税，计入货物成本。一般纳税人支付的增值税，如果取得增值税专用发票，且按税法规定允许作为进项税额扣除，则不计入货物成本，否则计入货物成本。 本书仅以增值税一般纳税人为例，介绍增值税的核算方法。

（二）货款的结算

企业外购材料需向供货单位支付款项，款项支付一般应通过银行进行转账结算，可采用的结算方式有支票、银行汇票、商业汇票、银行本票、汇兑、委托收款、托收承付等。如果企业资金紧张，经供货单位同意，也可以赊购货物，购货企业应在付款期内按期支付款项。

（三）材料验收入库的核算

材料在采购过程中，尚未到达企业、验收入库之前，称为在途物资；在途物资运达企业，填制材料入库单、验收入库之后，称为库存材料，至此，采购过程结束。如果是当天采购材料当天验收入库，采购成本可直接计入库存材料成本；如果不是当天验收入库，则采购成本先计入在途物资成本，待验收入库之后，再计入库存材料成本。

二、供应过程业务核算的账户设置

供应过程的业务核算应设置的主要账户如表 4-6 所示。

表 4-6 供应过程的业务核算应设置的主要账户

账户名称	账户结构及核算内容
在途物资	属于资产类账户，用来核算企业在途物资的采购成本。其借方登记在途物资的买价、运杂费、装卸费、运输途中的合理损耗、入库前的整理挑选费用等，贷方登记在途物资验收入库转入“原材料”等账户的实际采购成本，如有余额，一般在借方，反映期末在途物资的实际采购成本。企业应按在途物资的种类开设明细账，如“在途物资——原材料”“在途物资——周转材料”等，对在途物资进行明细核算。
原材料	属于资产类账户，用来核算库存材料的实际成本。其借方登记验收入库材料的实际成本，贷方登记发出材料的实际成本，期末余额在借方，反映期末库存材料的实际成本。企业应按原材料的品种、规格开设明细账，对原材料进行明细核算。
应交税费——应交增值税	属于负债类账户，用于增值税纳税人对增值税的核算。对于一般纳税人，其借方登记购进货物等应负担的增值税进项税额和实际缴纳的增值税税额，贷方登记企业销售货物等应缴纳的增值税销项税额，余额一般在贷方，反映企业应缴而尚未缴纳的增值税税额。一般纳税人对“应交税费——应交增值税”账户应开设“进项税额”“销项税额”“已交税金”等账户，对增值税进行明细核算。
周转材料	属于资产类账户，用来核算库存周转材料的实际成本。其借方登记验收入库周转材料的实际成本，贷方登记发出周转材料的实际成本，期末余额在借方，反映期末库存周转材料的实际成本。周转材料主要包括包装物和低值易耗品，企业应据此开设明细账，对周转材料进行明细核算。
应付账款	属于负债类账户，用来核算企业因购买材料、商品和接受劳务供应等经营活动应支付的款项。其借方登记偿还的应付账款，贷方登记企业因购入材料、商品和接受劳务供应等尚未支付的款项，期末余额一般在贷方，反映期末企业尚未支付的应付账款。企业应按债权人的不同开设明细账，对应付账款进行明细核算。
预付账款	属于资产类账户，用来核算企业因购买材料、商品和接受劳务供应等经营活动按照合同规定预付的款项。其借方登记预付的款项及补付的款项，贷方登记收到所购材料、商品或接受劳务供应时根据有关发票账单记入“原材料”等账户的金额以及收回多付款项的金额，期末余额一般在借方，反映期末实际预付但尚未结算的款项。企业应按所购材料、商品或接受劳务的供应方开设明细账，对预付账款进行明细核算。如果企业预付款项业务不多，也可不开设“预付账款”账户，其内容在“应付账款”账户中进行核算。

※ 工作情景 ※

情景一　采购原材料

一、资料

2024年12月，北京佳丽服装有限公司发生如下几笔供应过程业务：

(1) 12月1日，收到银行转来的上海佳宁纺织品集团有限公司的托收凭证付款通知单、增值税专用发票及运费单据，发票列明所购货物：涤棉面料5 000米，单位成本31元；丝绸面料4 000米，单位成本40元；纯羊毛面料6 000米，单位成本52元。增值税进项税额共计81 510元。对方代垫运费2 000元，增值税进项税额为180元。材料尚未验收入库，经审核无误，支付价税款及代垫运费。

(2) 12月2日，从上海佳宁纺织品集团有限公司购入的材料验收入库(运费按材料买价比例分配)。

(3) 12月3日，开出转账支票一张，支付从北京广源服装辅料公司购入服装辅料的货款和税款。材料已经验收入库，其中：衬布6 000米，单位成本15元；垫肩4 000个，单位成本0.9元；棉线400支，单位成本3元；丝线200支，单位成本4.1元；花边600码，单位成本2.6元；纽扣5千克，单位成本50元。增值税进项税额共计12 665.9元，材料已验收入库。

(4) 12月3日，开出电汇凭证，支付上月所欠宁波大成机械配件厂绣花机配件款14 500元。

(5) 12月4日，开出转账支票一张，预付北京华兴纺织品公司材料款（涤棉布2 000米，单位成本28元）40 000元。

(6) 12月10日，从北京华兴纺织品公司采购涤棉面料一批，收到增值税专用发票，数量2 000米，单位成本28元，总成本56 000元，增值税进项税额7 280元，对方垫付运费200元，增值税进项税额为18元。材料已经验收入库，开出转账支票补付价税款及运费23 498元。

二、工具

会计准则、《会计基础工作规范》、相关法律法规。

三、工作行动

(1) 审核：对取得的各种发票、费用单据、付款结算凭证、收料单等原始凭证进行审核。

(2) 分析：

1) 第1笔业务涉及“在途物资”、“应交税费——应交增值税（进项税额）”和“银行存款”账户。其中：购入的材料尚未入库，作为在途物资增加，采购成本包括买价和运费共计629 000元，记入“在途物资”账户的借方；按照材料的买价乘以13%的增值税税率计算的增值税81 510元，以及按照运费所计算出的增值税180元，均记入“应交税费——

应交增值税（进项税额）”账户的借方；银行存款减少，应记入“银行存款”账户的贷方。

2）第 2 笔业务涉及“原材料”“在途物资”账户。其中：原材料增加，记入“原材料”账户的借方；在途物资减少，记入“在途物资”账户的贷方。

一次采购 3 种材料，共发生运费 2 000 元，应将运费在 3 种材料之间进行分配。

$$分配率=\frac{2\ 000}{155\ 000+160\ 000+312\ 000}\approx 0.003\ 2$$

涤棉面料应负担的运费＝155 000×0.003 2＝496（元）

丝绸面料应负担的运费＝160 000×0.003 2＝512（元）

纯羊毛面料应负担的运费＝2 000－496－512＝992（元）

根据分配结果：

涤棉面料的采购成本＝155 000＋496＝155 496（元）

丝绸面料的采购成本＝160 000＋512＝160 512（元）

纯羊毛面料的采购成本＝312 000＋992＝312 992（元）

3）第 3 笔业务涉及“原材料”、“应交税费——应交增值税（进项税额）”和“银行存款”账户。其中：原材料入库，直接记入“原材料”账户的借方；支付的增值税 12 665.9 元，记入“应交税费——应交增值税（进项税额）”账户的借方；支付的款项，记入“银行存款”账户的贷方。

4）第 4 笔业务涉及“银行存款”和“应付账款”账户。其中：银行存款减少，记入“银行存款”账户的贷方；应付账款减少，记入“应付账款”账户的借方。

5）第 5 笔业务涉及“预付账款”和“银行存款”账户。其中：预付账款增加，记入“预付账款”账户的借方；银行存款减少，记入“银行存款”账户的贷方。

6）第 6 笔业务涉及“原材料”、“应交税费——应交增值税（进项税额）”、“银行存款”和“预付账款”账户。其中：原材料入库，直接记入“原材料”账户的借方；增值税记入“应交税费——应交增值税（进项税额）”账户的借方，同时贷记“预付账款”账户；补付款项时，借记“预付账款”账户，贷记“银行存款”账户。

（3）制单：第 2 笔业务和第 6 笔业务要分别编制转账凭证，其余业务要分别编制付款凭证。

四、工作成果

上述经济业务应编制的会计分录如下：

（1）借：在途物资——原材料	629 000	
应交税费——应交增值税（进项税额）	81 690	
贷：银行存款		710 690
（2）借：原材料——原料及主要材料（涤棉面料）	155 496	
——原料及主要材料（丝绸面料）	160 512	
——原料及主要材料（纯羊毛面料）	312 992	
贷：在途物资——原材料		629 000
（3）借：原材料——辅助材料（衬布）	90 000	
——辅助材料（垫肩）	3 600	
——辅助材料（棉线）	1 200	

——辅助材料（丝线） 820

——辅助材料（花边） 1 560

——辅助材料（纽扣） 250

应交税费——应交增值税（进项税额） 12 665.90

贷：银行存款 110 095.90

（4）借：应付账款——宁波大成机械配件厂 14 500

贷：银行存款 14 500

（5）借：预付账款——北京华兴纺织品公司 40 000

贷：银行存款 40 000

（6）借：原材料——原料及主要材料（涤棉面料） 56 200

应交税费——应交增值税（进项税额） 7 298

贷：预付账款——北京华兴纺织品公司 63 498

借：预付账款——北京华兴纺织品公司 23 498

贷：银行存款 23 498

情景二　采购周转材料

一、资料

2024年12月10日，北京佳丽服装有限公司收到上月从北京宏盛纸箱厂采购的包装物一批，其中：包装袋6 000只，单价0.2元；包装盒5 500只，单价0.8元；包装箱500只，单价1元。货款已于上月支付。

二、工具

会计准则、《会计基础工作规范》、相关法律法规。

三、工作行动

（1）审核：对收料单等原始凭证进行审核。

（2）分析：该业务涉及“周转材料——包装物”和“在途物资”账户。其中：周转材料验收入库，记入“周转材料——包装物”账户的借方，同时冲减在途物资，记入“在途物资”账户的贷方。

（3）制单：该笔业务应编制转账凭证。

四、工作成果

上述经济业务应编制的会计分录如下：

借：周转材料——包装物（包装袋） 1 200

——包装物（包装盒） 4 400

——包装物（包装箱） 500

贷：在途物资——周转材料 6 100

加油站

增值税小知识

1．征税范围

增值税的征税范围：在中华人民共和国境内销售货物或者劳务，销售服务、无形资产、不动产以及进口货物。

2．纳税人

根据纳税人的经营规模以及会计核算健全程度的不同，增值税的纳税人可划分为小规模纳税人和一般纳税人。

（1）小规模纳税人，是指年应征增值税销售额500万元及以下，会计核算不健全，不能够提供准确税务资料的增值税纳税人。小规模纳税人实行简易征税办法，并且一般不使用增值税专用发票。征收率一般为3%。

（2）一般纳税人，是指年应税销售额超过财政部、国家税务总局规定的小规模纳税人标准的企业和企业性单位。一般纳税人适用的增值税基本税率为13%；销售、进口特殊产品（指居民生活必需品和农业生产资料）等适用的税率为9%；其他应税行为适用的税率为6%；出口货物适用零税率，但国务院另有规定的除外。

3．应纳税额的计算

（1）一般计税方法应纳税额的计算。一般纳税人销售货物、劳务、服务、无形资产、不动产，采取一般计税方法计算应纳增值税额，即采用进项税额抵扣的办法计算。其计算公式为：

应纳税额＝当期销项税额－当期进项税额

当期销项税额小于当期进项税额不足抵扣时，其不足部分可以结转下期继续抵扣。

销项税额是指纳税人发生应税销售行为，按照销售额和适用税率计算并向购买方收取的增值税税款，其计算公式为：

销项税额＝销售额×适用税率

销售额是指纳税人发生应税销售行为向购买方收取的全部价款和价外费用，但是不包括收取的销项税额。

进项税额是指纳税人购进货物、劳务、服务、无形资产、不动产，支付或者负担的增值税额。包括从销售方取得的增值税专用发票上注明的增值税额和从海关取得的海关进口增值税专用缴款书上注明的增值税额等。进项税额的计算公式一般为：

进项税额＝买价×适用税率

企业已单独确认进项税额的购进货物、加工修理修配劳务或者服务、无形资产或者不动产，但其事后改变用途（如用于简易计税方法计税项目、免征增值税项目、非增值税应税项目、集体福利或个人消费等）或发生非正常损失，原已计入进项税额、待抵扣进项税额或待认证进项税额的，按照现行增值税制度的规定，不得从销项税额中抵扣。这里所说的“非正常损失”是指因管理不善造成货物被盗、丢失、霉烂变质，以及因违反法律法规造成货物或者不动产被依法没收、销毁、拆除的情形。

（2）简易计税方法应纳税额的计算。小规模纳税人发生应税销售行为采用简易计税方法计税，应按照销售额和征收率计算应纳增值税额，不得抵扣进项税额。其计算公式为：

应纳税额＝销售额×征收率

简易计税方法下的销售额不包括应纳税额，纳税人采用销售额和应纳税额合并定价方法的，按照下列公式计算销售额：

销售额＝含税销售额÷(1＋征收率)

（3）进口货物应纳税额的计算。纳税人进口货物，无论是一般纳税人还是小规模纳税人，均应按照组成计税价格和规定的税率计算应纳税额，不允许抵扣发生在境外的任何税金。其计算公式为：

应纳税额＝组成计税价格×税率

组成计税价格的构成分为两种情况：

1）如果进口货物不征收消费税，则上述公式中组成计税价格的计算公式为：

组成计税价格＝关税完税价格＋关税

2）如果进口货物征收消费税，则上述公式中组成计税价格的计算公式为：

组成计税价格＝关税完税价格＋关税＋消费税

※ 能力训练 ※

一、业务资料

2024 年 12 月，北京美康食品有限公司供应过程中发生如下几笔经济业务：

(1) 12 月 1 日，从北京古船面粉厂购入原材料一批。其中：高筋粉 20 000 千克，单位成本 3 元，共 60 000 元；低筋粉 35 000 千克，单位成本 2.5 元，共 87 500 元。收到的增值税专用发票上注明价款 147 500 元，增值税进项税额 19 175 元。发生运费 550 元，增值税进项税额为 49.5 元，运费按两种原材料的重量比例分配。所购材料已经验收入库，价税款尚未支付。

(2) 12 月 2 日，上月从北京茂源食品包装公司购买的饼干包装箱 8 000 只（单位成本 10 元）、面包包装箱 5 000 只（单位成本 11 元）均已验收入库。

(3) 12 月 4 日，收到开户银行转来的付款通知，支付 12 月 1 日所欠北京古船面粉厂价税款及运费共计 167 274.5 元。

(4) 12 月 25 日，开出转账支票一张，从北京蓝天乳业公司购入奶油 5 000 千克，单位成本 20 元，增值税专用发票注明货款共计 100 000 元，增值税进项税额 13 000 元，材料已经验收入库。

二、工作任务行动与考核

(1) 填写工作任务清单。

(2) 填写工作任务考核报告表。

项目四 企业主要经济业务核算

——生产过程的核算

学习目标

知识目标：了解企业生产过程中会计核算的主要内容，并掌握相应的会计核算方法。

能力目标：能根据企业生产过程中发生的业务编制会计分录，并熟练填制记账凭证。

素养目标：树立节约意识，具有严谨认真、客观公正、热情服务、积极参与管理的职业素养和崇尚质量、追求卓越的工匠精神。

思维导图

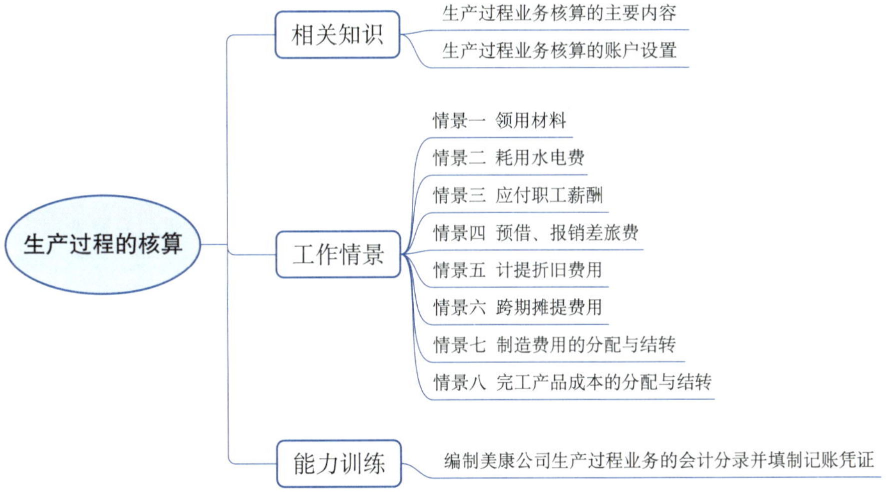

※ 相关知识 ※

一、生产过程业务核算的主要内容

生产过程是工业企业经营活动最核心的环节，是指从领用材料生产产品开始，到产品完工、验收入库为止的全过程。在这个过程中，企业通过原材料的耗费、劳动力的耗费，以及为组织和管理生产活动等而发生的各项间接耗费，最终生产出完工产品，进入市场销售。这个阶段的资金从供应过程的储备资金形态转化成生产资金形态，当产品完工验收入库时，生产资金形态又转化成产品资金形态。

工业企业要进行正常的生产经营活动，就会产生各项耗费，这些耗费统称为费用。费用的分类及内容如表 4-7 所示。

表 4-7 费用的分类及内容

费用的分类			费用的内容
计入产品成本的费用	直接费用	直接材料	指直接用于产品生产的原材料、外购半成品、周转材料，以及生产产品直接耗用的水费、电费等。
		直接人工	指直接从事产品生产的工人工资，以及按规定提取的社会保险费等。
	间接费用	制造费用	指企业各生产车间为组织和管理生产而发生的各项间接费用，如车间管理人员工资、机器设备折旧费、机物料消耗、车间办公费等。这些费用虽然不能直接计入产品的生产成本，但与产品生产有间接关系，期末应归集本期发生的制造费用，再采用规定的计算方法，分配计入产品成本中。
不计入产品成本的费用	期间费用	管理费用	指企业行政管理部门为组织和管理生产经营活动而发生的各种费用，包括行政管理部门人员工资、福利费、办公费、折旧费、业务招待费等。
		销售费用	指企业在销售商品和材料、提供劳务过程中发生的各项费用，包括销售商品过程中发生的包装费、保险费、展览费和广告费、商品维修费等，以及企业为销售本企业商品而专设销售机构发生的各项费用。
		财务费用	指企业为筹集生产经营所需资金等而发生的筹资费用，包括利息支出（减利息收入）、汇兑损益，以及相关的手续费、企业发生的现金折扣或收到的现金折扣。

从表 4-7 可以看出，直接费用和间接费用构成了产品的生产成本。生产过程核算的主要内容包括各项直接材料、直接人工和制造费用的归集与分配。为了区分生产成本与期间费用，便于企业计算利润，也要涉及期间费用的核算。财务费用在本学习情境的项目二中已经介绍，销售费用将在销售过程的核算中介绍。本项目中我们仅介绍管理费用的核算。

二、生产过程业务核算的账户设置

生产过程的业务核算应设置的主要账户如表 4-8 所示。

表 4-8 生产过程业务核算应设置的主要账户

账户名称	账户结构及核算内容
生产成本	属于成本类账户，用来核算企业在产品生产过程中所发生的全部生产费用。其借方登记实际发生的生产费用，包括直接费用和间接费用，即直接材料、直接人工、结转计入的制造费用，贷方登记已生产完工验收入库的产品成本，期末余额在借方，反映尚未完工的产品成本，即期末在产品成本。企业应按产品成本计算对象，即产品的品种、批别等开设明细账，对生产成本进行明细核算。
制造费用	属于成本类账户，用来核算企业的各生产车间为组织和管理生产而发生的各项间接费用，包括车间发生的机物料消耗、工资、福利费、折旧费、保险费、办公费、水电费等。其借方登记各项费用的实际发生额，期末，将当月发生的制造费用总额从贷方转入“生产成本”账户的借方，结转后期末一般无余额。企业应按不同的生产车间开设明细账，对制造费用进行明细核算。
应付职工薪酬	属于负债类账户，用来核算企业的应付职工薪酬，包括工资、职工福利费、社会保险费、工会经费、职工教育经费、住房公积金、非货币性福利等。其借方登记实际发放或使用职工薪酬的数额，贷方登记已分配计入有关成本费用项目的职工薪酬的数额，期末余额一般在贷方，反映企业应付而未付职工薪酬的数额。企业应按职工薪酬项目开设明细账，如开设“应付职工薪酬——工资”“应付职工薪酬——职工福利”等，对应付职工薪酬进行明细核算。
管理费用	属于损益类账户，用来核算企业的行政管理部门为组织和管理生产经营活动而发生的各项费用，包括物料消耗、工资、福利费、折旧费、保险费、办公费、水电费等。其借方登记各项费用的实际发生额，期末，将当月发生的管理费用总额从贷方转入“本年利润”账户的借方，结转后期末一般无余额。企业应按管理费用项目开设明细账，对管理费用进行明细核算。
累计折旧	属于资产类账户，是“固定资产”账户的备抵调整账户，核算企业现有固定资产损耗的价值，其一般根据企业月初的固定资产原值和核定的折旧率按月计提。其借方登记固定资产减少时累计折旧的冲销数，贷方登记固定资产折旧的增加数，余额在贷方，反映期末现有固定资产的累计已提折旧额。将“固定资产”账户的余额减去“累计折旧”账户的余额，即为固定资产的净值，反映固定资产的新旧程度。
库存商品	属于资产类账户，用来核算企业生产完工并验收入库可供销售的产成品的实际成本。其借方登记验收入库产成品的实际生产成本，贷方登记已销售的产成品转出的实际生产成本，期末余额在借方，反映库存的产成品的实际生产成本。企业应按产成品的种类或批别等开设明细账，对库存商品进行明细核算。

续表

账户名称	账户结构及核算内容
其他应收款	属于资产类账户，反映企业除“应收账款”“应收票据”“预付账款”“应收股利”“应收利息”等账户核算的债权以外的应收或暂付的款项，包括职工的欠款、预借差旅费等项目。其借方登记各种应收或暂付款项以及预付费用支付的数额，贷方登记已收回或报销的各种应收或暂付的款项以及在当月分摊的预付费用的数额，期末余额在借方，反映尚未收回或报销的应收或暂付款项以及尚未分摊的预付费用的数额。企业应按各种应收或暂付的款项或债务人的名称开设明细账，对其他应收款进行明细核算。
其他应付款	属于负债类账户，反映企业除“应付账款”“应付票据”“预收账款”“应交税费”“应付职工薪酬”“应付股利”“应付利息”等账户核算的流动负债以外的应付或暂收的款项，包括应付租金、存入保证金等项目，企业跨期摊提费用中的应计费用要在本账户内核算。其借方登记支付的各种应付或暂收款项以及应计费用的数额，贷方登记实际发生的各种应付或暂收款项等的数额，期末余额在贷方，反映尚未支付的应付或暂收款项以及尚未支付的应计费用的数额。企业应按各种应付或暂收的款项或债权人的名称开设明细账，对其他应付款进行明细核算。

※ 工作情景 ※

情景一　领用材料

一、资料

2024 年 12 月，北京佳丽服装有限公司发生如下几笔材料领用业务：

（1）12 月 4 日，生产产品领用材料。其中：生产绣花女衬衣 3 000 件，领用丝绸面料 3 600 米，共计 144 273 元；生产涤棉男衬衣 2 500 件，领用涤棉布料 3 750 米，共计 115 525元；生产男式西服 2 000 套，领用纯羊毛面料 7 000 米，共计 360 850 元。

（2）12 月 6 日，生产产品领用材料。其中：生产绣花女衬衣领用丝线 100 支，共计 400 元，花边 100 码，共计 250 元，纽扣 1 千克，共计 50 元；生产涤棉男衬衣领用纽扣 1 千克，共计 50 元；生产男式西服领用衬布 6 000 米，共计 90 000 元，垫肩 4 000 个，共计 3 660 元，纽扣 2 千克，共计 100 元；生产产品共同领用棉线 250 支，按产品产量分配，其中绣花女衬衣负担 300 元，涤棉男衬衣负担 250 元，男式西服负担 200 元。

（3）12 月 10 日，车间机器设备维修领用机油 10 千克，单位成本 7.2 元。

（4）12 月 11 日，用现金从北京天星文化用品公司购买办公用品，直接发放给车间和管理部门使用。其中：打印纸 20 包，单价 20 元，车间用 5 包，管理部门用 15 包；墨盒 2 个，单价 200 元，交管理部门使用。以上物品购入时增值税专用发票上注明的进项税额共计 104 元。

（5）12 月 30 日，生产产品领用包装物。其中：包装袋 5 500 只，单位成本 0.2 元，包装绣花女衬衣领用 3 000 只，包装涤棉男衬衣领用 2 500 只；包装盒 5 500 只，单位成本 0.8 元，包装绣花女衬衣领用 3 000 只，包装涤棉男衬衣领用 2 500 只；包装箱 550 只，单位成本 1 元，包装绣花女衬衣领用 300 只，包装涤棉男衬衣领用 250 只。

二、工具

会计准则、《会计基础工作规范》、相关法律法规、企业内部会计核算制度。

三、工作行动

（1）计价：对每一张领料单，按照确定的单位成本进行计价。

（2）审核：对各种领料单等原始凭证进行审核。

（3）分析：领用材料导致库存材料减少，应贷记“原材料”或“周转材料”账户，而材料成本的结转去向，则取决于材料的领用部门和材料的用途。

基本生产车间生产产品耗用直接材料的成本记入“生产成本——基本生产成本”账户。

辅助生产车间耗用材料的成本记入“生产成本——辅助生产成本”账户。

基本生产车间一般性耗用材料的成本记入“制造费用”账户。

行政管理部门耗用材料的成本记入“管理费用”账户。

专设销售机构耗用材料的成本记入“销售费用”账户。

（4）制单：第 4 笔业务编制付款凭证，其余业务均编制转账凭证。

四、工作成果

上述经济业务应编制的会计分录如下：

（1）借：生产成本——绣花女衬衣	144 273	
——涤棉男衬衣	115 525	
——男式西服	360 850	
贷：原材料——原料及主要材料（丝绸面料）		144 273
——原料及主要材料（涤棉面料）		115 525
——原料及主要材料（纯羊毛面料）		360 850
（2）借：生产成本——绣花女衬衣	1 000	
——涤棉男衬衣	300	
——男式西服	93 960	
贷：原材料——辅助材料（衬布）		90 000
——辅助材料（垫肩）		3 660
——辅助材料（棉线）		750
——辅助材料（丝线）		400
——辅助材料（花边）		250
——辅助材料（纽扣）		200
（3）借：制造费用	72	
贷：原材料——机物料（机油）		72

(4) 借：制造费用	100	
管理费用	700	
应交税费——应交增值税（进项税额）	104	
贷：库存现金		904
(5) 借：生产成本——绣花女衬衣	3 300	
——涤棉男衬衣	2 750	
贷：周转材料——包装物（包装袋）		1 100
——包装物（包装盒）		4 400
——包装物（包装箱）		550

加油站

材料的盘存方法

1. 实地盘存制

实地盘存制，即平时只记录材料的收入成本，不记录材料的发出成本，期末以库存材料实地盘点的结果作为结存成本，并据此倒推出本期发出材料成本的一种方法。其计算公式如下：

期末库存材料成本＝期末库存材料数量×单位成本

本期发出材料成本＝期初库存材料成本＋本期购进材料成本－期末库存材料成本

期末库存材料数量为实地盘点的数量，单位成本为加权平均成本。加权平均成本的计算公式如下：

$$\text{加权平均成本}=\frac{\text{期初库存材料成本}+\text{本期购入材料成本}}{\text{期初库存材料数量}+\text{本期购入材料数量}}$$

2. 永续盘存制

永续盘存制又称账面盘存制，即平时在明细账上既要逐日逐笔地反映材料收入的数量，又要反映材料发出的数量，并随时计算其结存数量的一种方法。永续盘存制能够同时计算和登记材料收入、发出和结存的成本。

由于在一个会计期间内，市场行情在不断变化，购入各批材料的单位成本不同，结存材料的单位成本也随之变化，采用永续盘存制随时计算、结转发出材料的成本时，发出材料成本也会受到单位成本的影响。发出材料成本的计算方法包括先进先出法、加权平均法、移动平均法、个别计价法等。常用的方法有先进先出法和加权平均法。此部分内容将在“财务会计”课程中加以介绍，这里不详述。

情景二 耗用水电费

一、资料

2024年12月，北京佳丽服装有限公司发生如下业务：

(1) 12月12日，收到自来水公司增值税专用发票和银行的付款通知，采用委托收款形式支付水费 1 450 元，增值税进项税额 130.5 元，共计耗用量 500 立方米，单位成本 2.9 元。其中：生产产品耗用 420 立方米，由绣花女衬衣负担 487.20 元，涤棉男衬衣负担 406 元，男式西服负担 324.80 元；车间一般耗用 40 立方米，共计 116 元；企业管理部门耗用 38 立方米，共计 110.20 元；销售部门耗用 2 立方米，共计 5.80 元。

(2) 12 月 13 日，收到供电局增值税专用发票和银行的付款通知，采用委托收款方式支付电费 9 200 元，增值税进项税额 1 196 元，共计耗电量 23 000 度，单位成本 0.4 元。其中：生产产品耗用 20 000 度，由绣花女衬衣负担 3 200.10 元，涤棉男衬衣负担 2 666.75 元，男式西服负担 2 133.15 元；车间一般耗用 1 400 度，共计 560 元；企业管理部门耗用 1 500 度，共计 600 元；销售部门耗用 100 度，共计 40 元。

二、工具

会计准则、《会计基础工作规范》、相关法律法规、企业内部会计核算制度。

三、工作行动

(1) 审核：对发票、付款结算凭证等原始凭证进行审核。

(2) 分析：

1) 支付水电费时，将水电费的成本记入“应付账款”账户的借方，增值税记入“应交税费——应交增值税（进项税额）”账户的借方，支付的款项记入“银行存款”账户的贷方。

2) 按各部门使用水电的耗用量计算、分配应承担的水电费成本，编制“水电费分配表”，并结转水电费成本。

(3) 制单：两笔业务均需分别编制付款凭证和转账凭证。

四、工作成果

上述经济业务应编制的会计分录如下：

(1) 借：应付账款——自来水公司	1 580.5	
贷：银行存款		1 580.5
借：生产成本——绣花女衬衣	487.20	
——涤棉男衬衣	406	
——男式西服	324.80	
制造费用	116	
管理费用	110.20	
销售费用	5.80	
应交税费——应交增值税（进项税额）	130.5	
贷：应付账款——自来水公司		1 580.5
(2) 借：应付账款——供电局	10 396	
贷：银行存款		10 396
借：生产成本——绣花女衬衣	3 200.10	

——涤棉男衬衣	2 666.75	
——男式西服	2 133.15	
制造费用	560	
管理费用	600	
销售费用	40	
应交税费——应交增值税（进项税额）	1 196	
贷：应付账款——供电局		10 396

情景三　应付职工薪酬

一、资料

2024年12月，北京佳丽服装有限公司发生如下业务：

(1) 12月15日，从银行提取现金400 000元备发工资。

(2) 12月15日，用现金发放职工（100人）工资。

(3) 12月30日，根据工时和考勤记录计算分配职工工资。其中：生产工人工资304 000元，由绣花女衬衣负担98 165.84元，涤棉男衬衣负担79 166元，男式西服负担126 668.16元；车间管理人员工资15 600元；企业管理人员工资72 800元；销售部门人员工资7 600元。

(4) 12月30日，按应付工资总额的16%提取社会保险费（基本养老保险费）。

二、工具

会计准则、《会计基础工作规范》、相关法律法规、企业内部管理及内部会计核算制度。

三、工作行动

(1) 审核：对付款结算凭证、工资表等原始凭证进行审核。

(2) 分析：

1) 企业发放工资时，一方面，库存现金或银行存款（通过银行转账）减少，贷记“库存现金”或“银行存款”账户；另一方面，企业对职工的负债减少，应借记“应付职工薪酬——工资”账户。

基本生产车间生产工人的工资、福利费记入“生产成本——基本生产成本”账户。

辅助生产车间发生的工资、福利费记入“生产成本——辅助生产成本”账户。

基本生产车间管理人员的工资、福利费记入“制造费用”账户。

行政管理部门发生的工资、福利费记入“管理费用”账户。

专设销售机构发生的工资、福利费记入“销售费用”账户。

2) 编制工资费用分配表，按职工所在部门归集工资费用，借记有关成本费用账户，贷记“应付职工薪酬——工资”账户。

(3) 制单：前两笔业务需编制付款凭证，后两笔业务需编制转账凭证。

四、工作成果

上述经济业务应编制的会计分录如下：

(1) 借：库存现金	400 000	
贷：银行存款		400 000
(2) 借：应付职工薪酬——工资	400 000	
贷：库存现金		400 000
(3) 借：生产成本——绣花女衬衣	98 165.84	
——涤棉男衬衣	79 166	
——男式西服	126 668.16	
制造费用	15 600	
管理费用	72 800	
销售费用	7 600	
贷：应付职工薪酬——工资		400 000
(4) 借：生产成本——绣花女衬衣	15 706.53	
——涤棉男衬衣	12 666.56	
——男式西服	20 266.91	
制造费用	2 496	
管理费用	11 648	
销售费用	1 216	
贷：应付职工薪酬——设定提存计划——基本养老保险费		64 000

加油站

职工薪酬的内容

职工薪酬是指企业为获得职工提供的服务而给予的各种形式报酬以及其他相关支出，包括职工在职期间和离职后提供给职工的全部货币性薪酬和非货币性福利。企业提供给职工配偶、子女或其他被赡养人的福利等，也属于职工薪酬。

（1）职工工资、奖金、津贴和补贴。即构成工资总额的计时工资、计件工资、支付给职工的超额劳动报酬和增收节支的劳动报酬、为了补偿职工特殊或额外的劳动消耗和因其他特殊原因支付给职工的津贴，以及为了保证职工工资水平不受物价影响而支付给职工的物价补贴等。

（2）职工福利费。即企业为职工提供的福利，如为补助职工食堂、生活困难职工等从成本费用中提取的金额。

（3）社会保险费。即企业按照国家规定的基准和比例计算，向社会保险经办机构缴纳的医疗保险费、养老保险费、失业保险费、工伤保险费和生育保险费等社会保险费。养老保险费包括基本养老保险费、补充养老保险费和商业养老保险费。养老保险费和失业保险费按规定确认为离职后福利。

（4）住房公积金。即企业按照《住房公积金管理条例》规定的基准和比例计算，向住房公积金管理机构缴存的住房公积金。

（5）工会经费和职工教育经费。即企业为了改善职工文化生活、提高职工业务素质，根据国家规定的基准和比例，从成本费用中提取的用于开展工会活动和职工教育及职工技能培训的金额。

（6）非货币性福利。即企业以自产产品或外购商品发放给职工作为福利，将自己拥有的资产无偿提供给职工使用（如提供给企业高级管理人员的汽车、住房等），为职工无偿提供医疗保健服务等。

（7）辞退福利（因解除与职工的劳动关系给予的补偿）。即企业由于分离办社会、实施主辅业分离、辅业改制、分流安置富余人员、实施重组或改组计划、职工不能胜任等原因，在职工劳动合同到期之前解除与职工的劳动关系，或者为鼓励职工自愿接受裁减而提出补偿的计划中给予职工的经济补偿。

（8）股份支付。即企业为获取职工和其他方提供的服务而授予权益工具或承担以权益工具为基础确定的负债的交易。股份支付分为以权益结算的股份支付和以现金结算的股份支付。

以上所指“职工”包括与企业订立劳动合同的所有人员，含全职、兼职和临时职工；也包括未与企业订立劳动合同，但由企业正式任命的人员，如董事会成员、监事会成员和内部审计委员会成员等。在企业的计划和控制下，虽未与企业订立正式劳动合同或企业未正式任命，但为企业提供了与职工类似的服务的人员，如劳务用工合同人员，也视同企业职工。

情景四　预借、报销差旅费

一、资料

2024年12月，北京佳丽服装有限公司发生如下业务：

（1）12月14日，职工李强向财务部预借差旅费2 000元，财务部用现金支付。

（2）12月30日，职工李强报销差旅费1 900元，交回剩余差旅费现金100元。

二、工具

会计准则、《会计基础工作规范》、相关法律法规、企业内部管理及内部会计核算制度。

三、工作行动

（1）审核：对支出凭证、费用单据、收据等原始凭证进行审核。

（2）分析：

1）职工李强预借差旅费时，库存现金减少，贷记“库存现金”账户，但费用尚未发生，所以不能做费用列支，应该借记“其他应收款”账户。

2）职工李强出差回来报销差旅费，应将实际发生的差旅费数额1 900元作费用列支，借记“管理费用”账户，收回预支的差旅费余款100元，借记“库存现金”账户，然后冲销“其他应收款”账户。

(3) 制单：第 1 笔业务需编制付款凭证，第 2 笔业务需编制收款凭证和转账凭证。

四、工作成果

上述经济业务应编制的会计分录如下：

(1) 借：其他应收款——李强 2 000

贷：库存现金 2 000

(2) 借：管理费用 1 900

贷：其他应收款——李强 1 900

借：库存现金 100

贷：其他应收款——李强 100

情景五 计提折旧费用

一、资料

2024 年 12 月 30 日，北京佳丽服装有限公司计提本月固定资产折旧。其中：生产车间负担 25 647.20 元，管理部门负担 28 255 元，销售部门负担 2 800 元。

二、工具

会计准则、《会计基础工作规范》、相关法律法规、企业内部会计核算制度。

三、工作行动

(1) 按企业规定的固定资产折旧方法和折旧率计算 12 月固定资产折旧额，编制固定资产折旧计算表。

(2) 分析：提取折旧时，应按固定资产的使用部门和用途列支固定资产使用成本，借记有关成本费用账户，贷记“累计折旧”账户。

基本生产车间固定资产折旧记入“制造费用”账户。

辅助生产车间固定资产折旧记入“生产成本——辅助生产成本”账户。

行政管理部门固定资产折旧记入“管理费用”账户。

专设销售机构固定资产折旧记入“销售费用”账户。

(3) 制单：该笔业务需编制转账凭证。

四、工作成果

上述经济业务应编制的会计分录如下：

借：制造费用 25 647.20

管理费用 28 255

销售费用 2 800

贷：累计折旧 56 702.20

加油站

固定资产及其折旧的含义

固定资产是指企业为生产商品、提供劳务、出租或经营管理而持有的，使用寿命较长的有形资产，如厂房、机器设备、仪器仪表、运输工具等，其是企业主要的劳动手段。由于固定资产随着使用磨损，其价值逐渐减少，为了保证企业正常的生产经营和固定资产的更新换代，需要在固定资产的寿命期内，将固定资产使用成本分配到各个受益期，通过折旧的方式，计入相关产品成本或费用中，最终由实现的营业收入得以补偿价值。

固定资产折旧是固定资产由于磨损和损耗而逐渐转移的价值，企业应当在固定资产的使用寿命内，按照确定的方法对应计折旧额进行系统分摊。

企业应当根据固定资产的性质和使用情况，合理确定固定资产的使用寿命和预计净残值，并根据科技发展、环境及其他因素，选择合理的固定资产折旧方法，按照管理权限，经有关机构批准，作为计提折旧的依据。同时，按照法律、行政法规的规定报送有关各方备案，同时备置于企业所在地，供投资者等有关各方查阅。通常，企业根据月初的固定资产原值和核定的折旧率按月计提折旧。

情景六　跨期摊提费用

一、资料

2024 年 12 月，北京佳丽服装有限公司发生如下业务：

(1) 12 月 14 日，开出转账支票一张，支付给太平洋保险公司北京分公司下一年度财产保险费 18 000 元。

(2) 12 月 14 日，从即日开始，厂部管理部门租用锦华商场办公设备，租期 6 个月，租金 12 000 元，到期一次支付，本月计提应付租金 2 000 元。

二、工具

会计准则、《会计基础工作规范》、相关法律法规、企业内部会计核算制度。

三、工作行动

(1) 审核：对支付结算凭证、发票等单据进行审核。

(2) 分析：

1) 支付财产保险费时，银行存款减少，应贷记“银行存款”账户；支付的财产保险费的受益期为下个年度，根据权责发生制的要求，该项支出属于预付费用，不能作为 2024 年的费用，因此，应借记“预付账款——预付财产保险费”账户。

2) 自 12 月 14 日起，该公司租用商场设备，意味着租金费用从当月开始发生，根据权责发生制的要求，该项租金虽然尚未支出，但属于应计费用，故应借记“管理费用”账户，贷记“其他应付款——租金”账户。

(3) 制单：第 1 笔业务需编制付款凭证，第 2 笔业务需编制转账凭证。

四、工作成果

上述经济业务应编制的会计分录如下：

(1) 借：预付账款——预付财产保险费　　18 000

　　贷：银行存款　　18 000

(2) 借：管理费用　　2 000

　　贷：其他应付款——租金　　2 000

加油站

跨期摊提费用的概念

1. 预付费用（待摊费用）

本期预付应由以后期间负担的费用，如预付下年度报刊费、预付下年度财产保险费等，应根据有关原始凭证，做如下会计分录：

借：预付账款

　贷：银行存款

当各受益期分摊预付费用时，根据本月应分摊的费用额，按照不同的承担部门，做如下会计分录：

借：制造费用

　　管理费用

　贷：预付账款

2. 应计费用（预提费用）

预提应由本月负担的应计费用，如房屋、包装物的租金等，应根据本月预提的费用额，按照不同的承担部门，做如下会计分录：

借：制造费用

　　管理费用

　贷：其他应付款

当支付以前各期已经预提的应计费用时，如支付已分期预提的季度或年度租金，做如下会计分录：

借：其他应付款

　贷：银行存款

情景七　制造费用的分配与结转

一、资料

2024 年 12 月 31 日，北京佳丽服装有限公司归集和分配本月发生的制造费用共计 44 519.20 元，按生产工时比例进行分配。其中：绣花女衬衣生产工时 24 800 小时，涤棉男衬衣生产工时 20 000 小时，男式西服生产工时 32 000 小时。

二、工具

会计准则、《会计基础工作规范》、企业内部会计核算制度。

三、工作行动

(1) 按照制造费用的受益对象，计算并编制制造费用分配表（见图 4－12）。

制造费用分配表

2024 年 12 月 31 日

产品名称	分配标准（生产工时）	分配率	分配金额
绣花女衬衣	24 800		14 376.56
涤棉男衬衣	20 000		11 594.00
男式西服	32 000		18 548.64
合计	76 800	0.579 7	44 519.20

复核 李新　　　　制单 田静

图 4－12　制造费用分配表

(2) 分析：根据制造费用分配表，将制造费用从该账户贷方转出，并分别计入各产品成本中。

(3) 制单：该笔业务需编制转账凭证。

四、工作成果

上述经济业务应编制的会计分录如下：

借：生产成本——绣花女衬衣　　14 376.56

　　　　　　——涤棉男衬衣　　11 594.00

　　　　　　——男式西服　　18 548.64

　贷：制造费用　　44 519.20

加油站

制造费用的分配与结转

制造费用是间接费用，是生产成本的组成部分，最终应计入产品成本。企业在月份终了，应将归集的制造费用按一定的分配标准在不同的产品之间进行分配，计算出每种产品应负担的制造费用，并结转计入各产品的成本中。分配制造费用时可采用的分配标准有产品的生产工时、生产工人的工资、机器工作小时等。相关计算公式如下：

$$\text{制造费用分配率}=\frac{\text{制造费用总额}}{\text{A 产品分配标准}+\text{B 产品分配标准}+\text{C 产品分配标准}}$$

A 产品应负担的制造费用＝A 产品分配标准×制造费用分配率

B 产品应负担的制造费用＝B 产品分配标准×制造费用分配率

$$\text{C 产品应负担的制造费用}=\text{制造费用总额}-\text{A 产品应负担的制造费用}-\text{B 产品应负担的制造费用}$$

制造费用的分配和结转通过编制制造费用分配表进行。结转的会计分录为：

借：生产成本——A 产品

　　　　　　——B 产品

　　　　　　——C 产品

　贷：制造费用

情景八　完工产品成本的分配与结转

一、资料

2024 年 12 月 31 日，北京佳丽服装有限公司计算结转完工产品生产成本。其中：绣花女衬衣 3 000 件全部完工，总成本 280 509.23 元；涤棉男衬衣 2 500 件全部完工，总成本 225 074.31 元；男式西服 2 000 套全部未完工。

二、工具

会计准则、《会计基础工作规范》、企业内部会计核算制度。

三、工作行动

（1）计算各成本计算对象的总成本及单位成本，编制产品成本计算表（见图 4－13、图 4－14）。

产品成本计算表

产品名称：绣花女衬衣　　2024 年 12 月 31 日　　完工数量：3 000 件

项目	直接材料	直接人工	制造费用	其他支出	合计
月初在产品成本	—	—	—	—	—
本月生产费用	152 260.30	113 872.37	14 376.56	—	280 509.23
累计生产费用	152 260.30	113 872.37	14 376.56	—	280 509.23
月末在产品成本	—	—	—	—	—
完工产品成本	152 260.30	113 872.37	14 376.56	—	280 509.23
单位产品成本					93.50

制单：田静　　复核：李新

图 4－13　产品成本计算表（1）

产品成本计算表

产品名称：涤棉男衬衣　　2024 年 12 月 31 日　　完工数量：2 500 件

项目	直接材料	直接人工	制造费用	其他支出	合计
月初在产品成本	—	—	—	—	—
本月生产费用	121 647.75	91 832.56	11 594	—	225 074.31
累计生产费用	121 647.75	91 832.56	11 594	—	225 074.31
月末在产品成本	—	—	—	—	—
完工产品成本	121 647.75	91 832.56	11 594	—	225 074.31
单位产品成本					90.03

制单：田静　　复核：李新

图 4－14　产品成本计算表（2）

（2）分析：根据产品成本计算表，将完工绣花女衬衣和涤棉男衬衣的成本从“生产成本”账户贷方转出，并分别记入“库存商品——绣花女衬衣”和“库存商品——涤棉男衬衣”账户中。男式西服全部未完工，不需要做账务处理。

(3) 制单：该笔业务需编制转账凭证。

四、工作成果

上述经济业务应编制的会计分录如下：

借：库存商品——绣花女衬衣　　280 509.23
　　　　　　——涤棉男衬衣　　225 074.31
　贷：生产成本——绣花女衬衣　　280 509.23
　　　　　　　——涤棉男衬衣　　225 074.31

加油站

完工产品成本的计算与结转

材料经过生产加工后成为可供销售的产品，未完成生产加工还处在生产过程中的产品称为在产品。产品的成本一般包括直接材料、直接人工、制造费用等。企业应于月末根据有关账簿等记录，编制产品成本计算表，计算各完工产品的总成本和单位成本。计算公式如下：

月初在产品成本＋本月发生的生产成本＝本月完工产品成本＋月末在产品成本

公式中，月初在产品成本和本月发生的生产成本可从“生产成本”明细分类账户的核算资料取得，本月完工产品成本和月末在产品成本则需要通过计算取得。也就是说，产品的生产费用要在完工产品和未完工产品之间进行分配。如果月末没有在产品，则生产费用全部为完工产品成本。关于生产费用在完工产品和未完工产品之间进行分配的方法将在后续课程中学习。月末，企业根据产品成本计算表结转完工产品的成本，编制的会计分录为：

借：库存商品——×产品
　贷：生产成本——×产品

经过结转，“生产成本”账户的余额为月末在产品（未完工产品）的成本。

※ 能力训练 ※

一、业务资料

2024 年 12 月，北京美康食品有限公司生产过程中发生如下几笔经济业务：

(1) 12 月 6 日，开出转账支票一张，预付平安保险公司下年度财产保险费 12 000 元。

(2) 12 月 7 日，公司办公室职工杨凌出差从财务部预借差旅费 3 000 元，以现金支付。

(3) 12 月 15 日，开出现金支票，从银行提取现金 300 000 元备发工资。

(4) 12 月 15 日，以现金发放本月职工工资 300 000 元。

(5) 12 月 16 日，杨凌出差回来报销差旅费 2 800 元，交回剩余差旅费现金 200 元。

(6) 12 月 20 日，接到订单，生产 125 克装可可双色饼干 10 000 箱，领用低筋粉

36 000千克，共计 90 260 元；生产 250 克装奶油面包 5 000 箱，领用高筋粉 25 000 千克，共计75 150元；生产两种产品共同领用白砂糖 17 500 千克，共计 84 000 元，两种产品共同耗用材料按其定额耗用量比例分配，其中可可双色饼干耗用 60 000 元，奶油面包耗用 24 000 元。

(7) 12 月 27 日，生产 125 克装可可双色饼干 10 000 箱，领用可可粉 1 000 千克，共计 51 000 元，香草油 200 千克，共计 5 000 元；生产 250 克装奶油面包 5 000 箱，领用奶粉 1 250 千克，共计 62 500 元，干酵母 500 千克，共计 22 000 元，面包改良剂 250 千克，共计 15 000 元，奶油 5 000 千克，共计 100 000 元，食用油 250 千克，共计 3 000 元；生产饼干和面包共同领用黄油 25 500 千克，共计 535 500 元，两种产品共同耗用材料按其定额耗用量比例分配，其中可可双色饼干耗用 525 000 元，奶油面包耗用10 500元；生产两种产品共同领用鸡蛋 15 000 千克，共计 105 000 元，其中可可双色饼干耗用87 500元，奶油面包耗用 17 500 元；生产两种产品共同领用食盐 550 千克，共计 3 850 元，其中可可双色饼干耗用 2 100 元，奶油面包耗用 1 750 元。

(8) 12 月 28 日，生产 125 克装可可双色饼干 10 000 箱，领用饼干包装袋 700 包，共计 42 000 元；生产 250 克装奶油面包 5 000 箱，领用面包包装袋 200 包，共计 10 000 元。

(9) 12 月 29 日，生产 125 克装可可双色饼干 10 000 箱，领用饼干包装箱 10 000 只，共计 100 000 元；生产 250 克装奶油面包 5 000 箱，领用面包包装箱 5 000 只，共计55 000元。

(10) 12 月 30 日，根据工时和考勤记录计算分配职工工资。其中：生产工人工资 210 000元（生产工人工资按生产工时比例分配，可可双色饼干生产工时 1 800 小时，面包生产工时 1 200 小时），可可双色饼干负担 126 000 元，奶油面包负担 84 000 元；车间管理人员工资 16 000 元；企业管理人员工资 58 800 元；销售部门人员工资15 200元。

(11) 12 月 30 日，按应付工资总额的 16%计算提取职工基本养老保险费。

(12) 12 月 30 日，收到自来水公司增值税专用发票和银行的付款通知，支付水费 87 元，增值税进项税额 7.83 元，共计耗水量 30 立方米，单位成本 2.9 元。其中：生产 250 克装奶油面包耗用 10 立方米，车间一般耗用 10 立方米，企业管理部门耗用 5 立方米，销售部门耗用 5 立方米。

(13) 12 月 30 日，收到供电局增值税专用发票和银行的付款通知，支付电费8 400元，增值税进项税额 1 092 元，共计耗电量 21 000 度，单位成本 0.4 元。其中：生产产品耗用 20 000 度，共计 8 000 元，按产品产量比例分配电费，其中可可双色饼干耗用5 333元，奶油面包耗用 2 667 元；车间一般耗用 500 度，共计 200 元；企业管理部门耗用 400 度，共计 160 元；销售部门耗用 100 度，共计 40 元。

(14) 12 月 30 日，计算提取本月固定资产折旧。其中：生产车间负担 30 500 元，企业管理部门负担 19 885 元，销售部门负担 2 400 元。

(15) 12 月 30 日，计算分配本月制造费用 49 289 元，按生产工时比例分配。其中：饼干生产工时 1 800 小时，负担 29 574 元；面包生产工时 1 200 小时，负担 19 715 元。

(16) 12 月 30 日，本月生产 125 克装可可双色饼干 10 000 箱，生产成本共计 1 143 927 元；250 克装奶油面包 5 000 箱，生产成本共计 515 711 元。两种产品全部完工，结转完工产品成本。

二、工作任务行动与考核

(1) 填写工作任务清单。
(2) 填写工作任务考核报告表。

项目五 企业主要经济业务核算

——销售过程的核算

学习目标

知识目标：了解企业销售过程中会计核算的主要内容，并掌握相应的会计核算方法。

能力目标：能根据企业销售过程中发生的业务编制会计分录，并熟练填制记账凭证。

素养目标：具有诚实守信、客观公正的职业素养和依法纳税的社会责任感。

思维导图

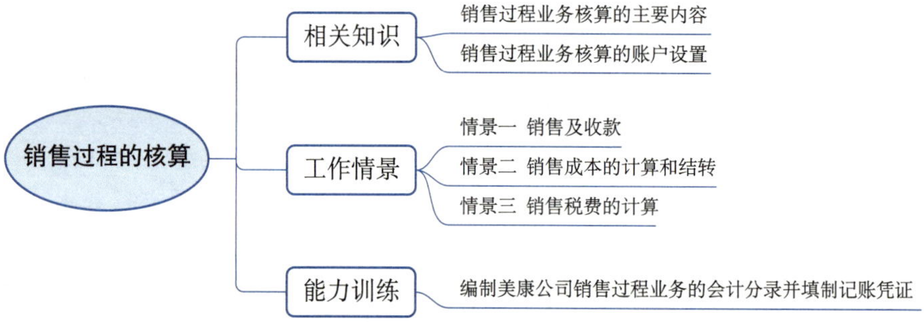

※ 相关知识 ※

一、销售过程业务核算的主要内容

销售过程是工业企业生产经营活动的最后一个环节，是指产品从仓库发出，进入销售市场到取得销售收入的全过程。在这个过程中，企业将生产过程的结果，即完工产品销售出去，取得销售收入，同时企业会发生产品销售成本、销售费用、税金及附加等。这个阶段的资金从生产过程结束时的产品资金形态转化成了货币资金形态，从而完成了一个完整的资金循环过程。

企业在销售过程中的核算内容主要包括销售收入的取得及货款的结算，应交税费的计算，销售成本、销售费用、税金及附加的计算等。

（一）销售收入的取得及货款的结算

销售收入是指企业对外出售产品或材料等，根据增值税专用发票等原始凭证，按照单位销售价格和销售数量计算收取的价款。其计算公式如下：

销售收入＝单位售价×销售数量

销售收入的取得一般以产品或材料已经发出、收到货款或已经取得收取货款的凭证为标准。销售收入确认的时间一般以产品或材料发出、所有权转移的时间为准。确认销售收入时，同时收回货款，即“钱货两清”的业务，称为现销；确认销售收入时，货款尚未收回，但已经开出了收取货款的凭证，如增值税专用发票等，即“先销售后收款”的业务，称为赊销。

工业企业的销售收入分为主营业务收入和其他业务收入。产品销售为企业的主营业务，其销售收入为主营业务收入；而材料销售等为企业的非主营业务，其销售收入为其他业务收入。

（二）应交税费的计算

销售环节的应交税费主要包括增值税、城市维护建设税、教育费附加等，个别产品还应缴纳消费税。

1. 增值税

增值税的一般纳税人要在销售环节根据销售收入和税率计算销项税额，用当期的销项税额减去进项税额，计算出当期的应交增值税。企业销项税额和应交增值税的计算公式见本学习情境项目三“供应过程的核算”。

2. 消费税

消费税是指对销售烟、酒、化妆品、汽油等少数特殊消费品征收的税金，其计算有从价定率和从量定额两种方法，计算公式如下：

本期应交消费税＝本期应税销售收入×税率

本期应交消费税＝本期应税销售数量×税额

3. 城市维护建设税和教育费附加

城市维护建设税是以增值税、消费税为计税依据征收的一种税金，其纳税人为缴纳增值税、消费税的单位和个人，税率因纳税人所在地不同从1%到7%不等，其计算公式如下：

应交城市维护建设税＝（应交增值税＋应交消费税）×适用税率

教育费附加是为了发展教育事业而向企业征收的附加费，企业按应交流转税的一定比例计算缴纳，其计算公式如下：

应交教育费附加＝（应交增值税＋应交消费税）×适用征收率

（三）销售成本的计算

销售成本是指本期已经销售产品的生产成本，即主营业务成本，其计算公式如下：

主营业务成本＝单位产品生产成本×销售数量

如果企业出售材料，其已经出售的库存材料成本为其他业务成本，其计算公式如下：

其他业务成本＝库存材料单位成本×销售数量

（四）销售费用的计算

销售费用是指产品在销售过程中发生的一般性费用，包括运杂费、广告费、销售机构经费、销售人员工资、福利费等。销售费用作为期间费用，直接抵减当期损益。

二、销售过程业务核算的账户设置

销售过程业务核算应设置的主要账户如表4-9所示。

表4-9 销售过程业务核算应设置的主要账户

账户名称	账户结构及核算内容
主营业务收入	属于损益类账户，用来核算销售产品等主营业务取得的销售收入。其贷方登记本期实现的产品销售收入，期末应将本期销售收入从借方转入“本年利润”账户的贷方，结转后本账户无余额。企业应按销售产品的种类开设明细账，对主营业务收入进行明细核算。
其他业务收入	属于损益类账户，用来核算销售材料等非主营业务取得的收入。其贷方登记本期实现的其他业务收入，期末应将本期其他业务收入从借方转入“本年利润”账户的贷方，结转后本账户无余额。企业应按其他业务收入的种类开设明细账，对其他业务收入进行明细核算。
应收账款	属于资产类账户，用来核算赊销产品应从购货方收取的价款及代垫运杂费等。其借方登记应收回的销货款及代垫运杂费等，贷方登记已经收回的销货款及代垫运杂费等，期末余额一般在借方，反映企业应收而未收回的销货款及代垫运杂费等。企业应根据债务人的名称开设明细账，对应收账款进行明细核算。
主营业务成本	属于损益类账户，用来核算销售产品等主营业务所发生的成本。其借方登记已销产品的生产成本，期末应将实际发生的成本从贷方转入“本年利润”账户的借方，结转后本账户无余额。企业应按销售产品的种类开设明细账，对主营业务成本进行明细核算。
其他业务成本	属于损益类账户，用来核算销售材料等非主营业务所发生的成本。其借方登记销售材料等实际发生的非主营业务成本，期末应将实际发生的成本从贷方转入“本年利润”账户的借方，结转后本账户无余额。企业应按其他业务成本的种类开设明细账，对其他业务成本进行明细核算。

续表

账户名称	账户结构及核算内容
销售费用	属于损益类账户，用来核算产品在销售过程中发生的一般性费用，包括运杂费、广告费、销售机构经费、销售人员工资、福利费等。其借方登记实际发生的销售费用，期末应将实际发生的销售费用从贷方转入“本年利润”账户的借方，结转后本账户无余额。企业应根据销售费用的项目开设明细账，对销售费用进行明细核算。
税金及附加	属于损益类账户，用来核算销售过程中发生的消费税、城市维护建设税、资源税和教育费附加等相关税费，企业应缴纳的增值税不在本账户核算。其借方登记实际发生的各种税费，期末应将实际发生的各种税费从贷方转入“本年利润”账户的借方，结转后本账户无余额。企业应根据税费种类开设明细账，对税金及附加进行明细核算。
应交税费	属于负债类账户，用来核算企业应向税务部门缴纳的各种税金及附加费，包括增值税、消费税、资源税、城市维护建设税、教育费附加、所得税等。其贷方登记实际发生的各种税费，借方登记实际缴纳的各种税费，期末余额一般在贷方，反映企业应该缴纳而尚未缴纳的各种税费。企业应按应交税费的种类开设明细账，对应交税费进行明细核算。

※ 工作情景 ※

情景一　销售及收款

一、资料

2024 年 12 月，北京佳丽服装有限公司发生如下业务：

（1）12 月 2 日，收到转账支票一张，销售给北京万盛商场产品一批。其中：绣花女衬衣 2 000 件，单价 320 元，共计售价 640 000 元，增值税销项税额 83 200 元；涤棉男衬衣 2 000 件，单价 280 元，共计售价 560 000 元，增值税销项税额 72 800 元；男式西服 500 套，单价 1 200 元，共计售价 600 000 元，增值税销项税额 78 000 元。

（2）12 月 17 日，北京大华商场交来转账支票一张，支付所欠货款 650 000 元。

（3）12 月 20 日，采用委托收款方式销售给北京蓝岛商场产品一批。其中：绣花女衬衣 2 000 件，单价 320 元，共计售价 640 000 元，增值税销项税额 83 200 元；涤棉男衬衣 1 500 件，单价 280 元，共计售价 420 000 元，增值税销项税额 54 600 元。已办妥委托收款手续，货款尚未收回。

二、工具

会计准则、《会计基础工作规范》、银行结算办法、企业内部会计核算制度等。

三、工作行动

（1）审核：对发票、收款结算凭证、产品出库单等原始凭证进行审核。

（2）分析：

1）根据收到的支票填制进账单，办理进账手续。根据银行盖章的进账单第一联增加银行存款，借记“银行存款”账户；根据增值税专用发票的销售金额，贷记“主营业务收入”账户，根据增值税税额，贷记“应交税费——应交增值税（销项税额）”账户。

2）根据收到的支票填制进账单，办理进账手续。根据银行盖章的进账单第一联增加银行存款，借记“银行存款”账户；同时，对北京大华商场的应收账款减少，贷记“应收账款”账户。

3）根据增值税专用发票的销售金额，贷记“主营业务收入”账户，根据增值税税额，贷记“应交税费——应交增值税（销项税额）”账户；由于货款尚未收回，应收账款增加，借记“应收账款”账户。

（3）制单：第3笔业务需编制转账凭证，其余业务需编制收款凭证。

四、工作成果

上述经济业务应编制的会计分录如下：

（1）借：银行存款	2 034 000	
贷：主营业务收入——绣花女衬衣		640 000
——涤棉男衬衣		560 000
——男式西服		600 000
应交税费——应交增值税（销项税额）		234 000
（2）借：银行存款	650 000	
贷：应收账款——北京大华商场		650 000
（3）借：应收账款——北京蓝岛商场	1 197 800	
贷：主营业务收入——绣花女衬衣		640 000
——涤棉男衬衣		420 000
应交税费——应交增值税（销项税额）		137 800

情景二　销售成本的计算和结转

一、资料

2024年12月31日，北京佳丽服装有限公司结转产品销售成本。其中：绣花女衬衣4 000件，成本共计600 000元；涤棉男衬衣3 500件，成本共计420 000元；男式西服500套，成本共计300 000元。

二、工具

会计准则、《会计基础工作规范》、企业内部会计核算制度等。

三、工作行动

（1）根据“库存商品”明细分类账的核算资料，确定已销绣花女衬衣和涤棉男衬衣的单位生产成本（实际工作中，各月入库产品的生产成本是不同的，月末确定已销产品生产成本的方法有多种，我们将在后续课程中学习），对产品出库单进行计价，编制产成品出库（销售）汇总表（见图4-15）和发出产品成本计算表（见图4-16）。

产成品出库（销售）汇总表

2024年12月31日

单位：元

产品名称	计量单位	销售		委托代销	
		数量	成本	数量	成本
绣花女衬衣	件	4 000	600 000.00		
涤棉男衬衣	件	3 500	420 000.00		
男式西服	套	500	300 000.00		
合计			1 320 000.00		

制单：田静　　　　复核：李新

图4-15　产成品出库（销售）汇总表

发出产品成本计算表

2024年12月31日

单位：元

产品名称	月初结存成本		本月完工成本		本月发出成本		月末结存成本	
	数量	总成本	数量	总成本	数量	总成本	数量	总成本
绣花女衬衣	6 000	900 000.00	3 000	280 509.23	4 000	600 000.00	5 000	580 509.23
涤棉男衬衣	5 000	600 000.00	2 500	225 074.31	3 500	420 000.00	4 000	405 074.31
男式西服	1 000	600 000.00			500	300 000.00	500	300 000.00
合计		2 100 000.00		505 583.54		1 320 000.00		1 285 583.54

制单：田静　　　　复核：李新

图4-16　发出产品成本计算表

（2）分析：销售商品使库存商品减少，商品销售成本增加，根据产成品出库（销售）汇总表和发出产品成本计算表，借记“主营业务成本”账户，贷记“库存商品”账户。

（3）制单：该笔业务需编制转账凭证。

四、工作成果

上述经济业务应编制的会计分录如下：

借：主营业务成本——绣花女衬衣　　600 000
　　　　　　　　——涤棉男衬衣　　420 000
　　　　　　　　——男式西服　　300 000
　贷：库存商品——绣花女衬衣　　600 000
　　　　　　　——涤棉男衬衣　　420 000
　　　　　　　——男式西服　　300 000

情景三　销售税费的计算

一、资料

2024年12月，北京佳丽服装有限公司发生下列业务：

(1) 12月31日，开出转账支票一张，支付给电视台产品广告费，取得的增值税专用发票上注明的增值税价款为20 000元，税额为1 200元。

(2) 12月31日，按7%的税率和3%的征收率计算本期应交城建税17 896.59元，应交教育费附加7 669.97元。

(3) 12月31日，通过银行缴纳本月应交城建税及教育费附加。

二、工具

会计准则、《会计基础工作规范》、相关税收法律、企业内部会计核算制度等。

三、工作行动

(1) 审核：对广告费发票、支付结算凭证进行审核。

(2) 计算：本月应交城建税及教育费附加，并向税务机关申报纳税。

城建税和教育费附加的计算依据是企业当期应缴纳的增值税税额，计算如下：

本月应交增值税销项税额＝234 000＋137 800＝371 800（元）

本月应交增值税进项税额＝81 690＋11 700＋12 665.9＋7 298＋130.5＋1 196＋150＋104＋1 200
＝116 134.4（元）

本月应交增值税＝371 800－116 134.4＝255 665.6（元）

本月应交城建税＝255 665.6×7%＝17 896.59（元）

本月应交教育费附加＝255 665.6×3%＝7 669.97（元）

(3) 分析：

1) 支付广告费使销售费用增加，银行存款减少，应借记“销售费用”账户，贷记“银行存款”账户。

2) 计算本月应交城建税及教育费附加，根据应交城建税及教育费附加计提表，借记“税金及附加”账户，同时，贷记“应交税费——应交城建税”“应交税费——应交教育费附加”账户。

3) 公司通过电子报税系统由银行直接转账缴纳税款或公司直接到银行缴纳税款，使银行存款减少，同时应交税费减少，应根据城建税及教育费附加缴款凭证，借记“应交税费——应交城建税”“应交税费——应交教育费附加”账户，贷记“银行存款”账户。

(4) 制单：第2笔业务需编制转账凭证，其余业务需编制付款凭证。

四、工作成果

上述经济业务应编制的会计分录如下：

(1) 借：销售费用　　20 000
　　　应交税费——应交增值税（进项税额）　　1 200
　　贷：银行存款　　21 200
(2) 借：税金及附加　　25 566.56
　　贷：应交税费——应交城建税　　17 896.59
　　　　　　　　——应交教育费附加　　7 669.97
(3) 借：应交税费——应交城建税　　17 896.59
　　　　　　　——应交教育费附加　　7 669.97
　　贷：银行存款　　25 566.56

※ 能力训练 ※

一、业务资料

2024 年 12 月，北京美康食品有限公司发生如下几笔经济业务：

(1) 12 月 1 日，开出增值税专用发票，销售 250 克装奶油面包 5 000 箱，单位售价 152 元，货款共计 760 000 元，其中，向北京联华连锁超市销售 3 000 箱，向北京物美连锁超市销售 2 000 箱，增值税销项税额共计 98 800 元，收到北京联华连锁超市的转账支票一张，北京物美连锁超市价税款暂欠。

(2) 12 月 5 日，开出增值税专用发票，向佳乐福连锁超市销售 125 克装可可双色饼干 5 000 箱，单位售价 182 元，货款共计 910 000 元，增值税销项税额 118 300 元，商品已经发出，价税款尚未收到。

(3) 12 月 21 日，收到佳乐福连锁超市转账支票一张，其偿还 12 月 5 日所欠价税款 1 028 300 元已登记入账。

(4) 12 月 30 日，开出增值税专用发票，向佳乐福连锁超市、北京联华连锁超市、北京物美连锁超市、乐天玛特连锁超市各销售 125 克装可可双色饼干 2 500 箱、250 克装奶油面包 1 250 箱。其中：饼干单位售价 182 元，总售价 1 820 000 元；面包单位售价 152 元，总售价 760 000 元。货款共计 2 580 000 元，增值税销项税额 335 400 元。收到佳乐福连锁超市、北京物美连锁超市、乐天玛特连锁超市转账支票各一张，北京联华连锁超市价税款暂欠。

(5) 12 月 31 日，开出转账支票一张，支付万达商场房屋租金 12 000 元（自 2024 年 7 月 1 日起，销售部租用万达商场房屋 100 平方米，租期 6 个月，每月租金 2 000 元，合同约定到期一次支付租金。前 5 个月租金已预提），增值税进项税额为 1 080 元。

(6) 12 月 31 日，结转本月产品销售成本。其中，可可双色饼干销售成本 1 691 250 元，奶油面包销售成本 1 040 711 元。

(7) 12 月 31 日，计算本期销售产品应缴纳的城建税和教育费附加。城建税的税率为 7%，税额为 36 256.45 元；教育费附加征收率为 3%，共计 15 538.48 元。

(8) 12 月 31 日，根据税收缴款书，开出转账支票支付本月应交城建税及教育费附加。

二、工作任务行动与考核

（1）填写工作任务清单。
（2）填写工作任务考核报告表。

项目六　企业主要经济业务核算

——利润形成和分配的核算

学习目标

知识目标：了解企业利润形成和分配核算的主要内容，并掌握相应的核算方法。

能力目标：能根据企业利润形成和分配过程中发生的业务编制会计分录，并熟练填制记账凭证。

素养目标：能够坚持准则、诚实守信，具有遵纪守法、依法纳税的社会责任感。

思维导图

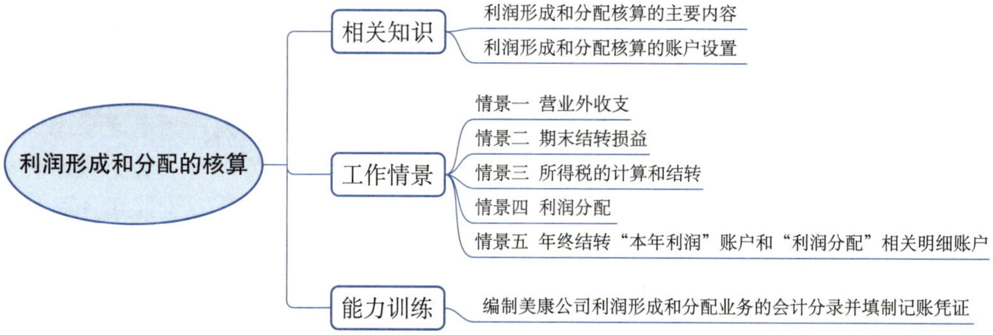

※ 相关知识 ※

一、利润形成和分配核算的主要内容

利润是指企业在一定会计期间的经营成果。企业取得的利润或发生的亏损直接反映企业的经营业绩和管理水平。

（一）利润的形成

工业企业在一定会计期间取得的利润包括收入减去费用后的净额，以及直接计入当期利润的利得和损失。

1. 营业利润

营业利润是指企业日常的生产经营活动取得的利润，其计算公式如下：

营业利润＝营业收入－营业成本－税金及附加－销售费用－管理费用－财务费用－信用减值损失－资产减值损失＋公允价值变动收益（－公允价值变动损失）＋投资收益（－投资损失）＋资产处置收益（－资产处置损失）

营业收入＝主营业务收入＋其他业务收入

营业成本＝主营业务成本＋其他业务成本

信用减值损失是指企业计提各项金融工具信用减值准备所确认的信用损失。

资产减值损失是指企业计提的各项资产减值准备所形成的损失。

公允价值变动收益（或损失）是指企业交易性金融资产等公允价值变动形成的应计入当期损益的利得（或损失）。

投资收益（或损失）是指企业以各种方式对外投资所取得的收益（或发生的损失）。

资产处置收益（或损失）反映企业出售划分为持有待售的非流动资产（金融工具、长期股权投资和投资性房地产除外）或处置组（子公司和业务除外）时确认的处置利得或损失，以及处置未划分为持有待售的固定资产、在建工程、生产性生物资产及无形资产而产生的处置利得或损失，还包括债务重组中因处置非流动资产产生的利得或损失和非货币性资产交换中换出非流动资产产生的利得或损失。

2. 利润总额

利润总额是指企业缴纳所得税之前的利润额，其计算公式如下：

利润总额＝营业利润＋营业外收入－营业外支出

营业外收入是指企业发生的与其日常活动无直接关系的各项利得，如非流动资产毁损或报废收益、罚没利得、捐赠利得、盘盈利得、无法支付的应付款项利得等。

营业外支出是指企业发生的与其日常活动无直接关系的各项损失，如非流动资产毁损或报废损失、罚款支出、公益性捐赠支出、盘亏损失、非常损失等。

3. 净利润

净利润是指企业利润总额扣除所得税费用后的金额，其计算公式如下：

净利润＝利润总额－所得税费用

（二）利润的分配

企业取得的净利润应按国家有关规定或各方投资者的决议进行分配。企业可供分配的利润包括企业当年实现的净利润和以前年度未分配的利润。如果企业发生亏损，按规定可用下一年度的利润进行弥补。假设企业实现盈利，且无以前年度亏损，利润分配的一般顺序如下。

1. 提取盈余公积

盈余公积是指企业按规定比例从净利润中提取的留存收益，包括法定盈余公积和任意盈余公积，前者以国家的法律法规为依据，后者由企业的权力机构自行决定。

2. 向投资者分配利润

向投资者分配的利润是指按出资比例从净利润中分配给投资者的利润额。

净利润进行了上述分配之后如有余额，就是企业当期的未分配利润。

二、利润形成和分配核算的账户设置

利润形成和分配核算应设置的主要账户如表 4－10 所示。

表 4－10　利润形成和分配核算应设置的主要账户

账户名称	账户结构及核算内容
本年利润	属于所有者权益类账户，用来核算企业在一定会计期间取得的经营成果。其贷方登记本期实现的收入和利得，即期末从“主营业务收入”“其他业务收入”“投资收益”“公允价值变动损益”“资产处置损益”“营业外收入”等账户的借方转入的发生额，借方登记本期发生的费用和损失，即期末从“主营业务成本”“其他业务成本”“税金及附加”“销售费用”“管理费用”“财务费用”“信用减值损失”“资产减值损失”“营业外支出”“所得税费用”等账户的贷方转入的发生额。结转以后，如果本账户的贷方发生额合计大于借方发生额合计，则期末余额在贷方，反映本期实现的净利润总额；如果本账户的借方发生额合计大于贷方发生额合计，则期末余额在借方，反映本期发生的亏损总额。年度终了，应将该账户的贷方余额，即本期实现的净利润总额，从借方转入“利润分配”账户的贷方；或将该账户的借方余额，即本期发生的亏损总额，从贷方转入“利润分配”账户的借方。年末结转后，本账户无余额。企业应按本年利润的构成内容开设多栏式明细账，对利润的构成进行明细核算。
营业外收入	属于损益类账户，用来核算与企业日常的生产经营活动无直接关系的各项利得，如非流动资产毁损或报废收益、罚没利得、捐赠利得、盘盈利得、无法支付的应付款项利得等。其贷方登记取得的各项利得，期末应将各项利得从借方转入“本年利润”账户的贷方，结转后本账户无余额。企业应按营业外收入的种类开设明细账，对营业外收入进行明细核算。
营业外支出	属于损益类账户，用来核算与企业日常的生产经营活动无直接关系的各项损失，如非流动资产毁损或报废损失、罚款支出、公益性捐赠支出、盘亏损失、非常损失等。其借方登记发生的各项损失，期末应将各项损失从贷方转入“本年利润”账户的借方，结转后本账户无余额。企业应按营业外支出的种类开设明细账，对营业外支出进行明细核算。
所得税费用	属于损益类账户，用来核算企业的所得税费用。其借方登记计入本期损益的所得税，期末应将借方发生额从贷方转入“本年利润”账户的借方，结转后该账户无余额。
利润分配	属于所有者权益类账户，用来核算企业利润分配的各项数额。其贷方登记期末从“本年利润”账户借方转入的当期实现的净利润总额，以及用盈余公积弥补以前年度亏损的数额，借方登记实际分配的利润额，如提取法定盈余公积、应付利润等，以及期末从“本年利润”账户贷方转入的当期发生的亏损总额。本账户期末余额如果在贷方，反映企业当期的未分配利润；期末余额如果在借方，反映企业当期的未弥补亏损。企业应开设“利润分配——未分配利润”“利润分配——提取法定盈余公积”“利润分配——盈余公积补亏”“利润分配——应付利润”等明细账，对利润分配进行明细核算。应注意，利润分配核算完毕后，其他明细账的余额都要转入“利润分配——未分配利润”明细账，结转后其他明细账均无余额。

续表

账户名称	账户结构及核算内容
利润分配	(1)“利润分配——提取法定盈余公积”明细账，用来核算企业按本期净利润总额的一定比例提取的法定盈余公积。其借方登记提取的法定盈余公积，期末应将借方发生额从贷方转入“利润分配——未分配利润”明细账的借方，结转后该明细账无余额。 (2)“利润分配——应付利润”明细账，用来核算企业当期按投资人出资比例分配给投资人的利润额。其借方登记实际分配的利润额，期末应将借方发生额从贷方转入“利润分配——未分配利润”明细账的借方，结转后该明细账无余额。 (3)“利润分配——盈余公积补亏”明细账，用来核算企业用盈余公积弥补以前年度亏损的数额。其贷方登记用盈余公积弥补以前年度亏损的数额，期末应将贷方发生额从借方转入“利润分配——未分配利润”明细账的贷方，结转后该明细账无余额。 (4)“利润分配——未分配利润”明细账，用来核算企业利润分配的各项数额，其结构与“利润分配”总账相同，这里不再赘述。
盈余公积	属于所有者权益类账户，用来核算企业盈余公积的提取和使用情况。其贷方登记按规定提取的盈余公积，借方登记按规定使用的盈余公积，如盈余公积转增注册资本、盈余公积弥补亏损等，期末余额一般在贷方，反映期末盈余公积的实有数额。企业应按盈余公积的种类开设明细账，如法定盈余公积、任意盈余公积等，对盈余公积进行明细核算。
应付股利	属于负债类账户，用来核算企业对投资者的利润分配情况。其贷方登记按出资比例应支付给投资者的利润额，借方登记实际支付给投资者的利润额，期末余额一般在贷方，反映尚未支付给投资者的利润额。企业应按投资者开设明细账，对应付股利进行明细核算。

※ 工作情景 ※

情景一　营业外收支

一、资料

2024 年 12 月，北京佳丽服装有限公司发生如下业务：

(1) 12 月 16 日，开出一张转账支票，向大峪希望小学捐款 100 000 元。

(2) 12 月 20 日，由于客户北京方达公司违反合同规定，向其索赔，已收到北京方达公司转账支票一张，金额 20 000 元。

二、工具

会计准则、《会计基础工作规范》、银行结算办法、企业内部会计核算制度等。

三、工作行动

(1) 审核：对收付款结算凭证、收据等原始凭证进行审核。

(2) 分析：

1) 捐赠支出不是企业的日常业务支出，应作为营业外支出列支，借记“营业外支出”

账户；根据支票存根减少银行存款，贷记“银行存款”账户。

2）根据收到的支票填制进账单，办理进账手续。根据银行盖章的进账单第一联增加银行存款，借记“银行存款”账户；同时，罚款收入不是日常业务收入，应作为一项利得，贷记“营业外收入”账户。

（3）制单：第1笔业务需编制付款凭证，第2笔业务需编制收款凭证。

四、工作成果

上述经济业务应编制的会计分录如下：

（1）借：营业外支出——捐赠支出　　100 000

　　　贷：银行存款　　100 000

（2）借：银行存款　　20 000

　　　贷：营业外收入——北京方达公司赔款　　20 000

情景二　期末结转损益

一、资料

2024年12月31日，北京佳丽服装有限公司结转本月损益类账户。

二、工具

会计准则、《会计基础工作规范》、企业内部会计核算制度等。

三、工作行动

（1）审核和计算：对所有损益类账户进行审核，计算各损益类账户月末结转前的余额。

（2）分析：

1）收入能导致所有者权益增加，因此，将所有收入类账户的余额（损益类账户贷方余额）从该类账户借方转出，借记各收入类账户，贷记“本年利润”账户。

2）费用损失导致所有者权益减少，因此，将所有费用损失类账户的余额（损益类账户借方余额）从该类账户的贷方转出，贷记各费用损失类账户，借记“本年利润”账户。

（3）制单：需编制两张转账凭证。

四、工作成果

上述经济业务应编制的会计分录如下：

借：主营业务收入　　2 860 000

　　投资收益　　92 500

　　营业外收入　　20 000

　贷：本年利润　　2 972 500

借：本年利润　　1 620 241.56

贷：主营业务成本	1 320 000
税金及附加	25 566.56
销售费用	31 661.80
管理费用	118 013.20
财务费用	25 000
营业外支出	100 000

情景三　所得税的计算和结转

一、资料

2024年12月31日，北京佳丽服装有限公司计算本月应交所得税（税率为25%），并结转所得税费用。

二、工具

会计准则、《会计基础工作规范》、相关税收法律、企业内部会计核算制度等。

三、工作行动

（1）计算本月利润总额，计提本月应交所得税，并编制所得税费用计算表。

利润总额＝2 972 500－1 620 241.56＝1 352 258.44（元）

假设无纳税调整事项，利润总额即为应纳税所得额。

应交所得税＝1 352 258.44×25%＝338 064.61（元）

（2）分析：

1）企业只要产生所得就必须缴纳所得税。当企业计提应交所得税时，根据所得税费用计算表，借记“所得税费用”账户；因尚未缴纳所得税，负债增加，应贷记“应交税费——应交所得税”账户。当企业实际缴纳所得税时，根据所得税缴款凭证，借记“应交税费——应交所得税”账户，贷记“银行存款”账户。

2）“所得税费用”账户属于损益类账户，故期末应转销该账户，借记“本年利润”账户，贷记“所得税费用”账户。

（3）制单：两笔业务均需编制转账凭证。

四、工作成果

上述经济业务应编制的会计分录如下：

借：所得税费用	338 064.61	
贷：应交税费——应交所得税		338 064.61
借：本年利润	338 064.61	
贷：所得税费用		338 064.61

加油站

企业所得税小知识

1. 纳税人

在我国境内，企业和其他取得收入的组织为纳税人。企业分为居民企业和非居民企业。

2. 征收范围

在我国境内的企业和其他组织取得的生产经营所得和其他所得。

3. 所得税税率

企业所得税税率为25%，非居民企业适用的税率为20%。此外，符合条件的小型微利企业减按20%的税率征收所得税，国家需要重点扶持的高新技术企业减按15%的税率征收所得税。

4. 应纳税所得额的计算

应纳税所得额是企业所得税的计税依据，其计算公式为：

应纳税所得额=每一纳税年度的收入总额-不征税收入-免税收入-各项扣除项目-允许弥补的以前年度亏损

5. 应纳所得税额的计算

应纳所得税额的计算公式为：

应纳所得税额=应纳税所得额×适用税率-减免和抵免税额

情景四　利润分配

一、资料

2024年12月31日，北京佳丽服装有限公司发生下列业务：

(1) 按税后利润的10%计算提取法定盈余公积。

(2) 根据董事会的决定，向投资者分配利润100 000元。

二、工具

会计准则、《会计基础工作规范》、企业内部会计核算制度等。

三、工作行动

(1) 计算本年净利润，以及应提取的法定盈余公积，并按照董事会通过的利润分配方案，编制利润分配计算表。

“本年利润”账户12月1日的余额为1 700 000元，为1—11月累计的税后利润。

本年净利润=1 700 000+(1 352 258.44-338 064.61)=2 714 193.83(元)

提取法定盈余公积=2 714 193.83×10%=271 419.38(元)

(2) 分析：当企业提取法定盈余公积、向投资者分配利润时，所有者权益减少，应根据利润分配计算表，借记“利润分配——提取法定盈余公积”“利润分配——应付股利

(利润)”账户；同时，因提取盈余公积，所有者权益增加，应贷记“盈余公积——法定盈余公积”账户，因尚未向投资者分配利润，企业对投资者的负债增加，贷记“应付股利(利润)”账户。

(3) 制单：编制转账凭证。

四、工作成果

上述经济业务应编制的会计分录如下：

借：利润分配——提取法定盈余公积　　271 419.38
　　　　　　——应付股利　　100 000
　贷：盈余公积——法定盈余公积　　271 419.38
　　　应付股利　　100 000

情景五　年终结转“本年利润”账户和“利润分配”相关明细账户

一、资料

2024 年 12 月 31 日，北京佳丽服装有限公司结转“本年利润”账户，并将“利润分配”各明细账的余额转入“未分配利润”明细账户。

二、工具

会计准则、《会计基础工作规范》、企业内部会计核算制度等。

三、工作行动

(1) 计算：计算“本年利润”账户结转前的余额。

“本年利润”账户结转前余额＝1 700 000＋（2 972 500－1 620 241.56 －338 064.61）＝2 714 193.83（元）

(2) 分析：

1) 因“本年利润”账户只反映企业当年实现的利润，故年终时，应将该账户的余额全部转至“利润分配——未分配利润”账户。若该账户结转前的余额在贷方，则应借记该账户，贷记“利润分配——未分配利润”账户；反之，进行相反的处理。

2) 因“利润分配——提取法定盈余公积”“利润分配——应付股利（利润）”账户只反映当年的收益分配情况，故年终时，应将这两个账户的余额全部转至“利润分配——未分配利润”账户，应贷记这两个账户，借记“利润分配——未分配利润”账户。

(3) 制单：编制两张转账凭证。

四、工作成果

上述经济业务应编制的会计分录如下：

借：本年利润　　2 714 193.83
　贷：利润分配——未分配利润　　2 714 193.83
借：利润分配——未分配利润　　371 419.38
　贷：利润分配——提取法定盈余公积　　271 419.38
　　　　　　——应付股利（利润）　　100 000

※ 能力训练 ※

一、业务资料

2024 年 12 月，北京美康食品有限公司发生如下几笔经济业务：

(1) 12 月 9 日，开出转账支票一张，支付罚款 20 000 元。

(2) 12 月 11 日，收到北京广元食品机械公司转账支票一张，支付其违约罚款 20 000 元。

(3) 12 月 31 日，结转本月损益类账户（损益类账户的本月发生额见该公司销售过程的核算业务），并计算本月利润总额。

(4) 12 月 31 日，计算并结转本月应交所得税，所得税税率为 25%，计算出本月税后净利润。

(5) 12 月 31 日，年终结转“本年利润”账户。

(6) 12 月 31 日，按税后利润的 10%计算提取法定盈余公积。

(7) 12 月 31 日，根据董事会的决定，向投资者分配利润 200 000 元。

(8) 12 月 31 日，将“利润分配”各明细账户的余额转入“未分配利润”明细账户。

二、工作任务行动与考核

(1) 填写工作任务清单。

(2) 填写工作任务考核报告表。

项目七　记账凭证的审核与传递

学习目标

知识目标： 熟悉记账凭证的审核要点、传递程序和保管办法。

能力目标： 能够进行记账凭证的审核和传递。

素养目标： 具有坚持准则、严谨认真的职业素养和守时精神。

思维导图

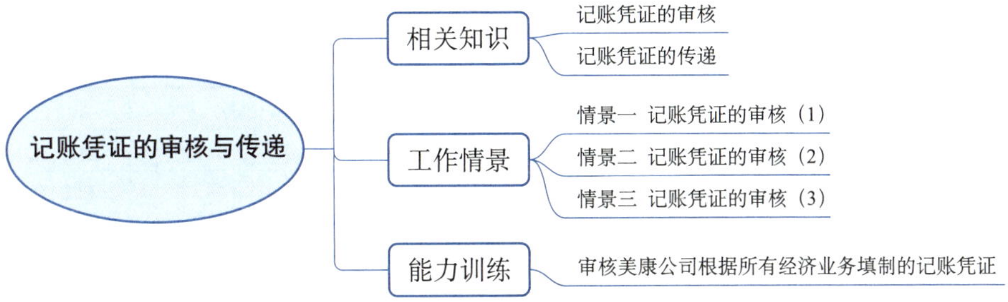

※ 相关知识 ※

一、记账凭证的审核

记账凭证是登记账簿的依据，其真实性和正确性直接影响账簿登记的质量。所以，在登记账簿之前，必须对填制完毕的记账凭证从正确性、完整性等方面进行审核。其审核的要点包括：

（1）审核记账凭证是否附有原始凭证或原始凭证汇总表，其附件张数是否与所附原始凭证的张数相吻合，其登记的经济业务内容是否与原始凭证或原始凭证汇总表的内容相吻合。

（2）审核记账凭证中账户的对应关系和记账方向是否正确，会计科目的书写和金额的书写是否正确，金额是否与原始凭证或原始凭证汇总表相吻合。

（3）审核记账凭证的填制手续是否齐全，项目填写是否完整，有关人员是否签字。

在登账之前，如果发现记账凭证有错误，要交由有关人员进行更正，原错误的记账凭证作废，再根据正确的会计分录重新填制记账凭证。

二、记账凭证的传递

审核无误的记账凭证是登记账簿的依据。记账凭证的传递一定要保证及时性，防止凭证积压。需要会计主管审批的记账凭证，在登记账簿之前一定要履行审批手续。审核无误的转账凭证传递给记账员记账；收款凭证和付款凭证先交由出纳人员登记现金日记账和银行存款日记账，然后传递给记账员记账。

※ 工作情景 ※

情景一　记账凭证的审核（1）

一、资料

2024 年 12 月 11 日，北京佳丽服装有限公司用现金从北京天星文化用品公司购买办公用品，直接发放给车间和管理部门使用。其中：打印纸20包，单价20元，车间用5包，管理部门用15包；黑彩墨盒2个，单价200元，交管理部门使用，以上物品购买时增值税专用发票上注明的进项税额共计104元。付款凭证见图4-17，原始凭证见图4-18～图4-20。

付 款 凭 证

贷方科目 库存现金　　　　2024年12月11日　　　　现付字第01号

摘要	借方科目	明细科目	记账符号	千	百	十	万	千	百	十	元	角	分
购办公用品	制造费用								1	0	0	0	0
	销售费用								7	0	0	0	0
	应交税费	应交增值税（进项税额）							1	0	4	0	0
合计								¥	9	0	4	0	0

附单据 3 张

财务主管　　记账　　出纳　　复核　　制单 张燕

图4-17 付款凭证

北京增值税专用发票

1100243130　　　　№ 08943246

发票联

机器编码 804021829682　　　　开票日期 2024年12月11日

购买方　名称：北京佳丽服装有限公司
纳税人识别号：1101126259 0929X
地址、电话：北京市通州区永顺路15号 88500228
开户行及账号：工行通州支行新华分理处0200098109020140212

密码区　9+7<95/0+97>380265473　24+3+-<01<3-97*12-824　1><85452-<-289560<-　->505>>*+50*96454>50　加密版本：01　1100072740　08948215

货物或应税劳务、服务名称	规格型号	单位	数量	单价	金额	税率	税额
打印纸	A4	包	20	20.00	400.00	13%	52.00
818黑彩墨盒	惠普68AA	个	2	200.00	400.00	13%	52.00
合计					¥800.00		¥104.00
价税合计（大写）	玖佰零肆元整			（小写）¥904.00			

销售方　名称：北京天星文化用品公司
纳税人识别号：11011261581925X
地址、电话：北京市通州区新华大街112号 88501225
开户行及账号：工行通州支行新华分理处 0200098106020240245

备注　北京天星文化用品公司 11011261581925X 发票专用章

收款人：　复核：　开票人：孙林　销售方：（章）

税总函[2024]1203号北京印钞有限公司

第三联 发票联 购买方记账凭证

图4-18 增值税专用发票

办公用品领用登记表　　　　编号1

领用部门：厂办公室　　　　2024年12月11日

办公用品种类	数量	计量单位	单价	金额
打印纸	15	包	20.00	300.00
墨盒	2	个	200.00	400.00
合计				700.00

领用人 王慧

图4-19 办公用品领用登记表（厂办公室）

办公用品领用登记表

编号 2

领用部门：车间　　2024 年 12 月 11 日

办公用品种类	数量	计量单位	单价	金额
打印纸	5	包	20.00	100.00
合　计				100.00

领用人 吴越

图 4-20　办公用品领用登记表（车间）

二、工具

会计准则、《会计基础工作规范》、企业内部会计核算制度、计算器等。

三、工作行动

对记账凭证及所附原始凭证进行审核，发现记账凭证有误，厂办公室领用的办公用品应计入管理费用，但记账凭证上将其列入销售费用，在未登记账簿的情况下，原凭证作废，重新填制正确的记账凭证。

四、工作成果

正确的记账凭证如图 4-21 所示。

付　款　凭　证

贷方科目　库存现金　　2024 年 12 月 11 日　　现付字第 01 号

摘　要	借方科目	明细科目	记账符号	金额（千百十万千百十元角分）
购买办公用品	制造费用			10000
	管理费用			70000
	应交税费	应交增值税（进项税额）		10400
合　计				￥90400

附单据 3 张

财务主管　　记账　　出纳　　复核 李新　　制单 张燕

图 4-21　付款凭证

情景二　记账凭证的审核（2）

一、资料

2024 年 12 月 3 日，北京佳丽服装有限公司开出转账支票一张，从北京广源服装辅料公司购入服装辅料一批。其中：衬布 6 000 米，单位成本 15 元；垫肩 4 000 个，单位成本 0.9 元；棉线 400 支，单位成本 3 元；丝线 200 支，单位成本 4.1 元；花边 600 码，单位成本 2.6 元；纽扣 5 千克，单位成本 50 元。增值税进项税额共计 12 665.90 元，材料已验收入库。

根据增值税专用发票、销货清单、收料单和转账支票存根，编制付款凭证（见表 4-22）。

付 款 凭 证

贷方科目 银行存款　　2024 年 12 月 3 日　　银付字第 02 号

摘要	借方科目	明细科目	记账符号	金额									
				千	百	十	万	千	百	十	元	角	分
购买材料	原材料	辅助材料					9	7	4	3	0	0	0
	应交税费	应交增值税（进项税额）					1	2	6	6	5	9	0
合计					¥	1	1	0	0	9	5	9	0

附单据 3 张

财务主管　　记账　　出纳　　复核　　制单 张燕

图 4-22　付款凭证

二、工具

会计准则、《会计基础工作规范》、企业内部会计核算制度、计算器等。

三、工作行动

对记账凭证及所附原始凭证进行审核，发现记账凭证附件张数与原始凭证不符，在未登记账簿的情况下，原凭证作废，重新填制正确的记账凭证或进行更正。

四、工作成果

正确的记账凭证如图 4-23 所示。

付 款 凭 证

贷方科目 银行存款　　2024 年 12 月 3 日　　银付字第 02 号

摘要	借方科目	明细科目	记账符号	金额									
				千	百	十	万	千	百	十	元	角	分
购买材料	原材料	辅助材料					9	7	4	3	0	0	0
	应交税费	应交增值税（进项税额）					1	2	6	6	5	9	0
合计					¥	1	1	0	0	9	5	9	0

附单据 4 张

财务主管　　记账　　出纳　　复核 李新　　制单 张燕

图 4-23　付款凭证

情景三　记账凭证的审核（3）

一、资料

2024 年 12 月 30 日，北京佳丽服装有限公司职工李强报销差旅费 1 900 元，交回剩余差旅费现金 100 元。编制的记账凭证如图 4－24 所示，原始凭证如图 4－25 所示。

收　款　凭　证

借方科目　库存现金　　　　2024 年 12 月 30 日　　　　现收字第 01 号

摘　要	贷方科目	明细科目	记账符号	金额 千	百	十	万	千	百	十	元	角	分
李强交回差旅费余款	其他应收款	李强						1	1	0	0	0	0
合　计							¥	1	1	0	0	0	0

附单据 1 张

财务主管　　记账　　出纳　　复核　　制单　张燕

图 4－24　收款凭证

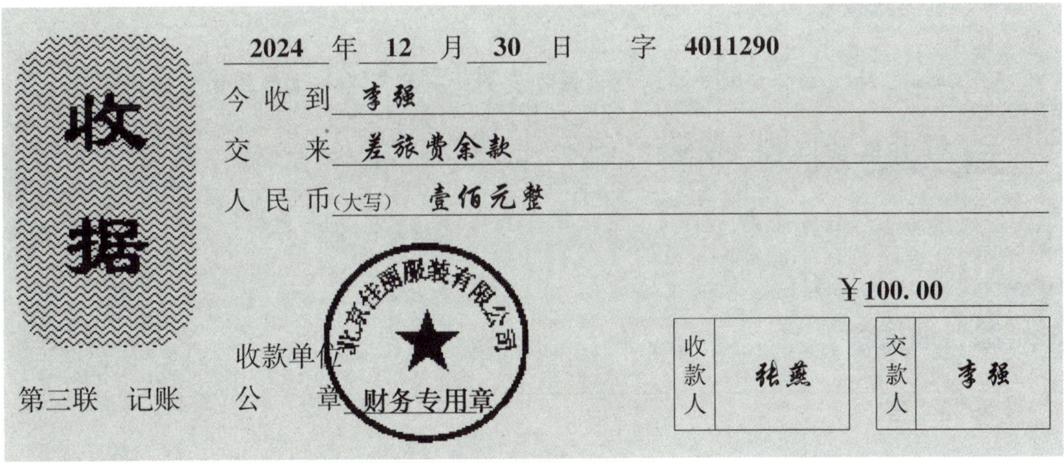
收据

2024 年 12 月 30 日　字 4011290

今收到　李强

交　来　差旅费余款

人民币（大写）　壹佰元整

¥100.00

收款单位公章　（北京佳丽服装有限公司 财务专用章）

收款人　张燕　　交款人　李强

第三联　记账

图 4－25　收据

二、工具

会计准则、《会计基础工作规范》、企业内部会计核算制度、计算器等。

三、工作行动

对记账凭证及所附原始凭证进行审核，发现记账凭证金额错误，在未登记账簿的情况下，原凭证作废，重新填制正确的记账凭证。

四、工作成果

正确的记账凭证如图 4－26 所示。

收 款 凭 证

借方科目 库存现金　　　　2024 年 12 月 30 日　　　　现收字第 01 号

摘　要	贷方科目	明细科目	记账符号	金额 千	百	十	万	千	百	十	元	角	分
李强交回差旅费余款	其他应收款	李强							1	0	0	0	0
合　计								¥	1	0	0	0	0

附单据 1 张

财务主管　　记账　　出纳　　复核 李新　　制单 张燕

图 4－26　收款凭证

※ 能力训练 ※

一、业务资料

2024 年 12 月，北京美康食品有限公司发生的所有经济业务填制的记账凭证。

二、工作任务行动与考核

(1) 填写工作任务清单。

(2) 填写工作任务考核报告表。

会计职场圈

职场箴言

财务人员不要只做财务，还要熟悉业务，把财务前移于业务，成为“业财”融合的会计。财务人员要利用自己的专业能力给公司创造价值，从而让自己更有价值。

职场提醒

丢失会计凭证是严重的会计事故。

案例

江先生是东南公司的会计部经理，他在一次会计复核时发现，会计小李丢失了一张记账凭证（银行收款），江先生在经过仔细审核原始凭证和银行对账单后，批评小李工作太马虎，同时让小李重新编制一张记账凭证（银行收款）。江先生在另外一次会计复核时发现，小王编制的银行存款付款凭证所附 3 万元的现金支票存根丢失，同时还发现有几张现金付款凭证所附原始凭证与凭证所记张数不符，江先生马上让小王停止工作，并且与他一起回忆、追查这张支票的去向。小王对此非常不满，认为江先生小题大做，故意整他，偏向小李。你如何看待这件事？

丢失会计凭证是严重的会计事故，有必要查明原因，厘清责任。不少经济犯罪的行为人都试图隐匿或偷换原始凭证，以逃脱法律制裁。

学习情境五
账簿的登记

项目一　日记账簿的登记

学习目标

知识目标：了解日记账的格式，熟悉日记账的内容，掌握日记账的登记要点。

能力目标：能根据会计凭证登记现金日记账和银行存款日记账。

素养目标：具有诚实守信、严谨认真、坚持准则、廉洁自律的职业素养和精益求精的工匠精神。

思维导图

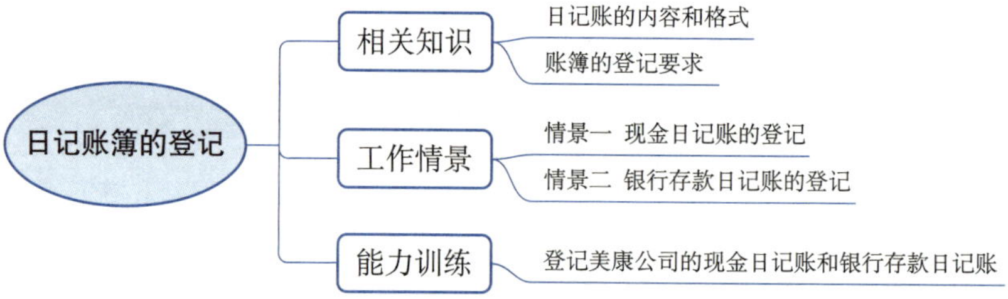

※ 相关知识 ※

一、日记账的内容和格式

日记账又称序时账簿，是按照经济业务发生或完成时间的先后顺序逐日逐笔进行登记的账簿。设置日记账的目的是使经济业务按时间先后顺序清晰地反映在账簿记录中。在我国，大多数单位一般只设现金日记账和银行存款日记账，以便加强对货币资金的日常监督和管理。这里以现金日记账和银行存款日记账为例介绍日记账的格式与登记方法。

为了加强对货币资金的管理，各单位都应当设置现金日记账和银行存款日记账，用以逐日核算和监督库存现金与银行存款的收入、支出和结存情况。现金日记账是用来核算和监督库存现金每天的收入、支出和结存情况的账簿，其格式有三栏式和多栏式两种。银行存款日记账是用来核算和监督银行存款每日的收入、支出和结余情况的账簿。银行存款日记账应按企业在银行开立的账户和币种分别设置，每个银行账户设置一本日记账。银行存款日记账的格式与现金日记账相同，可以采用三栏式，也可以采用多栏式。为了保证现金日记账和银行存款日记账的安全、完整，防止账页散失和被随意抽换，无论是三栏式还是多栏式的现金日记账和银行存款日记账，都必须使用订本账，并为每一张账页按顺序编号。

这里仅介绍三栏式现金日记账和银行存款日记账的格式与登记方法。

三栏式现金日记账和银行存款日记账设借方、贷方和余额三个基本的金额栏目，一般将其分别称为“收入”、“支出”和“结余”三个基本栏目。为了方便记账时标明现金和银行存款收入的来源科目以及支出的用途科目，在金额栏和摘要栏之间常常插入“对方科目”栏。此外，银行存款日记账应在适当位置增加一栏“结算凭证”，以便记账时标明每笔业务的结算凭证及编号，便于与银行核对账目。

三栏式现金日记账和银行存款日记账的格式如表 5－1、表 5－2 所示。

表 5－1 现金日记账 1

年		凭证号数	摘要	对方科目	借方										贷方										借或贷	余额									
月	日				千	百	十	万	千	百	十	元	角	分	千	百	十	万	千	百	十	元	角	分		千	百	十	万	千	百	十	元	角	分

表 5－2 银行存款日记账 1

年		凭证号数	结算凭证		摘要	对方科目	借方										贷方										借或贷	余额									
月	日		种类	号数			千	百	十	万	千	百	十	元	角	分	千	百	十	万	千	百	十	元	角	分		千	百	十	万	千	百	十	元	角	分

二、账簿的登记要求

为了保证账簿记录的正确性，必须根据审核无误的会计凭证登记会计账簿，并符合下列要求。

（一）准确、完整

登记会计账簿时，应当将会计凭证的日期、编号、业务内容摘要、金额和其他有关资料逐项记入账内，做到数字准确、摘要清楚、登记及时、字迹工整。账簿记录中的日期，应该填写记账凭证上的日期。以自制原始凭证，如收料单、领料单等作为记账依据的，账簿记录中的日期应按有关自制凭证上的日期填列。

（二）注明记账符号

账簿登记完毕，应在记账凭证上签名或者盖章，并在记账凭证的“记账符号”栏内注明账簿页数或画对钩，表示记账完毕，避免重记、漏记。

（三）书写留空

账簿中书写的文字和数字上面要留有适当的空格，不要写满格，一般应占格距的1/2。这样，一旦发生登记错误，能比较容易地进行更正，同时方便查账工作。

（四）正常记账使用蓝黑墨水或碳素墨水

登记账簿必须使用蓝黑墨水或碳素墨水书写，不得使用圆珠笔（银行的复写账簿除外）或者铅笔书写。

（五）特殊记账使用红墨水

可以使用红墨水记账的情况包括：

（1）按照红字冲账的记账凭证冲销错误记录。

（2）在不设借、贷等栏的多栏式账页中登记减少数。

（3）在三栏式账户的余额栏前，如未印明余额方向，在余额栏内登记负数余额。

（4）根据国家统一的会计制度规定可以用红字登记的其他会计记录。

会计账簿中的红字表示负数，因此，除上述情况外，不得用红墨水登记账簿。

（六）按顺序连续登记

记账时，必须按账户页次逐页逐行登记，不得隔页、跳行。如果发生隔页、跳行现象，应在空页、空行处用红墨水画对角线注销，或者注明“此页空白”或“此行空白”字样，并由记账人员和会计机构负责人（会计主管人员）签名或者盖章。

（七）结出余额

凡需要结出余额的账户，结出余额后，应当在“借或贷”栏目内注明“借”或“贷”字样，以示余额的方向；对于没有余额的账户，应在“借或贷”栏内写“平”字，并在“余额”栏用“θ”表示。现金日记账和银行存款日记账必须逐日结出余额。

（八）过次承前

每一账页登记完毕结转下页时，应当结出本页发生额合计数及余额，在该账页最末一行“摘要”栏注明“转次页”或“过次页”，并将这一金额记入下一页第一行有关金额栏内，在该行“摘要”栏注明“承前页”，以保持账簿记录的连续性，便于对账和结账。

（九）不得刮擦涂改

如发生账簿记录错误，不得刮、擦、挖补或用褪色药水更改字迹，而应采用规定的方法更正。

※ 工作情景 ※

情景一　现金日记账的登记

一、资料

以北京佳丽服装有限公司2024年12月发生的经济业务为例，登记现金日记账。

二、工具

《会计基础工作规范》、现金日记账账页、会计专用笔或计算机。

三、工作行动

(1) 出纳人员根据现金收款凭证和与现金有关的银行存款付款凭证（从银行提取现金的业务）登记现金收入，根据现金付款凭证登记现金支出。登记时，应当将会计凭证的日期、编号、业务内容摘要、金额等逐项记入现金日记账内。具体方法见表5-3。

根据记账凭证上的编号填写

表5-3　现金日记账　　31

2024年 月	日	凭证号数	摘要	对方科目	借方（千百十万千百十元角分）	贷方（千百十万千百十元角分）	借或贷	余额（千百十万千百十元角分）
12	1		承前页				借	700000
	11	现付01	购买办公用品			90400		609600

根据记账凭证上的日期填写

根据记账凭证上的摘要内容填写

(2) 注明记账符号。账簿登记完毕，应在记账凭证上签名或者盖章，并在记账凭证的“记账符号”栏内注明账簿页数或画对钩，表示记账完毕，避免重记、漏记。

(3) 根据公式“上日余额＋本日收入－本日支出＝本日余额”，逐日结出现金余额，与库存现金实存数核对，以检查每日现金收付是否有误。

四、工作成果

现金日记账的登记见表5-4。

表 5-4 现金日记账 31

2024年		凭证号数	摘要	对方科目	借方										贷方										借或贷	余额									
月	日				千	百	十	万	千	百	十	元	角	分	千	百	十	万	千	百	十	元	角	分		千	百	十	万	千	百	十	元	角	分
12	1		承前页																						借					7	0	0	0	0	0
	11	现付01	购买办公用品																	9	0	4	0	0						6	0	9	6	0	0
	14	现付02	预借差旅费																2	0	0	0	0	0						4	0	9	6	0	0
	15	银付10	提现备发工资				4	0	0	0	0	0	0	0														4	0	4	0	9	6	0	0
	15	现付03	发放工资														4	0	0	0	0	0	0	0						4	0	9	6	0	0
	30	现收01	李强交回差旅费余款							1	0	0	0	0											借					4	1	9	6	0	0

情景二 银行存款日记账的登记

一、资料

以北京佳丽服装有限公司2024年12月发生的经济业务为例，登记银行存款日记账。

二、工具

《会计基础工作规范》、银行存款日记账账页、会计专用笔或计算机。

三、工作行动

（1）出纳人员根据银行存款收款凭证和有关的现金付款凭证（库存现金存入银行的业务）登记收入栏，根据银行存款付款凭证登记支出栏。具体的工作行动见表5-5。

填写银行结算凭证的种类及编号

表 5-5 银行存款日记账 42

2024年		凭证号数	结算凭证		摘要	对方科目	借方										贷方										借或贷	余额									
月	日		种类	号数			千	百	十	万	千	百	十	元	角	分	千	百	十	万	千	百	十	元	角	分		千	百	十	万	千	百	十	元	角	分
12	1				承前页																						借		2	8	4	3	0	0	0	0	0
	1	银收01	略	略	借入短期借款				2	0	0	0	0	0	0	0													3	0	4	3	0	0	0	0	0

（2）每日结出银行存款余额。

四、工作成果

银行存款日记账的登记见表 5－6。

表 5－6 银行存款日记账 42

2024年 月	日	凭证号数	结算凭证 种类	结算凭证 号数	摘要	对方科目	借方（千百十万千百十元角分）	贷方（千百十万千百十元角分）	借或贷	余额（千百十万千百十元角分）
12	1				承前页				借	284300000
	1	银收 01	略	略	借入短期借款		20000000			304300000
	1	银付 01			支付货款			71069000		233231000
	2	银收 02			收到投资款		31000000			264231000
	2	银收 03			销售收款		203400000			467631000
	3	银付 02			购买材料			11009590		456621410
	3	银付 03			支付欠款			1450000		455171410
	3	银付 04			支付存出投资款			30000000		425171410
	4	银付 05			预付材料款			4000000		421171410
	10	银付 06			补付货款			2349800		418821610
	12	银付 07			支付水费			158050		418663560
	13	银付 08			支付电费			1039600		417623960
	14	银付 09			支付财产保险费			1800000		415823960
	15	银付 10			提现备发工资			40000000		375823960
	16	银付 11			希望工程捐款			10000000		365823960

续表

2024年		凭证号数	结算凭证		摘要	对方科目	借方										贷方										借或贷	余额									
月	日		种类	号数			千	百	十	万	千	百	十	元	角	分	千	百	十	万	千	百	十	元	角	分		千	百	十	万	千	百	十	元	角	分
	17	银收 04			收回欠款				6	5	0	0	0	0	0	0													4	3	0	8	2	3	9	6	0
	20	银收 05			收方达公司赔款					2	0	0	0	0	0	0													4	3	2	8	2	3	9	6	0
	31	银付 12			支付广告费															2	1	2	0	0	0	0			4	3	0	7	0	3	9	6	0
	31	银付 13			支付城建税教育费附加															2	5	5	6	6	5	6	借		4	2	8	1	4	7	3	0	4

※ 能力训练 ※

一、业务资料

北京美康食品有限公司 2024 年 12 月发生的经济业务。

二、工作任务行动与考核

（1）填写工作任务清单。

（2）填写工作任务考核报告表。

项目二　明细分类账簿的登记

学习目标

知识目标： 了解明细分类账的格式，熟悉明细分类账的内容，掌握明细分类账的登记要点。

能力目标： 能够根据会计凭证登记明细分类账。

素养目标： 具有诚实守信、严谨认真、提高技能、强化服务的职业素养和精益求精的工匠精神。

思维导图

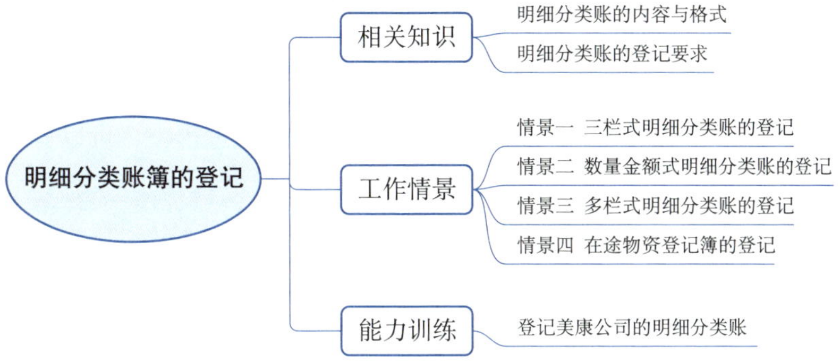

※ 相关知识 ※

一、明细分类账的内容与格式

明细分类账户是对某一经济业务进行明细分类核算的账户，它是根据总分类账户的核算内容，按照企业内部经营管理工作的实际需要和更具体的分类要求设置的，可以反映某些总分类账户增减变动的详细情况，为编制报表、进行财务分析提供资料。不同的企业，明细分类账户的名称、内容、使用方法等会有所不同。为了满足企业记录经济业务的不同要求，明细分类账账页可以采用不同的格式，常用的明细分类账账页格式有三栏式、数量金额式和多栏式，具体格式见本项目“工作情景”。

二、明细分类账的登记要求

总分类账户和其所属的明细分类账户都是提供会计核算数据的，但两者提供会计核算数据的详细程度不同，从其提供会计数据之间的关系看，总分类账户对其所属的明细分类账户起着统驭和控制的作用，明细分类账户对总分类账户起着补充和说明的作用。

为了保证总分类账户和明细分类账户记录的一致性，使两者能够相互核对，确保会计核算数据的正确、完整，明细分类账户必须与总分类账户进行平行登记。

所谓平行登记，是指对所发生的每项经济业务，都要以会计凭证为依据，一方面记入有关总分类账户，另一方面记入有关总分类账户所属明细分类账户的方法。平行登记既可以满足管理上对总括会计信息和详细会计信息的需求，又可以检验账户记录的完整性和正确性。平行登记的要点主要包括以下四个方面。

（一）依据相同

对发生的经济业务，都要以相关的会计凭证为依据，既要登记有关总分类账户，又要登记其所属明细分类账户。

（二）方向相同

将经济业务记入总分类账户和明细分类账户时，记账方向必须相同。即总分类账户记入借方，明细分类账户也记入借方；总分类账户记入贷方，明细分类账户也记入贷方。

（三）期间相同

对每项经济业务，在记入总分类账户和明细分类账户的过程中，可以有先有后，但必须在同一会计期间全部登记入账。

（四）金额相等

记入总分类账户的金额应与记入其所属明细分类账户的金额合计数相等。也就是说，平行登记的结果使总账与其所属明细账之间在数量上存在着如下钩稽关系：

总账账户的期初余额＝其所属明细账户期初余额合计

总账账户的本期发生额＝其所属明细账账户本期发生额合计

其中：

总账账户的本期借方发生额＝其所属明细账账户本期借方发生额合计

总账账户的本期贷方发生额＝其所属明细账账户本期贷方发生额合计

总账账户的期末余额＝其所属明细账户期末余额合计

不同类型经济业务的明细分类账可根据管理需要，依据记账凭证、原始凭证或汇总原始凭证逐日逐笔或定期汇总登记。财产物资、债权、债务等明细账应逐日逐笔登记，以便随时核对库存余额或进行债权债务的结算；收入、费用明细账可以逐笔登记，也可定期汇总登记。“库存现金”“银行存款”账户由于已设置了日记账，不必再设明细账，其日记账实质上也是一种明细账。

※ 工作情景 ※

情景一　三栏式明细分类账的登记

一、资料

以北京佳丽服装有限公司 2024 年 12 月发生的经济业务为例，登记应收账款、应付账款的明细分类账。

二、工具

《会计基础工作规范》、三栏式账页、会计专用笔或计算机。

三、工作行动

（1）会计人员根据记账凭证逐笔登记应收账款的明细分类账。登记时，应当将会计凭证日期、编号、业务内容摘要、金额等逐项记入账内。

（2）会计人员根据记账凭证逐笔登记应付账款的明细分类账。

四、工作成果

应收账款、应付账款的明细分类账见表 5－7、表 5－8。

本账页数	
本户页数	

表 5－7　应收账款

科目　北京大华商场

2024年		凭证号数	摘要	借方										贷方										借或贷	余额									
月	日			千	百	十	万	千	百	十	元	角	分	千	百	十	万	千	百	十	元	角	分		千	百	十	万	千	百	十	元	角	分
12	1		承前页																					借			6	5	0	0	0	0	0	0
	17	银收04	收回欠款													6	5	0	0	0	0	0	0											

本账页数	
本户页数	

表 5－8　应付账款

科目　宁波大成机械配件厂

2024年		凭证号数	摘要	借方										贷方										借或贷	余额									
月	日			千	百	十	万	千	百	十	元	角	分	千	百	十	万	千	百	十	元	角	分		千	百	十	万	千	百	十	元	角	分
12	1		承前页																					贷				1	4	5	0	0	0	0
	3	银付03	支付欠款				1	4	5	0	0	0	0																					

情景二　数量金额式明细分类账的登记

一、资料

以北京佳丽服装有限公司 2024 年 12 月发生的经济业务为例，登记原材料明细账。

二、工具

《会计基础工作规范》、数量金额式账页、会计专用笔或计算机。

三、工作行动

（1）会计人员根据收料单、领料单等逐笔登记原材料明细账。由于原材料明细账是以自制原始凭证收料单、领料单等作为记账依据的，账簿记录中的日期应按有关自制凭证上的日期填列。具体的填制方法见表 5－9。

（2）按照收料单登记入库材料的实际数量以及总成本，再用入库材料的总成本除以实际数量计算平均单位成本，据以登记入库材料的单价。

表 5-9　原材料明细账

本账页数	
本户页数	

类别：原料及主要材料　　名称：涤棉面料　　规格：　　计量单位：米　　编号：

2024年		凭单号	摘要	收入												发出												结存											
				数量	单价	金额										数量	单价	金额										数量	单价	金额									
月	日					千	百	十	万	千	百	十	元	角	分			千	百	十	万	千	百	十	元	角	分			千	百	十	万	千	百	十	元	角	分
	1		承前页																									1 000	30.00				3	0	0	0	0	0	0
12	2	收01	购料入库	5 000	31.1			1	5	5	4	9	6	0	0													1 000 5 000	30.00 31.10			1	8	5	4	9	6	0	0
	4	领02	生产领用													1 000 2 750	30.00 31.10			1	1	5	5	2	5	0	0	2 250	31.10				6	9	9	7	5	0	0
	10	收02	购料入库	2 000	28.18				5	6	2	0	0	0	0													2 250 2 000	31.10 28.10			1	2	6	1	7	5	0	0

填写收料单、领料单的编号

按照入库材料的总成本除以入库材料的实际数量计算

先进先出法下，按照材料入库的先后顺序，对不同批次材料的发出和结存情况进行登记

(3) 按照领料单对出库材料的数量进行登记，金额是否登记取决于发出材料的计价方法。加权平均法下，平时材料发出只记数量，不记金额；其他计价方法下，逐笔登记出库材料的数量、单价、金额。

(4) 按照材料入库的先后顺序对不同批次材料的结存数量进行登记，金额登记与材料发出的登记方法相同。

四、工作成果

原材料明细账见表 5-9。

情景三　多栏式明细分类账的登记

一、资料

以北京佳丽服装有限公司 2024 年 12 月发生的经济业务为例，登记生产成本明细账。

二、工具

《会计基础工作规范》、多栏式账页、会计专用笔或计算机。

三、工作行动

(1) 会计人员根据记账凭证逐笔登记生产成本明细账。登记时，日期、凭证号、摘要、金额等内容要填写准确、完整。

(2) 按产品成本项目设置“直接材料”、“直接人工”、“制造费用”和“其他”栏目，并将生产成本的发生额记入相应的成本项目栏中，登记方法见表 5-10。

(3) 在不设借、贷等栏的多栏式账页中，可以使用红色墨水登记减少数。

四、工作成果

生产成本明细账见表 5-10。

情景四　在途物资登记簿的登记

一、资料

以北京佳丽服装有限公司 2024 年 12 月发生的经济业务为例，登记在途物资明细账。

二、工具

《会计基础工作规范》、在途物资登记簿、会计专用笔或计算机。

三、工作行动

(1)“付款记录”栏，由会计人员根据记账凭证和原始凭证逐笔登记相关内容。

表 5-10 生产成本明细账

科目名称：绣花女衬衣

2024年		凭单号	摘要	借方									贷方									借或贷	金额									直接材料								
月	日			百	十	万	千	百	十	元	角	分	百	十	万	千	百	十	元	角	分		百	十	万	千	百	十	元	角	分	百	十	万	千	百	十	元	角	分
12	1	承前页																				平							0											
	4	转04	材料费用		1	4	4	2	7	3	0	0																					1	4	4	2	7	3	0	0
	6	转05	材料费用				1	0	0	0	0	0																							1	0	0	0	0	0
	12	转09	水费					4	8	7	2	0																								4	8	7	2	0
	13	转10	电费				3	2	0	0	1	0																							3	2	0	0	1	0
	30	转14	分配工资			9	8	1	6	5	8	4																												
	30	转15	计提社保费			1	5	7	0	6	5	3																												
	30	转18	包装费				3	3	0	0	0	0																							3	3	0	0	0	0
	31	转19	分配制造费用			1	4	3	7	6	5	6																												
	31	转20	结转完工产品成本											2	8	0	5	0	9	2	3	平							0				1	5	2	2	6	0	3	0

续表 12

借（ ）方金额分析						
直接人工	制造费用					
百十万千百十元角分	百十万千百十元角分	百十万千百十元角分	百十万千百十元角分	百十万千百十元角分	百十万千百十元角分	百十万千百十元角分
9816584						
1570653						
	1437656					
11387237	1437656					

（2）“收料记录”栏，由会计人员根据记账凭证、收料单将收入材料的情况在相应的有付款记录的同一行次进行登记，从而可依据每一行收款和付款栏目的登记情况判断该项采购业务的进展。

四、工作成果

在途物资登记簿见表 5－11。

表 5－11 在途物资登记簿

付款记录									收料记录						
2024 年		凭证		供应单位	发票号	材料名称	数量	金额	年		凭证		实收数量	金额	备注
月	日	字	号						月	日	字	号			
12	1			北京宏盛纸箱厂		包装袋 包装盒 包装箱	6 000 只 5 500 只 500 只	6 100	12	10	转	7	6 000 只 5 500 只 500 只	6 100	

※ 能力训练 ※

一、业务资料

北京美康食品有限公司 2024 年 12 月发生的经济业务。

二、工作任务行动与考核

（1）填写工作任务清单。
（2）填写工作任务考核报告表。

项目三 总分类账簿的登记

学习目标

知识目标：了解账务处理程序的种类，熟悉处理的步骤，掌握记账凭证账务处理程序和科目汇总表账务处理程序下总分类账户的登记。

能力目标：能分别根据记账凭证和科目汇总表正确登记总分类账。

素养目标：具有诚实守信、严谨认真的职业素养和精益求精的工匠精神。

思维导图

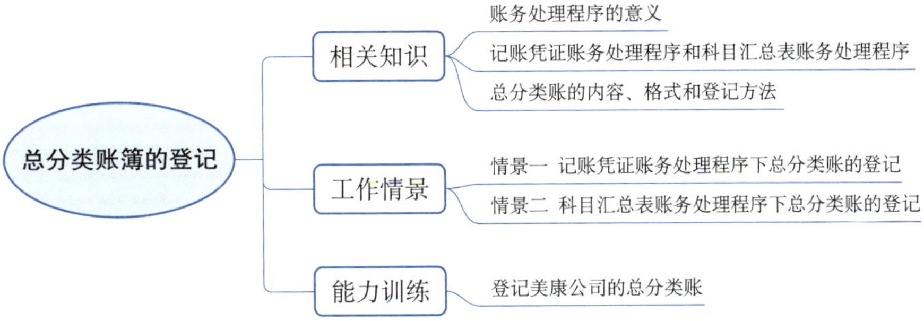

※ 相关知识 ※

一、账务处理程序的意义

账务处理程序也称会计核算程序，是指完成一个会计循环所采用的步骤和方法。它是账簿组织、记账程序和记账方法的有机结合。账簿组织是指会计凭证和账簿的种类、格式以及凭证和账簿之间的相互关系。记账程序和记账方法是指会计从取得、填制原始凭证开始，到编制记账凭证、登记账簿、编制会计报表为止的一系列工作程序和方法。凭证、账簿和报表之间的组织形式不同，就形成了不同的账务处理程序。账务处理程序有多种形式，包括记账凭证账务处理程序、汇总记账凭证账务处理程序、科目汇总表账务处理程序、多栏式日记账账务处理程序、日记总账账务处理程序。

不同的账务处理程序有不同的特点、方法和适用范围。科学、合理的账务处理程序能够简化会计核算手续，节约人力、物力，有效地提高会计工作质量和工作效率。企业在选择会计处理程序时，应满足以下要求：

（1）符合单位自身的特点。在设计账务处理程序时，要考虑企业经营规模的大小、业务量的多少及业务的繁简程度。

（2）能及时提供正确、全面的会计核算资料，满足企业内部经营管理及控制的需要。

（3）有利于分工协作，提高会计工作质量和工作效率。

账务处理程序的选择，在手工记账方式下尤为重要。由于现代信息技术手段的普及和应用，在会计数据通过计算机加工处理后，账务处理程序的选择问题在会计工作中逐渐被淡化，不过记账凭证账务处理程序仍是会计工作最基本的工作程序。

二、记账凭证账务处理程序和科目汇总表账务处理程序

（一）记账凭证账务处理程序

记账凭证账务处理程序是指对发生的经济业务，都要根据原始凭证或原始凭证汇总表

编制记账凭证，然后根据记账凭证直接登记总分类账的一种账务处理程序。其特点是直接根据记账凭证逐笔登记总分类账。在这种账务处理程序下，记账凭证可以采用通用记账凭证，也可以分设收款凭证、付款凭证和转账凭证；设置的账簿一般包括现金日记账、银行存款日记账、总分类账和明细分类账。其中，现金日记账、银行存款日记账和总分类账一般采用三栏式，明细分类账可根据管理的需要设置，采用三栏式、数量金额式或多栏式格式。记账凭证账务处理程序是会计核算最基本、最基础的账务处理程序，其他账务处理程序是在这种账务处理程序的基础上发展和演变而成的。

1. 记账凭证账务处理程序的一般步骤

记账凭证账务处理程序的一般步骤是：

（1）根据原始凭证编制原始凭证汇总表。

（2）根据原始凭证或原始凭证汇总表编制记账凭证。

（3）根据收款凭证、付款凭证逐笔登记现金日记账和银行存款日记账。

（4）根据原始凭证、原始凭证汇总表和记账凭证登记各种明细分类账。

（5）根据记账凭证逐笔登记总分类账。

（6）期末，将现金日记账、银行存款日记账和明细分类账的余额同有关总分类账的余额核对相符。

（7）期末，根据总分类账和明细分类账的记录编制会计报表。

2. 记账凭证账务处理程序的优缺点和适用范围

记账凭证账务处理程序简单明了，易于理解，总分类账可以较详细地反映经济业务的发生情况。其缺点是：登记总分类账的工作量较大。该账务处理程序适用于规模较小、经济业务量较少的单位。

（二）科目汇总表账务处理程序

科目汇总表账务处理程序又称记账凭证汇总表账务处理程序，它是根据记账凭证定期编制科目汇总表，再根据科目汇总表登记总分类账的一种账务处理程序。其主要特点在于，定期将所有记账凭证汇总编制成科目汇总表，然后根据科目汇总表汇总登记总分类账。由于总分类账是根据科目汇总表登记的，故被称为科目汇总表账务处理程序。采用科目汇总表账务处理程序，其记账凭证、账簿的设置与记账凭证账务处理程序基本相同。

1. 科目汇总表的编制方法

科目汇总表的编制方法是：根据一定时间内的全部记账凭证，按照相同的会计科目归类，定期汇总出每一个会计科目的借方本期发生额和贷方本期发生额，并填写在科目汇总表的相关栏内。对于科目汇总表中“库存现金”“银行存款”科目的借方本期发生额和贷方本期发生额，也可以直接根据现金日记账和银行存款日记账的收入合计与支出合计填列，而不再根据收款凭证和付款凭证归类汇总填列。科目汇总表可以每汇总一次编制一张，也可以每月编制一张。任何格式的科目汇总表都只反映各个会计科目的借方本期发生额和贷方本期发生额，不反映各个会计科目的对应关系。科目汇总表的一般格式如表 5－12 所示。

表 5-12 科目汇总表

年 月 编号：

会计科目	总账页数	本期发生额		记账凭证起止号
		借方	贷方	
合计				

会计主管： 记账： 复核： 制单：

2. 科目汇总表账务处理程序的一般步骤

（1）根据原始凭证编制原始凭证汇总表。

（2）根据原始凭证或原始凭证汇总表，编制记账凭证。

（3）根据收款凭证、付款凭证逐笔登记现金日记账和银行存款日记账。

（4）根据原始凭证、原始凭证汇总表和记账凭证登记各种明细分类账。

（5）根据各种记账凭证编制科目汇总表。

（6）根据科目汇总表登记总分类账。

（7）期末，将现金日记账、银行存款日记账和明细分类账的余额同有关总分类账的余额核对相符。

（8）期末，根据总分类账和明细分类账的记录编制会计报表。

3. 科目汇总表账务处理程序的优缺点和适用范围

科目汇总表的编制和使用较为简便，根据科目汇总表一次或分次登记总分类账，可以大大减少登记总分类账的工作量，而且科目汇总表可以起到试算平衡的作用，从而保证账簿登记的正确性。其缺点是：科目汇总表不能反映账户的对应关系，不便于查对账目。这种账务处理程序一般适用于经济业务量较多的单位。

三、总分类账的内容、格式和登记方法

（一）总分类账的内容和格式

总分类账是按照总分类账户分类登记以提供总括会计信息的账簿。为了全面、系统、综合地反映企业所有的经济活动情况和财务收支情况，并为编制会计报表提供所需的资料，每个单位都要设置总分类账。

总分类账最常用的格式为三栏式，设置借方、贷方和余额三个基本金额栏目。总分类账必须采用订本式账簿。总分类账一般按照会计科目的编码顺序排列账页，并为各个账户预留账页。

（二）总分类账的登记方法

总分类账的记账依据和登记方法取决于企业所采用的账务处理程序。它可以直接根据记账凭证逐笔登记，也可以通过一定的汇总方式，先把各种记账凭证汇总编制成科目汇总表，再据以登记。月终，在全部经济业务登记入账后，结出各账户的本期发生额和期末余额。这里分别以记账凭证账务处理程序和科目汇总表账务处理程序为例，介绍总分类账的登记方法。

※ 工作情景 ※

情景一　记账凭证账务处理程序下总分类账的登记

一、资料

以北京佳丽服装有限公司 2024 年 12 月发生的经济业务为例，登记应收账款、应付账款的总分类账。

二、工具

《会计基础工作规范》、三栏式账页、会计专用笔或计算机。

三、工作行动

（1）会计人员根据记账凭证直接逐笔登记应收账款总账。登记时，日期、凭证号数、摘要、金额等内容要填写完整。

（2）会计人员根据记账凭证逐笔登记应付账款总账。

四、工作成果

工作成果见表 5－13、表 5－14。

表 5－13　总分类账页

11

科目名称 应收账款

2024年		凭证号数	摘要	借方										贷方										借或贷	余额									
月	日			千	百	十	万	千	百	十	元	角	分	千	百	十	万	千	百	十	元	角	分		千	百	十	万	千	百	十	元	角	分
12	1		承前页																					借			6	5	0	0	0	0	0	0
	17	银收 04	收回欠款													6	5	0	0	0	0	0	0	平								0		
	20	转 12	应收货款		1	1	9	7	8	0	0	0	0											借		1	1	9	7	8	0	0	0	0

表 5-14 总分类账页

36

科目名称 应付账款

2024年 月	日	凭证号数	摘要	借方（千百十万千百十元角分）	贷方（千百十万千百十元角分）	借或贷	余额（千百十万千百十元角分）
12	1		承前页			贷	42680000
	3	银付 03	支付欠款	1450000		贷	41230000
	12	银付 07	支付水费	158050		贷	41071950
	12	转 09	分配水费		158050	贷	41230000
	13	银付 08	支付电费	1039600		贷	40190400
	13	转 10	分配电费		1039600	贷	41230000

情景二 科目汇总表账务处理程序下总分类账的登记

一、资料

以北京佳丽服装有限公司 2024 年 12 月发生的经济业务为例，登记应收账款、应付账款的总分类账。

二、工具

《会计基础工作规范》、三栏式账页、会计专用笔或计算机。

三、工作行动

（1）会计人员根据记账凭证编制科目汇总表。以“库存现金”科目为例：

“库存现金”科目本期借方发生额＝400 000＋100＝400 100（元）

“库存现金”科目本期贷方发生额＝904＋2 000＋400 000＝402 904（元）

（2）根据科目汇总表登记总分类账。

四、工作成果

工作成果见表 5-15、表 5-16、表 5-17。

表 5-15 科目汇总表

2024 年 12 月　　　　编号：汇 1

会计科目	总账页数（略）	本期发生额		记账凭证起止号
		借方	贷方	
库存现金		400 100.00	402 904.00	现收字 01 号 银收字 01—05 号 现付字 01—03 号 银付字 01—13 号 转字 01—31 号
银行存款		3 214 000.00	1 775 526.96	
其他货币资金		585 000.00	192 650.00	
交易性金融资产		190 000.00	190 000.00	
应收账款		1 197 800.00	650 000.00	
预付账款		81 498.00	63 498.00	
其他应收款		2 000.00	2 000.00	
在途物资		629 000.00	635 100.00	
原材料		782 630.00	715 980.00	
周转材料		6 100.00	6 050.00	
库存商品		505 583.54	1 320 000.00	
固定资产		90 000.00	—	
累计折旧		—	56 630.20	
短期借款		—	200 000.00	
应付账款		26 476.50	11 976.50	
其他应付款		—	2 000.00	
应交税费		141 700.96	735 431.17	
应付股利		—	100 000.00	
应付利息		—	25 000.00	
应付职工薪酬		400 000.00	464 000.00	
实收资本		—	411 700.00	
盈余公积		—	271 419.38	
本年利润		4 672 500.00	2 972 500.00	
利润分配		742 838.76	3 085 613.21	
生产成本		1 128 335.20	505 583.54	
制造费用		44 519.20	44 519.20	
主营业务收入		2 860 000.00	2 860 000.00	
投资收益		92 500.00	92 500.00	
营业外收入		20 000.00	20 000.00	
管理费用		118 013.20	118 013.20	
销售费用		31 661.80	31 661.80	
财务费用		25 000.00	25 000.00	

续表

会计科目	总账页数（略）	本期发生额		记账凭证起止号
		借方	贷方	
主营业务成本		1 320 000.00	1 320 000.00	
税金及附加		25 566.56	25 566.56	
营业外支出		100 000.00	100 000.00	
所得税费用		338 064.61	338 064.61	
合计		19 770 888.33	19 770 888.33	

会计主管： 记账： 复核：李新 制单：田静

表 5-16 总分类账页

11

科目名称 应收账款

2024年 月	日	凭证号数	摘要	借方（千百十万千百十元角分）	贷方（千百十万千百十元角分）	借或贷	余额（千百十万千百十元角分）
12	1		承前页			借	65000000
	31	汇 01	1—31 日发生额	119780000	65000000	借	119780000

表 5-17 总分类账页

36

科目名称 应付账款

2024年 月	日	凭证号数	摘要	借方（千百十万千百十元角分）	贷方（千百十万千百十元角分）	借或贷	余额（千百十万千百十元角分）
12	1		承前页			贷	42680000
	31	汇 01	1—31 日发生额	2647650	1197650	贷	41230000

※ 能力训练 ※

一、业务资料

北京美康食品有限公司 2024 年 12 月发生的经济业务。

二、工作任务行动与考核

（1）填写工作任务清单。

（2）填写工作任务考核报告表。

会计职场圈

职场箴言

为把明天的工作做好，最好的准备是把今天的工作做好。今天的成就就是因为昨天的积累，明天的成功有赖于今天的努力。其实真正的成功是一个过程，是将勤奋和努力融入每天的生活中，融入每天的工作中。这要靠坚强的意志，但更重要的是建立一个良好的生活习惯和工作习惯。

职场提醒

“心心在一艺，其艺必工；心心在一职，其职必举。”以“择一事终一生”的执着专注，“干一行、爱一行、钻一行”的精益求精，一步一个脚印，一点一滴努力，立足岗位成长成才。

案例

做沙漠胡杨精神的践行者

——记全国先进会计工作者郑春萍

胡杨是新疆最古老的树种之一，主要分布在极度干旱的新疆塔克拉玛干大沙漠周围。它任凭沙暴肆虐，任凭干旱和盐碱的侵蚀，以及严寒和酷暑的打击，依然顽强地生存，千年不死、死后千年不倒、倒后千年不朽，即使朽了，根系仍然牢牢地扎在沙漠里，固住一个沙堆，继续顽强地为生态做出贡献，当地人称它为“沙漠英雄树”。人们把胡杨这种“特别能吃苦，特别能奉献”的精神，称为“胡杨精神”。郑春萍，一名普通的会计管理工作者，扎根新疆沙漠腹地和田市，工作 28 年以来，她始终立足本职工作，干一行、爱一行、钻一行，全身心地投入到和田市财务会计管理工作中，在平凡的工作岗位上勤勉敬业、恪守职责、勤勤恳恳、任劳任怨，出色地完成了领导交办的各项工作任务，树立了一个基层优秀会计管理工作者的形象。

一、刻苦钻研，努力增强工作本领

作为一名基层会计管理工作者，郑春萍主动认真学习党和国家的各项财经方针、政策，确保《会计法》和各项会计准则制度的贯彻实施。她加强基础管理，完善内部控制制度，为会计准则制度实施提供有力保障。

二、爱岗敬业，扎实推进会计工作

作为和田市会计股的一名工作人员，郑春萍实地走访多家企事业、行政单位，掌握翔实的资料，积极向和田地区财政局建言献策，和其他兄弟县市交流沟通，吸收和借鉴先进的工作经验和做法，寻找解决会计基础工作薄弱的办法，不断规范和加强各单位会计基础工作。她结合和田市实际情况，对和田市行政事业单位的所有会计人员资料进行收集归档，建立会计人员管理信息档案，形成信息库。在扶贫项目资金检查中，能够迅速及时组建“扶贫资金检查小组”，为扶贫检查提供会计人才支撑。

在 2019 年《政府会计准则制度》在全国各级各类行政、事业单位全面施行时，面对“新问题”，她迎难而上，毅然挑起工作的重任。她与预算单位财务人员不断地沟通，并上网查阅相关资料，学习新的制度准则。她在对和田市的各单位具体情况进行全面调查分析的基础上，针对存在的问题，制订改进措施和推进计划。她深入基层，和预算单位的会计人员一起探讨衔接前要做的准备工作和账务处理，用最通俗易懂的语言指导预算会计和财务会计进行账务处理，协调能力强的财务人员向能力较弱的人员进行讲解，邀请专业老师及时帮助和解决存在的问题。正是这种勇于担当、认真负责的精神和行动，使和田市政府会计改革推进走在了全疆前列，打破了很多人心中边远地区管理落后的观念。

她时刻以清醒的头脑、坚定的信念和锐意进取的精神，投入到内控工作中。她克服时间紧、任务重、人手少的困难，常常加班至深夜，圆满完成内控工作任务。

三、服务友善，做会计人员的“贴心人”

她及时耐心地做好会计人员继续教育工作，让会计人员从业没有后顾之忧。会计人员信息管理系统升级改造后要采集会计人员信息，她放弃自己的休息时间，加班加点审核会员信息，联系各单位会计人员；同时，她简化流程，减轻财务人员负担。利用两个月时间完成和田市 3 448 位会计人员的信息采集，会计从业人员得以正常有序工作。

这就是大漠边远县市基层会计管理工作者，她像胡杨般坚韧，也像胡杨般美丽，作为财政会计工作者，她深知肩负着为边远地区培养和壮大会计队伍，为当地经济社会发展提供会计人才支持的使命和责任，未来的道路上，她将一如既往扎根边疆、无私奉献，为和田市会计工作贡献自己的力量。

资料来源：新疆维吾尔自治区财政厅会计处．做沙漠胡杨精神的践行者：记全国先进会计工作者郑春萍．新疆财会，2020（3）．

学习情境六

对账和结账

项目一　对　账

学习目标

知识目标：了解财产清查的内容和程序，熟悉对账的主要内容及方法，掌握错账更正的方法和财产清查的方法。

能力目标：能够进行期末对账，能够进行财产清查，能够编制银行存款余额调节表，能够采用不同的方法进行错账更正。

素养目标：具有诚实守信、廉洁自律的职业素养和正确的人生观与价值观。

思维导图

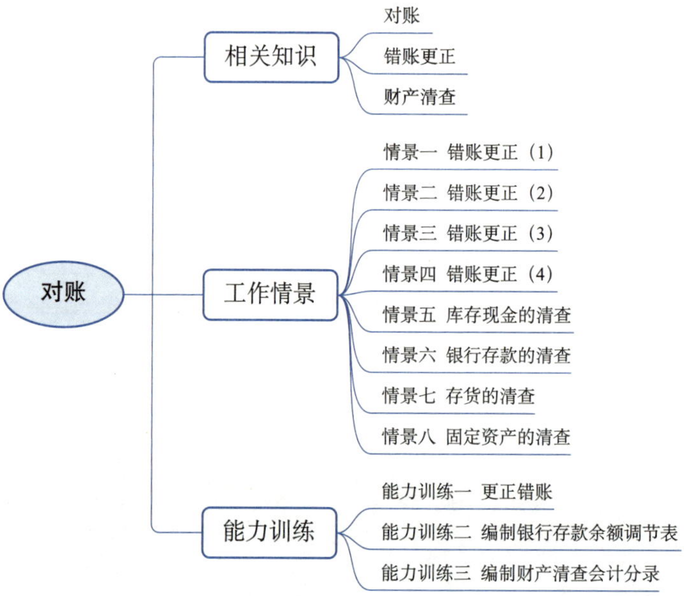

※ 相关知识 ※

一、对账

所谓对账，是指核对账目，对账簿记录的正确与否进行核对。在会计工作中，难免发生记账等错误，造成账实不符的现象。为了确保账簿记录的正确、完整、真实，在有关经济业务入账后，必须进行对账。对账分为日常核对和定期核对。日常核对是指会计人员在编制记账凭证时，对原始凭证和记账凭证进行审核；在登记账簿时，对账簿记录与会计凭证进行核对。定期核对是指在期末结账前，对凭证、账簿记录等进行核对。对账的主要内容如表 6－1 所示。

表 6－1　对账的主要内容

核对内容	核对方法	核对时间
账证核对	账簿记录与会计凭证进行核对。核对方法是：会计账簿记录与相关原始凭证、记账凭证的时间、凭证字号、内容、金额核对相符，记账方向核对相符等。	一般在日常编制凭证和记账过程中进行。当然，月终时，如果发现账账不符，也可以再将账簿记录与有关会计凭证进行核对，以确保账证相符。
账账核对	账簿记录与账簿记录之间进行核对。核对方法是： （1）总分类账各账户的借方余额合计数与贷方余额合计数核对相符。 （2）总分类账中的“库存现金”账户和“银行存款”账户的期末余额，分别与现金日记账和银行存款日记账的期末余额核对相符。 （3）总分类账各账户的期末余额与其所属的各明细分类账的期末余额合计数核对相符。 （4）会计部门的各种财产物资明细分类账的期末余额，与财产物资保管和使用部门的有关财产物资明细分类账的期末余额核对相符。	一般在月末结账以前进行。
账实核对	账簿记录与各项财产物资、债权债务的实有数额进行核对。核对方法是： （1）现金日记账账面余额与库存现金数额核对相符。 （2）银行存款日记账账面余额与银行对账单余额核对相符。 （3）各项财产物资明细账账面余额与财产物资的实有数额核对相符。 （4）有关债权债务明细账账面余额与对方单位的账面记录核对相符。	可以根据需要，进行临时核对或定期核对；年终决算前，应进行全面的账实核对。

二、错账更正

在对账过程当中，可能会发现记账错误，这时应根据账簿错误的具体情况，采用不同的错账更正方法（见表 6-2）。

表 6-2 错账更正方法

更正方法	适用情况	更正过程
划线更正法	在结账前发现账簿记录中文字或金额错误而记账凭证无误时，可采用此法。	更正时，在错误的文字或金额上划一红线，在红线的上方填写正确的文字或金额，并由更正人员在更正处旁边盖章以示负责。
红字更正法	在记账凭证中使用的会计账户错误或借贷方向错误，或记账凭证中文字部分没有错误但所填金额大于应填金额，并且已经登记入账造成账簿记录错误的情况下，可采用此法。	更正时，若为第一种错误，用红字填写一张与原记账凭证完全相同的记账凭证，以示注销，然后用蓝字填写一张正确的记账凭证，据以记账。若为第二种错误，按多记金额用红字编制一张与原记账凭证借贷科目完全相同的记账凭证，以冲销多记金额，据以记账。
补充登记法	记账后，记账凭证中会计账户和借贷方向没有错误，但所填金额小于应填金额时，可采用此法。	更正时，按少记金额用蓝字编制一张与原记账凭证借贷科目完全相同的记账凭证，以补充少记金额，据以记账。

三、财产清查

财产清查是指对货币资金、实物资产和往来款项进行盘点或核对，确定其实存数，以查明账存数与实存数是否相符的一种专门方法。实际工作中，存在财产物资保管过程中的自然损耗、收发计量错误、管理失职、贪污盗窃、营私舞弊、自然灾害、未达账项等造成账实不符的情况，因此需要进行财产清查。财产清查有利于保证会计信息的真实与可靠；有利于加强企业管理，保障企业财产物资的安全、完整；有利于提高资金的使用效率。

（一）财产清查的范围

财产清查按清查范围的大小，可分为全面清查和局部清查。全面清查是指对企业的全部财产进行盘点和核对。一般出现以下情况就必须进行一次全面清查：年终决算之前、单位撤并或改变隶属关系时、资产评估和清产核资时。局部清查是根据管理的需要或依据有关规定，对部分财产物资、债权债务进行盘点和核对。

财产清查按照清查的时间不同，可分为定期清查和不定期清查。定期清查是按事先的计划安排时间对财产物资、债权债务进行的清查，一般在年末、季末、月末、每日结账时进行。不定期清查是事先没有计划安排，而是根据实际需要所进行的临时性清查。

（二）财产清查的一般程序

1. 清查前

成立财产清查小组；组织清查人员学习相关规定，掌握有关业务知识；确定清查对象、范围，明确清查任务；制定清查方案。

2. 清查中

实施清查，填制盘存清单。

3. 清查后

填制实物、往来账项清查结果报告表；调整账簿记录；查明账实不符的原因；报请单位负责人签发处理意见。

（三）财产清查的方法

企业进行财产清查时，可以采用的方法有实地盘点法、技术推算法、询证核对法。

1. 库存现金的清查

库存现金的清查采用实地盘点的方法，先确定库存现金的实存数，再与现金日记账的余额进行核对。盘点前，出纳员应先将现金收付款凭证全部登记入账，并结出余额。盘点时，出纳必须在场，最后根据盘点结果编制现金盘点表。

2. 银行存款的清查

银行存款的清查采取与银行核对账目的方法，即将企业的银行存款日记账与银行对账单逐笔进行核对。通过核对往往会发现双方账目不一致，主要是由于未达账项的存在。

未达账项是指一方已经入账，另一方由于凭证传递时间的影响没有入账的款项。未达账项有四种类型：

（1）企业已收入账，银行尚未收款入账。

（2）企业已付入账，银行尚未付款入账。

（3）银行已收入账，企业尚未收款入账。

（4）银行已付入账，企业尚未付款入账。

3. 财产物资的清查

财产物资的清查采用的方法一般有实地盘点法和技术推算法。清查时，首先要查清各项财产的实存数量和金额，确定其账存数量和金额，将两者进行比较，即可查明实存数与账存数是否相符。

4. 往来款项的清查

往来款项的清查一般采用发函询证的方法。

※ 工作情景 ※

情景一　错账更正（1）

一、资料

2024 年 3 月 2 日，北京佳丽服装有限公司出纳张燕在根据记账凭证登记现金日记账时发生笔误，将 1 300 元错写成 3 100 元，见表 6-3。

表 6-3 现金日记账 2

2024年		凭证号数	摘要	对方科目	借方										贷方										借或贷	余额									
月	日				千	百	十	万	千	百	十	元	角	分	千	百	十	万	千	百	十	元	角	分		千	百	十	万	千	百	十	元	角	分
3	1		承前页																						借				2	4	0	3	2	5	0
	2	现收01	收到违章用电罚款						3	1	0	0	0	0											借				2	7	1	3	2	5	0

二、工具

《会计基础工作规范》、印章、记账专用笔、直尺。

三、工作行动

由于记账凭证金额错误，用划线更正法进行更正。在错误的金额上划一红线，在红线的上方填写正确的金额，并由更正人员在更正处旁边盖章，以明确责任。

四、工作成果

工作成果见表 6-4。

表 6-4 现金日记账 2

2024年		凭证号数	摘要	对方科目	借方										贷方										借或贷	余额									
月	日				千	百	十	万	千	百	十	元	角	分	千	百	十	万	千	百	十	元	角	分		千	百	十	万	千	百	十	元	角	分
3	1		承前页																						借				2	4	0	3	2	5	0
	2	现收01	收到违章用电罚款						1 ~~3~~	3 ~~1~~	0 ~~0~~	0 ~~0~~	0 ~~0~~	0 ~~0~~	张燕										借	张燕			2 ~~2~~	5 ~~7~~	3 ~~1~~	3 ~~3~~	2 ~~2~~	5 ~~5~~	0 ~~0~~

情景二 错账更正（2）

一、资料

2024 年 3 月 4 日，北京佳丽服装有限公司企划部马晓明报销差旅费 1 800 元。财务人员编制记账凭证，并登记入账，见图 6-1、表 6-5 和表 6-6。

转 账 凭 证

2024 年 3 月 4 日　　　　转字第 02 号

摘要	总账科目	明细科目	√	借方金额（千百十万千百十元角分）	√	贷方金额（千百十万千百十元角分）
企划部马晓明报差旅费	销售费用	差旅费	√	180000		
	其他应收款	马晓明			√	180000
合计				¥180000		¥180000

附单据 1 张

财务主管　　记账　　审核 李新　　制单 田静

图 6-1 转账凭证

表 6-5 销售费用

本账页数	
本户页数	

科目 差旅费

2024 年 月	日	凭证号数	摘要	借方（千百十万千百十元角分）	贷方（千百十万千百十元角分）	借或贷	余额（千百十万千百十元角分）
3	1		承前页			平	0
	4	转01	企划部马晓明报销差旅费	180000		借	180000

表 6-6 其他应收款

本账页数	
本户页数	

科目 马晓明

2024 年 月	日	凭证号数	摘要	借方（千百十万千百十元角分）	贷方（千百十万千百十元角分）	借或贷	余额（千百十万千百十元角分）
3	1		承前页			借	180000
	4	转01	企划部马晓明报销差旅费		180000		

3 月 5 日，田静发现会计科目使用错误。

二、工具

《会计基础工作规范》、印章、记账专用笔、直尺、空白记账凭证。

三、工作行动

记账凭证科目错误，导致账簿错误，用红字更正法进行更正。首先用红字填写一张与原记账凭证完全相同的记账凭证，以示注销，然后用蓝字填写一张正确的记账凭证，据以记账。

四、工作成果

工作成果见图 6-2、图 6-3、表 6-7、表 6-8 和表 6-9。

转账凭证

2024 年 3 月 5 日　　　　转字第 03 号

摘要	总账科目	明细科目	√	借方金额										√	贷方金额								
				千	百	十	万	千	百	十	元	角	分		千	百	十	万	千	百	十	元	角	分
冲销 3 月 4 日转 02 号凭证	销售费用	差旅费	√					1	8	0	0	0	0											
	其他应收款	马晓明												√					1	8	0	0	0	0
合计							¥	1	8	0	0	0	0					¥	1	8	0	0	0	0

附单据　张

财务主管　　记账　　审核 李新　　制单 田静

图 6-2　转账凭证（红字）

转账凭证

2024 年 3 月 5 日　　　　转字第 04 号

摘要	总账科目	明细科目	√	借方金额										√	贷方金额								
				千	百	十	万	千	百	十	元	角	分		千	百	十	万	千	百	十	元	角	分
更正 3 月 4 日转 02 号凭证	管理费用	差旅费	√					1	8	0	0	0	0											
	其他应收款	马晓明												√					1	8	0	0	0	0
合计							¥	1	8	0	0	0	0					¥	1	8	0	0	0	0

附单据　张

财务主管　　记账　　审核 李新　　制单 田静

图 6-3　转账凭证（蓝字）

表 6-7 销售费用

本账页数	
本户页数	

科目 差旅费

2024年 月	日	凭证号数	摘要	借方（千百十万千百十元角分）	贷方（千百十万千百十元角分）	借或贷	余额（千百十万千百十元角分）
3	1		承前页			平	0
	4	转02	企划部马晓明报销差旅费	180000		借	180000
	5	转03	冲销3月4日转02凭证	[180000]		平	0

注：表中方框表示红字，后同。

表 6-8 其他应收款

本账页数	
本户页数	

科目 马晓明

2024年 月	日	凭证号数	摘要	借方（千百十万千百十元角分）	贷方（千百十万千百十元角分）	借或贷	余额（千百十万千百十元角分）
3	1		承前页			借	180000
	4	转02	企划部马晓明报销差旅费		180000	平	0
	5	转03	冲销3月4日转02号凭证		[180000]		
	5	转04	更正3月4日转02号凭证		180000	平	0

表 6-9 管理费用

本账页数	
本户页数	

科目 差旅费

2024年 月	日	凭证号数	摘要	借方（千百十万千百十元角分）	贷方（千百十万千百十元角分）	借或贷	余额（千百十万千百十元角分）
3	1		承前页			平	0
	5	转04	更正3月4日转02号凭证	180000			180000

情景三 错账更正（3）

一、资料

2024 年 3 月 6 日，北京佳丽服装有限公司职工李强向财务部预借差旅费 1 400 元，财务部用现金支付。编制记账凭证，并登记入账，见图 6-4、表 6-10 和表 6-11。

付 款 凭 证

贷方科目 库存现金　　　　2024 年 3 月 6 日　　　　现付字第 01 号

摘　要	借方科目	明细科目	记账符号	金额（千百十万千百十元角分）
职工李强预借差旅费	其他应收款	李强	√	160000
	合　计		√	¥160000

附单据 1 张

财务主管　　记账　　出纳 张燕　　审核 李新　　制单 田静

图 6-4　付款凭证

表 6-10　现金日记账　　2

2024年 月	日	凭证号数	摘　要	对方科目	借方（千百十万千百十元角分）	贷方（千百十万千百十元角分）	借或贷	余额（千百十万千百十元角分）
3	1		承前页				借	2403250
	2	现收 01	收到违章用电罚款		130000 ~~310000~~	张燕	张燕 借	2533250 ~~2713250~~
	6	现付 01	职工李强预借差旅费			160000	借	2373250

表 6-11　其他应收款

本账页数	
本户页数	

科目 李强

2024年 月	日	凭证号数	摘　要	借方（千百十万千百十元角分）	贷方（千百十万千百十元角分）	借或贷	余额（千百十万千百十元角分）
3	1		承前页			平	0
	6	现付 01	职工李强预借差旅费	160000		借	160000

当日，发现金额错误。

二、工具

《会计基础工作规范》、印章、记账专用笔、直尺、空白记账凭证。

三、工作行动

记账凭证金额多记，导致账簿记录错误，用红字冲销法进行更正。按多记金额用红字编制一张与原记账凭证借贷科目完全相同的记账凭证，以冲销多记金额，据以记账。

四、工作成果

工作成果见图 6-5、表 6-12 和表 6-13。

付 款 凭 证

贷方科目 库存现金　　2024 年 3 月 6 日　　现付字第 02 号

摘　要	借方科目	明细科目	记账符号	金额（千百十万千百十元角分）
冲销现付 01 号凭证多记金额	其他应收款	李强	√	20000
合　计			√	¥20000

附单据　张

财务主管　　记账　　出纳 张燕　　审核 李新　　制单 田静

图 6-5 付款凭证（红字）

表 6-12 现金日记账　　2

2024年 月	日	凭证号数	摘　要	对方科目	借方（千百十万千百十元角分）	贷方（千百十万千百十元角分）	借或贷	余额（千百十万千百十元角分）
3	1		承前页				借	2403250
	2	现收 01	收到违章用电罚款		130000 ~~310000~~	张燕	借	2533250 ~~2713250~~ 张燕
	6	现付 01	职工李强预借差旅费			160000	借	2373250
	6	现付 02	冲销现付 01 号凭证多记金额			20000	借	2393250

表 6-13 其他应收款

本账页数	
本户页数	

科目 李强

2024年 月	日	凭证号数	摘　要	借方（千百十万千百十元角分）	贷方（千百十万千百十元角分）	借或贷	余额（千百十万千百十元角分）
3	1		承前页			平	0
	6	现付 01	职工李强预借差旅费	160000		借	160000
	6	现付 02	冲销现付 01 号凭证多记金额	20000		借	140000

情景四 错账更正（4）

一、资料

2024 年 3 月 16 日，北京佳丽服装有限公司厂办报销汽油费 264 元，财务部以现金支付。编制记账凭证，并登记入账，见图 6－6、表 6－14 和表 6－15。

付 款 凭 证

贷方科目 库存现金　　2024 年 3 月 16 日　　现付字第 03 号

摘要	借方科目	明细科目	记账符号	金额（千百十万千百十元角分）	
厂办报销汽油费	管理费用	其他	√	24600	附单据 2 张
合　计			√	¥24600	

财务主管　　记账　　出纳 张燕　　审核 李新　　制单 田静

图 6－6　付款凭证

表 6－14　现金日记账　　2

2024 年 月	日	凭证号数	摘要	对方科目	借方（千百十万千百十元角分）	贷方（千百十万千百十元角分）	借或贷	余额（千百十万千百十元角分）
3	1		承前页				借	2403250
	2	现收 01	收到违章用电罚款		130000 ~~310000~~	张燕	借	张燕 2533250 ~~2713250~~
	6	现付 01	职工李强预借差旅费			160000	借	2373250
	6	现付 02	冲销现付 01 号凭证多记金额			20000（红字）	借	2393250
	16	现付 03	厂办报销汽油费			24600	借	2368650

表 6－15　管　理　费　用

本账页数	
本户页数	

科目 其他

2024 年 月	日	凭证号数	摘要	借方（千百十万千百十元角分）	贷方（千百十万千百十元角分）	借或贷	余额（千百十万千百十元角分）
3	1		承前页			平	0
	16	现付 03	厂办报销汽油费	24600		借	24600

当日，发现金额错误。

二、工具

《会计基础工作规范》、印章、记账专用笔、直尺、空白记账凭证。

三、工作行动

记账凭证金额少记，导致账簿记录错误，用补充登记法进行更正。按少记金额用蓝字编制一张与原记账凭证借贷科目完全相同的记账凭证，以补充少记金额，据以记账。

四、工作成果

工作成果见图 6-7、表 6-16 和表 6-17。

付款凭证

贷方科目 库存现金　　　　2024 年 3 月 16 日　　　　现付字第 04 号

摘要	借方科目	明细科目	记账符号	金额（千百十万千百十元角分）
更正现付 03 号凭证	管理费用	其他	√	1800
合计			√	¥1800

附单据　张

财务主管　　记账　　出纳 张燕　　审核 李新　　制单 田静

图 6-7　付款凭证

表 6-16　现金日记账　　2

2024年 月	日	凭证号数	摘要	对方科目	借方（千百十万千百十元角分）	贷方（千百十万千百十元角分）	借或贷	余额（千百十万千百十元角分）
3	1		承前页				借	2403250
	2	现收 01	收到违章用电罚款		130000 ~~310000~~	张燕	借	2533250 ~~2713250~~ 张燕
	6	现付 01	职工李强预借差旅费			160000	借	2373250
	6	现付 02	冲销现付 01 号凭证多记金额			[2000]0	借	2393250
	16	现付 03	厂办报销汽油费			24600	借	2368650
	16	现付 04	更正现付 03 号凭证			1800	借	2366850

表 6-17 管理费用

本账页数	
本户页数	

科目 其他

2024年		凭证号数	摘要	借方										贷方										借或贷	余额									
月	日			千	百	十	万	千	百	十	元	角	分	千	百	十	万	千	百	十	元	角	分		千	百	十	万	千	百	十	元	角	分
3	1		承前页																					平								0		
	16	现付03	厂办报销汽油费						2	4	6	0	0											借						2	4	6	0	0
	16	现付04	更正现付03号凭证							1	8	0	0											借						2	6	4	0	0

情景五 库存现金的清查

一、资料

（1）2024 年 3 月 31 日，北京佳丽服装有限公司进行现金清查，现金盘点表见表 6-18。

表 6-18 现金盘点表

2024 年 3 月 31 日

实存金额	账存金额	盘点结果		备注
		盘盈	盘亏	
4 880.00	5 240.00		360.00	原因待查

会计主管：李新　　　盘点人：李东　　　出纳：张燕

（2）经查实，其中 150 元属于出纳张燕的责任，应由其赔偿，但赔款尚未收到；另外 210 元无法查明原因，经批准作为管理费用处理。

二、工具

企业会计准则、《会计基础工作规范》、企业内部管理制度、记账专用笔、空白记账凭证、账簿等。

三、工作行动

（1）依据审核无误的现金盘点表编制记账凭证。根据现金盘点表盘亏栏借记“待处理财产损溢——待处理流动资产损溢”账户，贷记“库存现金”账户，金额依据现金盘点表填写“360.00”。

（2）查明原因后，依据批准处理意见的文件，将其中的 150 元借记“其他应收款——张燕”账户，将无法查明原因的 210 元借记“管理费用”账户，贷记“待处理财产损溢——待处理流动资产损溢”账户。

四、工作成果

上述经济业务应编制的会计分录如下：

发现短缺时：

借：待处理财产损溢——待处理流动资产损溢 360

　贷：库存现金 360

查明原因及审批后转销时：

借：其他应收款——张燕 150

　　管理费用 210

　贷：待处理财产损溢——待处理流动资产损溢 360

情景六 银行存款的清查

一、资料

2024年3月31日，北京佳丽服装有限公司收到中国工商银行对账单，见表6-19。

表6-19 中国工商银行对账单

户名：北京佳丽服装有限公司

账号：0200098109020140212　　币种：人民币　　科目号：　　单位：元

日期	摘要	凭证号	借方	贷方	借或贷	余额	附言
	承上月余额				贷	1 025 000.00	
20240302	转支	5221	25 100.00√			999 900.00	
20240303	委托收款		3 000.00			996 900.00	
20240304	转支	5223	49 500.00√			947 400.00	
20240304	现支	2345	5 300.00√			942 100.00	
20240305	银行汇票	4565		234 000.00√		1 176 100.00	
20240307	转支	6575		117 000.00√		1 293 100.00	
20240315	转支	5224	246 000.00√			1 047 100.00	
20240318	转支	5225	136 700.00√			910 400.00	
20240324	转支	5226	56 000.00√			854 400.00	
20240326	汇兑			585 000.00√		1 439 400.00	
20240330	委托收款			234 000.00√		1 673 400.00	
20240331	汇兑			5 000.00		1 678 400.00	
	本页合计		521 600.00	1 175 000.00		1 678 400.00	

第二联 客户对账单

该公司3月的银行存款日记账见表6-20。

表 6-20　银行存款日记账　3

2024年 月	日	凭证号数	结算凭证 种类	结算凭证 号数	摘要	对方科目	借方（千百十万千百十元角分）	贷方（千百十万千百十元角分）	借或贷	余额（千百十万千百十元角分）
3	1				承前页				借	102500000
	2	银付 01	转支	5221	购入设备			√2510000	借	99990000
	3	银付 02	转支	5222	购买材料			220000	借	99770000
	4	银付 03	转支	5223	购买材料			√4950000		94820000
	4	银付 04	现支	2345	提现备用			√530000	借	94290000
	5	银收 02	汇票	4565	销售收款		√23400000		借	117690000
	7	银收 03	转支	4565	收回欠款		√11700000		借	129390000
	12	银收 04	转支	6575	验布机清理收入		100000		借	129490000
	15	银付 05	转支	5224	购买材料			√24600000	借	104890000
	18	银付 06	转支	5225	购买材料			√13670000	借	91220000
	24	银付 07	转支	5226	购买材料			√5600000	借	85620000
	26	银收 05	汇兑		销售收款		√58500000		借	144120000
	30	银收 06	委托		销售收款		√23400000		借	167520000

二、工具

《会计基础工作规范》、银行存款余额调节表、计算器。

三、工作行动

（1）检查本单位银行存款日记账的正确性和完整性，发现错误应及时更正，然后与银行对账单逐笔核对。核对时，要关注收、付款金额，结算凭证的种类和号码，收入的来源，支出的用途，发生的时间和存款余额等。

（2）经核对相符时，分别在有关数额旁画"√"以作标记。在双方账目中没有画"√"的，如果不是未达账项，就是双方账目记录的错误。如发现本单位记账错误，应及时更正；如发现银行记账错误，应及时通知银行查明更正；如存在未达账项，则要编制银行存款余额调节表进行检查核对。如果没有记账错误，调节后双方的账面余额应该相等。经过对账，北京佳丽服装有限公司与银行之间出现了四笔未达账项。

（3）编制银行存款余额调节表。

四、工作成果

工作成果见表 6-21。

表 6－21　银行存款余额调节表

2024 年 3 月

币种：人民币　　开户银行：工行通州支行新华分理处　　账号：0200098109020140212

项目		金额	项目		金额
银行对账单余额		1 678 400.00	企业银行存款日记账余额		1 675 200.00
加：企业已收、银行尚未入账金额			加：银行已收、企业尚未入账金额		
其中：	1. 验布机清理收入	1 000.00	其中：	1. 汇兑	5 000.00
	2.			2.	
减：企业已付、银行尚未入账金额			减：银行已付、企业尚未入账金额		
其中：	1. 购买材料	2 200.00	其中：	1. 委托收款	3 000.00
	2.			2.	
调整后银行对账单余额		1 677 200.00	调整后企业银行存款日记账余额		1 677 200.00

经过上述余额调节，企业银行存款日记账与银行对账单的余额相等，说明北京佳丽服装有限公司的银行存款日记账正确、完整。

加油站

银行存款余额调节的方法

当银行存款日记账与银行对账单出现任何一种未达账项时，都需要采用一定的方法进行调节。企业通常采用余额调节法进行调节。余额调节法以企业银行存款日记账的余额和银行对账单的余额为基础进行调节。余额调节法有补记式余额调节法和还原式余额调节法两种。

1. 补记式余额调节法

企业银行存款日记账余额＋银行已收企业未收款－银行已付企业未付款＝银行对账单余额＋企业已收银行未收款－企业已付银行未付款

2. 还原式余额调节法

企业银行存款日记账余额＝银行对账单余额＋企业已收银行未收款－企业已付银行未付款－银行已收企业未收款＋银行已付企业未付款

实际工作中，一般通过编制银行存款余额调节表进行调节。注意，调节表只是用来检查银行存款日记账与银行对账单是否相符的手段，不能用以调整账面记录。

情景七　存货的清查

一、资料

(1) 2024 年 3 月 31 日，北京佳丽服装有限公司对存货进行盘点。

存货盘点表记录：盘盈丝绸面料 20 米，盘亏涤棉男衬衣 10 件，毁损涤棉面料 500 米。

账面记录：丝绸面料 1 500 米，成本 40 元/米；涤棉男衬衣 500 件，成本 280 元/件；涤棉面料 1 000 米，成本 30 元/米。

(2) 经查，盘盈的丝绸面料属于收发计量错误；盘亏的涤棉男衬衣属于管理不善，单件衬衣增值税进项税额为 19.5 元，责成过失人张磊赔偿 50%；毁损涤棉面料属于意外事故损失，应收保险公司赔偿款 11 000 元。

二、工具

企业会计准则、《会计基础工作规范》、空白记账凭证、账簿等。

三、工作行动

（1）根据存货盘点表编制存货盘点盈亏报告表。
（2）根据存货盘点盈亏报告表编制记账凭证，将账面记录调整为实存数。
（3）待查明原因及审批后，依据审批文件，转销“待处理财产损溢”账户。

四、工作成果

（1）编制的存货盘点盈亏报告表见表 6-22。

表 6-22 存货盘点盈亏报告表

2024 年 3 月 31 日

存货类别	存货编号	名称与规格	计量单位	数量		单价	盘盈		盘亏			原因	审批意见
				账存	实存		数量	金额	数量	金额	进项税额		
原材料		丝绸面料	米	1 500	1 520	40	20	800				收发错误	待查
		涤棉面料	米	1 000	500	30			500	15 000		意外事故毁损	待查
库存商品		涤棉男衬衣	件	500	490	280			10	2 800	195	管理不善	待查
合计								800		17 800			

（2）根据表 6-22 编制的会计分录如下：

借：原材料——原料及主要材料（丝绸面料） 800
　贷：待处理财产损溢——待处理流动资产损溢 800

借：待处理财产损溢——待处理流动资产损溢 17 995
　贷：原材料——原料及主要材料（涤棉面料） 15 000
　　库存商品——涤棉男衬衣 2 800
　　应交税费——应交增值税（进项税额转出） 195

（3）查明原因及审批后转销：

借：待处理财产损溢——待处理流动资产损溢 800
　贷：管理费用 800

借：其他应收款——过失人 1 497.5
　　——保险公司赔款 11 000
　管理费用 1 497.5
　营业外支出 4 000
　贷：待处理财产损溢——待处理流动资产损溢 17 995

◈ **转销因存货产生的“待处理财产损溢”的规定**

存货盘盈属于收发计量错误的，冲减管理费用。存货盘亏属于定额内损耗的，计入管理费用；属于计量收发错误或管理不善的，计入管理费用；属于自然灾害或意外事故造成的，先扣除残料价值和赔款，然后将净损失作为营业外支出。因非正常损失和管理不善造成的存货减少，应按规定税率转出进项税额。

加油站

财产清查结果的会计处理步骤

(1) 根据盘点结果，编制盘点盈亏报告表（账存实存对比表），表 6-23 为存货盘点盈亏报告表的一般格式。查明盘盈盘亏的原因后，提出处理意见，报有关部门批准。

表 6-23　存货盘点盈亏报告表

年　　月　　日

存货类别	存货编号	名称与规格	计量单位	数量		单价	盘盈		盘亏			原因	审批意见
				账存	实存		数量	金额	数量	金额	进项税额		
合计													

(2) 调整账簿记录，做到账实相符。根据盘点盈亏报告表编制记账凭证。盘盈时，借记有关财产物资账户，贷记“待处理财产损溢”账户；盘亏时，借记“待处理财产损溢”账户，贷记有关财产物资账户。

(3) 根据经过相关部门批准后的处理意见，转销“待处理财产损溢”账户。

情景八　固定资产的清查

一、资料

(1) 2024 年 3 月 31 日，北京佳丽服装有限公司对固定资产进行局部清查。固定资产盘点表记录：盘盈 A 设备一台，盘亏 B 设备一台。

账面记录：B 设备的原价 13 万元，已提折旧 10 万元，B 设备购入时增值税进项税额为 16 900 元。估计 A 设备的重置价值为 128 000 元。

(2) 盘盈的 A 设备及盘亏的 B 设备均无法确定盘盈和盘亏原因，经批准转销。

二、工具

企业会计准则、《会计基础工作规范》、空白记账凭证、账簿等。

三、工作行动

(1) 根据固定资产盘点表编制固定资产盘点盈亏报告表。

（2）根据固定资产盘点盈亏报告表编制记账凭证，将账面记录调整为实存数。

（3）待查明原因及审批后，依据审批文件，转销“待处理财产损溢”账户。

四、工作成果

（1）编制的固定资产盘点盈亏报告表见表6-24。

表6-24 固定资产盘点盈亏报告表

使用部门：生产车间　　　　2024年3月31日

固定资产名称	规格	盘盈		盘亏			毁损			备注
		数量	重置成本	数量	原值	已提折旧	数量	原值	已提折旧	
A设备		1	128 000							
B设备				1	130 000	100 000				
处理意见	审批部门			清查小组			使用保管部门			
				盘盈设备按重置价值入账，盘亏设备建议转销			保管员调离，原因无法确定			

（2）根据表6-24编制的会计分录如下：

发现盘盈时：

借：固定资产　128 000

　贷：以前年度损益调整　128 000

发现盘亏时：

借：待处理财产损溢——待处理固定资产损溢　30 000

　　累计折旧　100 000

　贷：固定资产　130 000

转出不可抵扣的进项税额时：

借：待处理财产损溢——待处理固定资产损溢　3 900

　贷：应交税费——应交增值税（进项税额转出）　3 900

（3）查明原因及审批后转销：

盘盈的A设备：

借：以前年度损益调整　32 000

　贷：应交税费——应交所得税　32 000

借：以前年度损益调整　96 000

　贷：盈余公积——法定盈余公积　9 600

　　　利润分配——未分配利润　86 400

盘亏的B设备：

借：营业外支出　33 900

　贷：待处理财产损溢——待处理固定资产损溢　33 900

加油站

固定资产盘盈、盘亏处理规定

盘盈的固定资产，应按重置成本确定其入账价值，借记“固定资产”科目，贷记“以前年度损益调整”科目；根据由于以前年度损益调整而增加的所得税费用，借记“以前年度损益调整”科目，贷记“应交税费——应交所得税”科目；将“以前年度损益调整”科目余额转入留存收益时，借记“以前年度损益调整”科目，贷记“盈余公积”和“利润分配——未分配利润”科目。

盘亏的固定资产，应注销其原值、已提折旧和已提固定资产减值准备。按已计提的累计折旧，借记“累计折旧”科目，按已计提固定资产减值准备，借记“固定资产减值准备”科目，按固定资产账面原值，贷记“固定资产”科目，按借贷方差额，借记“待处理财产损溢——待处理固定资产损溢”科目。已查明原因处理时，若有保险公司或过失人赔偿，借记“其他应收款”科目，按盘亏的固定资产净值，贷记“待处理财产损溢——待处理固定资产损溢”科目，按借贷方差额，借记“营业外支出”科目。现行增值税制度的规定，购进货物及不动产发生非正常损失，其负担的进项税额不得抵扣，其中购进货物包括被确认的固定资产的货物。但是，如果盘亏的是固定资产，应按其账面净值（原价−已提折旧）乘以适用税率计算不可抵扣的进项税额。

※ 能力训练 ※

能力训练一　更正错账

一、业务资料

(1) 2024 年 3 月 2 日，企业用现金支付管理部门的报纸杂志费 120 元。编制会计分录如下，并已记账：

借：制造费用　　120

　贷：库存现金　　120

(2) 2024 年 3 月 5 日，企业用现金支付办公室购买办公用品费用 2 000 元。编制会计分录如下，并已记账：

借：管理费用　　200

　贷：库存现金　　200

(3) 2024 年 3 月 14 日，企业开出转账支票购买材料，价税合计 22 600 元。编制会计分录如下，并已记账：

借：原材料　　200 000

　　应交税费——应交增值税（进项税额）　　26 000

　贷：银行存款　　226 000

二、工作任务要求

分别对以上错账进行更正。

能力训练二　编制银行存款余额调节表

一、业务资料

2024 年 3 月 31 日，企业银行存款日记账余额为 86 000 元，银行转来对账单的余额为 83 000 元，经逐笔核对，发现以下未达账项：

（1）企业送存转账支票 34 000 元，已登记银行存款增加，但银行尚未记账。

（2）企业开出转账支票 10 000 元，但持票人尚未到银行办理转账手续。

（3）企业委托银行代收某公司货款 25 000 元，银行已收妥并记账，但企业未收到收款通知。

（4）银行代扣电话局托收的电话费 4 000 元，银行已记账，但企业未收到付款通知。

二、工作任务要求

编制银行存款余额调节表。

能力训练三　编制财产清查会计分录

一、业务资料

（1）2024 年 3 月 31 日，企业因单位负责人调动对财产进行全面清查，发现现金溢余 220 元；A 材料盘盈 10 千克，单位成本 15 元/千克；B 材料毁损 100 千克，单位成本 15 元/千克；盘亏一台设备，原值 50 000 元，已提折旧 30 000 元。

（2）经查，溢余的 220 元现金为多收乙公司的货款，应予退回；A 材料盘盈系收发计量错误；B 材料毁损系保管不当，残料变价收入 200 元，净损失部分保管员承担 40%，其余计入管理费用；盘亏的机器设备经有关部门审批作为营业外损失处理。（不考虑增值税）

二、工作任务行动与考核

（1）编制相关会计分录。

（2）填写工作任务清单（能力训练一、二、三填写）。

（3）填写工作任务考核报告表（能力训练一、二、三填写）。

项目二　结　账

学习目标

知识目标： 熟悉结账的步骤，掌握结账的方法。

能力目标： 能够进行月末、季末和年末的结账工作。

素养目标： 具有诚实守信、严谨认真的职业素养和精益求精的工匠精神。

思维导图

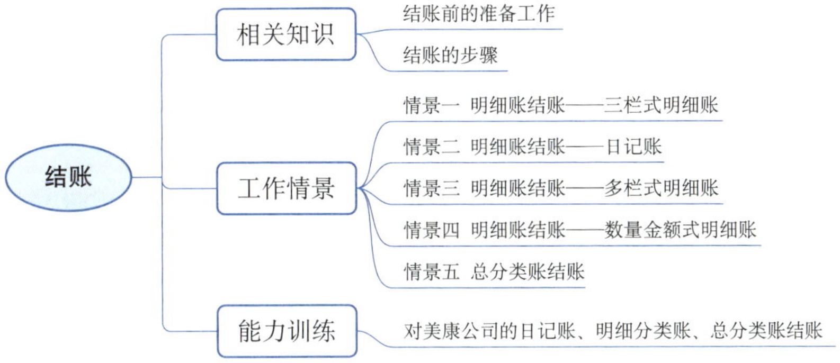

※ 相关知识 ※

一、结账前的准备工作

结账是在会计期末（月末、季末、年末）将本期内应记入账簿的经济业务全部登记入账后，计算并记录本期发生额及期末余额，据以编制会计报表，并将余额结转下期或新的账簿。

企业在结账前应做好以下准备工作：

（1）查明本期所发生的经济业务是否已经全部记入有关账簿。

（2）清理债权、债务。

（3）结转已经生产完工的产品、半成品的数量和成本。

（4）通过财产清查发现的盘盈和盘亏要及时按规定转账。

（5）根据权责发生制，将属于本期的收益、费用和应该摊销或预提的费用进行整理、计算、入账。

（6）将各损益类账户余额结转至有关账户。

二、结账的步骤

（1）结账前，必须将本期内所发生的各项经济业务全部登记入账。

（2）结账时，应当结出每个账户的期末余额。需要结出当月发生额的，应当在摘要栏内注明“本月合计”字样，并在下面画通栏单红线。需要结出本年累计发生额的，应当在摘要栏内注明“本年累计”字样，并在下面画通栏单红线；12 月末的“本年累计”就是全年累计发生额，应当在下面画通栏双红线。年度终了，所有总账账户都应当结出全年发生额和年末余额。

（3）年度终了，要把各账户的余额结转到下一个会计年度，在摘要栏内注明“结转下年”字样；在下一个会计年度新建有关会计账簿的余额栏内填写上年结转的余额，在摘要栏内注明“上年结转”字样。

※ 工作情景 ※

情景一　明细账结账——三栏式明细账

一、资料

以北京佳丽服装有限公司 2024 年 12 月应收账款明细账为例，对其进行月结和年结。

二、工具

《会计基础工作规范》、印章、红笔等。

三、工作行动

在 12 月最后一笔业务记录下面画一条通栏红线，以示月结；在红线下结出本年的发生额合计和年末余额，在摘要栏内注明“本年合计”字样，并在下面画通栏双红线，以示本年结账结束。

四、工作成果

工作成果见表 6-25。

表 6-25　应收账款

本账页数	
本户页数	

科目 北京大华商场

2024年		凭证证号	摘要	借方										贷方										借或贷	余额									
月	日			千	百	十	万	千	百	十	元	角	分	千	百	十	万	千	百	十	元	角	分		千	百	十	万	千	百	十	元	角	分
12	1		承前页																					借				6	5	0	0	0	0	0
	17	银收04	收回欠款														6	5	0	0	0	0	0	平								0		
	31		本年合计														6	5	0	0	0	0	0									0		

画通栏单红线

画通栏双红线

加油站

结账常识（1）

对不需要按月结计本期发生额的账户，如各项应收应付明细账等，每次记账后，都要随时结出余额，每月最后一笔余额即月末余额。月末结账时，只需在最后一笔经济业务记录之下画通栏单红线，不需要再结计一次余额。画线是为了表示本期的记录已经截止，并将本期与下期的记录明显分开。

情景二　明细账结账——日记账

一、资料

以北京佳丽服装有限公司 2024 年 12 月现金日记账为例，对其进行月结和年结。

二、工具

《会计基础工作规范》、印章、红笔等。

三、工作行动

在 12 月最后一笔经济业务记录下面画一条单红线，结出本月发生额和余额，在摘要栏内注明“本月合计”字样，在下面画通栏一条单红线。年终，在 12 月“本月合计”行下结出本年发生额，在摘要栏内注明“本年合计”字样，并在下面画通栏双红线，在下一行摘要栏注明“结转下年”。

四、工作成果

工作成果见表 6－26。

加油站

结账常识（2）

现金、银行存款日记账和需要按月结计本期发生额的账户，每月结账时，要在最后一笔经济业务记录之下画通栏单红线，结出本月发生额和余额。在摘要栏内注明“本月合计”字样，在下面画一条单红线。

需要按月结计发生额以及结计本年累计发生额的收入、费用等损益类明细账户和成本类明细账户，每月结账时，应在“本月合计”行下结计自年初起至月末止的累计发生额，登记在月份发生额下面，在摘要栏内注明“本年累计”字样，并在下面画通栏单红线。年结时，12 月末的“本年累计”就是全年累计发生额，应当在下面画通栏双红线。

情景三　明细账结账——多栏式明细账

一、资料

以北京佳丽服装有限公司 2024 年 12 月生产成本明细分类账为例，对其进行月结和年结。

二、工具

《会计基础工作规范》、印章、红笔等。

三、工作行动

在 12 月最后一笔业务发生额下面画一条通栏红线，在红线下结出本月的发生额合计和

表 6－26　现金日记账　31

2024年		凭证号数	摘要	对方科目	借方										贷方										借或贷	余额									
月	日				千	百	十	万	千	百	十	元	角	分	千	百	十	万	千	百	十	元	角	分		千	百	十	万	千	百	十	元	角	分
11	29		承前页			5	4	7	0	0	0	0	0	0		5	4	4	2	0	0	0	0	0	借					9	0	0	0	0	0
	30	现付 05	报销业务招待费																2	0	0	0	0	0	借					7	0	0	0	0	0
0	30		本月合计				4	7	0	0	0	0	0	0			4	4	0	0	0	0	0	0	借						7	0	0	0	0
	30		本年累计			5	4	7	0	0	0	0	0	0		5	8	8	6	0	0	0	0	0											
12	11	现付 01	购买办公用品																	9	0	4	0	0	借					6	0	9	6	0	0
	14	现付 02	预借差旅费																2	0	0	0	0	0	借					4	0	9	6	0	0
	15	银付 10	提现备发工资				4	0	0	0	0	0	0	0														4	0	4	0	9	6	0	0
	15	现付 03	发放工资														4	0	0	0	0	0	0	0	借					4	0	9	6	0	0
	30	现收 01	李强交回差旅费余额							1	0	0	0	0											借					4	1	9	6	0	0
	31		本月合计				4	0	0	1	0	0	0	0			4	0	2	9	0	4	0	0	借					4	1	9	6	0	0
	31		本年累计			5	8	7	0	1	0	0	0	0		6	2	8	8	9	0	4	0	0	借										
			结转下年																																

如果企业没有交易性金融资产等现金等价物，则在编制现金流量表时，现金及现金等价物净增加额可以根据现金和银行存款日记账的本年发生额计算得出，因此企业可以根据需要，对日记账进行月结的同时，结计本年累计发生额。

月末余额，在摘要栏内注明“本月合计”字样，并在下面画通栏单红线。在“本月合计”下一行摘要栏内注明“本年合计”字样，将本年12个月的发生额加总，并在下面画通栏双红线，以示本年结账结束。

四、工作成果

工作成果见表6-27。

加油站

结账常识（3）

只需要按月结计发生额的明细账户，每月结账时，要在最后一笔经济业务记录下面画一条单红线，结出本月发生额和余额，在摘要栏内注明“本月合计”字样，在下面画一条通栏单红线。年结时，在12月“本月合计”行下结出本年发生额，在摘要栏内注明“本年合计”字样，并在下面画通栏双红线。

情景四　明细账结账——数量金额式明细账

一、资料

以北京佳丽服装有限公司2024年12月原材料明细分类账为例，对其进行月结和年结。

二、工具

《会计基础工作规范》、印章、红笔等。

三、工作行动

在12月最后一笔业务记录下面画一条通栏单红线，在红线下结出本月的发生额合计和月末余额，在摘要栏内注明“本月合计”字样，并在下面画通栏单红线。在“本月合计”行下结出本年发生额，在摘要栏内注明“本年合计”字样，并在下面画通栏双红线，以示本年结账结束，在下一行摘要栏注明“结转下年”。

四、工作成果

工作成果见表6-28。

情景五　总分类账结账

一、资料

以北京佳丽服装有限公司2024年12月应付账款总分类账为例，对其进行月结和年结（该公司采用记账凭证账务处理程序）。

表 6-27 生产成本明细账

科目名称：绣花女衬衣

2024年 月	日	凭证号数	摘要	借方（百十万千百十元角分）	贷方（百十万千百十元角分）	借或贷	金额（百十万千百十元角分）	直接材料（百十万千百十元角分）	直接人工（百十万千百十元角分）
11	30		承前页	28450000		借	28450000	14400000	13020000
	30	转 21	结转完工产品成本		28450000	平	0	14400000	13020000
	30		本月合计	28450000	28450000	平	0	0	0
12	4	转 04	材料费用	14427300				14427300	
	6	转 05	材料费用	100000				100000	
	12	转 09	水费	48720				48720	
	13	转 10	电费	320010				320010	
	30	转 14	分配工资	9816584					9816584
	30	转 15	计提社保费	1570653					1570653
	30	转 18	包装费	330000				330000	
	31	转 19	分配制造费用	1437656					
	31	转 20	结转完工产品成本		28050923	平	0	15226030	11387237
	31		本月合计	28050923	28050923	平	0	0	0
	31		本年合计	981131200	981131200	平			

续表

借（ ）方金额分析																																																					
制造费用																																																					
百	十	万	千	百	十	元	角	分	百	十	万	千	百	十	元	角	分	百	十	万	千	百	十	元	角	分	百	十	万	千	百	十	元	角	分	百	十	万	千	百	十	元	角	分	百	十	万	千	百	十	元	角	分
		1	0	3	0	0	0	0																																													
		1	0	3	0	0	0	0																																													
						0																																													
		1	4	3	7	6	5	6																																													
		1	4	3	7	6	5	6																																													
						0																																													

表 6-28　原材料明细账

本账页数	
本户页数	

类别：原料及主要材料　　名称：涤棉面料　　规格：　　计算单位：米　　编号：

2024年 月	日	凭证号数	摘要	收入 数量	收入 单价	收入 金额（千百十万千百十元角分）	发出 数量	发出 单价	发出 金额（千百十万千百十元角分）	结存 数量	结存 单价	结存 金额（千百十万千百十元角分）
12	1		承前页							1 000	30.00	3 0 0 0 0 0 0
	2	收 01	购料入库	5 000	31.1	1 5 5 4 9 6 0 0				1 000 5 000	30.00 31.10	1 8 5 4 9 6 0 0
	4	领 02	生产领料				1 000 2 750	30.00 31.10	1 1 5 5 2 1 0 0	2 250	31.10	6 9 9 7 5 0 0
	10	收 02	购料入库	2 000	28.10	5 6 2 0 0 0 0				2 250 2 000	31.10 28.10	1 2 6 1 7 5 0 0
	31		本月合计	7 000		2 1 1 6 9 6 0 0	3 750		1 1 5 5 2 1 0 0	2 250 2 000	31.10 28.10	1 2 6 1 7 5 0 0
	31		本年合计			略			略			
			结转下年									

二、工具

《会计基础工作规范》、印章、红笔等。

三、工作行动

结出本年度 12 个月的发生额和年末余额，记在 12 月月结的下一行，在摘要栏内注明“本年合计”字样，并在下面画通栏双红线，以示本年度结账结束，在下一行摘要栏注明“结转下年”。

四、工作成果

工作成果见表 6－29。

表 6－29 总分类账页 36

科目名称 应付账款

2024年 月	日	凭证号数	摘要	借方（千百十万千百十元角分）	贷方（千百十万千百十元角分）	借或贷	余额（千百十万千百十元角分）
12	1		承前页			贷	42680000
	3	银付 03	支付欠款	1450000		贷	41230000
	12	银付 07	支付水费	158050		贷	41071950
	12	转 09	分配水费		158050	贷	41230000
	13	银付 08	支付电费	1039600		贷	40190400
	13	转 10	分配电费		1039600	贷	41230000
	31		本月合计	2647650	1197650		41230000
	31		本年合计	1—12 月累计发生额	1—12 月累计发生额		
			结转下年				

北京佳丽服装有限公司按月根据科目汇总表进行总账登记，则月结时只需要在每月的经济业务记录下画一条通栏单红线，不需要再结计一次余额。年结时，步骤和上述步骤一致，见表 6－30。

表 6－30 总分类账页 36

科目名称 应付账款

2024年 月	日	凭证号数	摘要	借方（千百十万千百十元角分）	贷方（千百十万千百十元角分）	借或贷	余额（千百十万千百十元角分）
12	1		承前页			贷	42680000
	31	汇 01	1—31 日发生额	2647650	1197650	贷	41230000
	31		本年合计	1—12 月累计发生额	1—12 月累计发生额		41230000
			结转下年				

加油站

结账常识（4）

总分类账结账时要区分不同的情况进行：

（1）采用记账凭证账务处理程序或按一定时间（比如按旬，除了按月）编制科目汇总表进行登记的总账账户，结账方法同三栏式明细账结账和日记账结账。

（2）按月编制科目汇总表进行登记的总账账户，如有需要，可以进行月结，月结方式同多栏式明细账结账，但到年末要进行年结，年结方法同明细账。

年终结账时，为了全面反映各项资产、负债和所有者权益增减变动的全貌，便于核对账目，要将所有总分类账户结计全年发生额和年末余额。方法如前所述。

※ 能力训练 ※

一、业务资料

北京美康食品有限公司 2024 年 12 月发生的经济业务及登记的账簿。

二、工作任务行动与考核

（1）填写工作任务清单。

（2）填写工作任务考核报告表。

会计职场圈

职场箴言

会计 99 分不算合格，只有 100 分才算合格。

职场提醒

财务人员要做到慎独。

案例

赖祖烈：两袖清风的红色大管家

赖祖烈，1907 年生于龙岩市永定县湖雷乡石城坑一个贫苦农民家庭。因家境贫寒，为了生计，他 13 岁就背井离乡，先后去上海、扬州等地，在同乡开的条丝烟店当徒工、店员。在扬州期间，为了寻求革命真理，他与同乡好友赖仁斋在收入微薄的情况下，省吃俭用，合订了《新青年》等进步刊物。他一边阅读，一边把重要的内容抄在小本子上，还经常与赖仁斋一起探讨自己的理解和看法。进步思想渐渐地对他产生了深刻的影响。1928 年 10 月，赖祖烈在闽西革命浪潮的鼓舞下，与赖仁斋一起回到家乡，并由阮山介绍加入了中国共产党。1929 年 5 月下旬，赖祖烈先后任石城坑党支部书记兼赤卫连指导员、县革命委员会财政委员，县苏维埃政府成立后他仍任财政委员。他积极投身于土地革命，经常冒着生命危险四处奔走筹集资金、财物，解决红军和红色政权的给养。为了发挥永定苏区的经济，他根据县苏维埃政府的决定，具体负责在太平区、湖雷区等地创办信用合作社，发动农民入股，发行钞票，并创办了中央苏区最早的农民金融机构——永定县农民银行。

1932 年，赖祖烈与毛泽民、李六如等人一起，筹建中华苏维埃国家银行及福建分行，他任福建分行行长兼福建金库主任及中华商业总公司总经理，积极发展苏区经济，统一货币，统一财政，扶持生产，筹集军饷。1933 年，中央指派他组织工作团并任团长，随军到各地筹款和收集物资，支援中央苏区反“围剿”斗争，成绩显著，受到中央财政部的表彰。赖祖烈为开创中央苏区的财政金融事业、发展中央苏区的经济做出了重要贡献。

1941 年，中央决定成立中共中央特别会计科，负责管理中共中央的特别经费，协调使用全国各地方党组织的经费，并负责筹措党的七大所需物资等准备工作，由赖祖烈担任科长，直接受中共中央政治局常委领导。从那以后，赖祖烈在这个岗位上一干就是 25 年。1945 年，赖祖烈兼任中共中央办公厅行政处副处长，负责中央领导人的生活事务等工作。

新中国成立后，赖祖烈历任中共中央办公厅特别会计室主任兼周恩来的财政秘书、政务院参事、国务院外国专家招待处处长、国务院外国专家招待事务管理局局长、中央办公厅副主任兼中南海管理局局长、中央警卫局局长等职。

中共中央办公厅特别会计室是为党中央管理钱财的专门机构。赖祖烈是该室主要负责人，其地位重要、工作特殊。他担任中南海管理局局长后，财、权集于一身，但他始终恪尽职守，一丝不苟，他过手的每一笔钱财，其来龙去脉都有完备的记载，他管理得井井有条，记录得明明白白。他两袖清风、一尘不染，被誉为中共中央的红管家、好管家。

资料来源：永定区文博研究员．赖祖烈：两袖清风的红色大管家．(2019-08-20)[2025-03-25]永定新闻网.

学习情境七

财务报表的编制

项目一　财务报表编制前的准备

学习目标

知识目标：熟悉财务报表的概念、种类和编制要求，熟悉报表编制前的准备工作。

能力目标：能够根据账户余额编制试算平衡表。

素养目标：具有参与管理、强化服务的职业责任感和严谨认真的职业素养。

思维导图

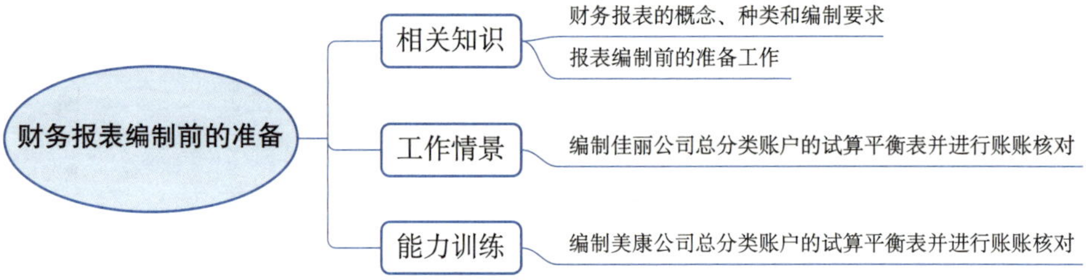

※ 相关知识 ※

一、财务报表的概念、种类和编制要求

（一）财务报表的概念

财务报表是对企业财务状况、经营成果和现金流量的结构性表述。定期编制财务报表

并对外报告，是会计工作的重要组成部分，是会计核算程序的终端。通过财务报表提供的相关会计信息，可以使报表使用者了解企业的财务状况、经营成果和现金流量等有关会计信息，并使其做出正确的经济决策。财务报表的使用者通常包括投资人、债权人、政府及有关部门和社会公众等。

财务报表至少应该包括资产负债表、利润表、现金流量表、所有者权益变动表（也称股东权益变动表）和附注等内容。

资产负债表是反映企业某一特定日期财务状况的财务报表。

利润表是反映企业一定会计期间经营成果的财务报表。

现金流量表是反映企业一定会计期间现金和现金等价物流入和流出的报表。编制现金流量表，可以帮助报表使用者了解企业获取现金和现金等价物的能力，并据以预测企业未来的现金流量，从而评价企业的支付能力和偿债能力，并预测企业未来的财务前景。

所有者权益变动表是反映构成所有者权益各组成部分当期增减变动情况的报表。所有者权益变动表不仅要反映所有者权益总量的增减变动情况，还要反映计入所有者权益的利得和损失，让报表使用者准确理解所有者权益增减变动的根源。

附注是财务报表不可或缺的组成部分，是对资产负债表、利润表、现金流量表和所有者权益变动表等报表中列示项目的文字描述或明细资料，以及对未能在这些报表中列示项目的说明等。

（二）财务报表的种类

财务报表可以根据需要按不同的标准进行分类。

1. 按报表所反映的经济内容分类

财务报表按照所反映的经济内容分类，可分为反映特定日期财务状况的报表（如资产负债表）、反映一定时期经营成果的报表（如利润表）、反映一定时期财务状况变动情况的报表（如现金流量表）、反映一定时期所有者权益变动情况的报表（如所有者权益变动表）。

资产负债表是静态报表，利润表、现金流量表和所有者权益变动表是动态报表。

2. 按报表编制时间分类

财务报表按照编制时间分类，可分为年度报表和中期报表。年度报表简称年报，主要包括资产负债表、利润表、现金流量表、所有者权益变动表和附注。中期报表是以短于一个完整会计年度的报告期间为基础编制的财务报表，包括月报、季报和半年报等。中期报表至少应该包括资产负债表、利润表、现金流量表和附注。其中，中期资产负债表、利润表、现金流量表应当是完整报表，其格式和内容应当与年度报表一致。与年度报表相比，中期报表中的附注披露可以适当简化。

3. 按报表服务对象分类

财务报表按照服务对象分类，可分为对外财务报表和对内财务报表。对外财务报表是为满足企业外部会计信息使用者的需要而定期对外报送的财务报表。我国《企业会计制度》规定，企业对外报送的财务报表包括资产负债表、利润表、现金流量表、所有者权益变动表、分部报表和报表附注。对内财务报表是为满足企业内部经营管理的需要而定期编制的财务报表，如各种成本报表。我国《企业会计制度》规定，企业内部管理需要的财务报表由企业自行规定。

4. 按报表编报主体分类

财务报表按照编报主体分类，可分为个别财务报表和合并财务报表。个别财务报表是企业在自身会计核算基础上对账簿记录进行加工而编制的财务报表，它主要反映企业自身的财务状况、经营成果和现金流量情况。合并财务报表是以母公司和子公司组成的企业集团为会计主体，根据母公司和所属子公司的个别财务报表，由母公司编制的反映企业集团财务状况、经营成果和现金流量的财务报表。

（三）财务报表的编制要求

1. 以持续经营为基础

企业应当以持续经营为基础，根据实际发生的交易和事项编制财务报表。如果企业经营处于非持续状态，应当采用其他基础编制报表。

2. 列报的一致性

财务报表项目的列报应当在各个会计期间保持一致，不得随意变更。这一要求不仅针对财务报表中项目的名称，还针对财务报表项目的分类、排列顺序等内容。

3. 重要性和项目列报

在编制财务报表的过程中，企业应当根据报表项目的重要性，采用单独列报或合并列报的方式。一般原则是：如果某项目单个看不具有重要性，则可以将其与其他项目合并列报；如果项目具有重要性，则应该单独列报。

4. 报表项目金额间的相互抵消

财务报表项目应当以总额列报，即资产和负债项目的金额不得相互抵消，收入和费用项目的金额不得相互抵消。非日常活动产生的损益可以按净额列示。

5. 比较信息的列报

企业在列报当期财务报表时，至少应当提供所有列报项目上一可比会计期间的比较数据，目的是向报表使用者提供对比数据，提高信息在会计期间的可比性。

6. 财务报表表首的列报要求

企业在财务报表表首部分应当概括说明下列信息：

（1）编报企业的名称。

（2）资产负债表日或财务报表涵盖的会计期间。

（3）人民币金额单位。

（4）财务报表是合并财务报表的，应当予以标明。

二、报表编制前的准备工作

为了保证财务报表所提供的信息能够满足报表使用者的要求，编制报表前，应做好下列准备工作。

（一）期末账项调整

按照权责发生制的原则，正确地划分各个会计期间的收入、费用，为正确地计算和结转本期经营成果提供有用的资料。

（二）全面清查资产、核实债务

清查资产、核实债务包括：结算款项是否存在，是否与债权债务单位的债权、债务金额一致；各项存货的实存数与账面数是否一致，是否有报废损失和积压物资等；各项投资是否存在，是否按照国家统一的会计制度进行确认、计量；各项固定资产的实存数与账面数是否一致；以及需要清查、核实的其他内容。

（三）编制工作底稿

工作底稿，亦称工作底表，是将一定会计期间核算所得到的会计资料汇集在一起，为最终取得一定的会计信息而进行调整、试算、分析的表式。工作底稿（如总分类账户余额和发生额试算平衡表、期末账项调整表、为编制报表提供资料的工作底稿等）有各种用途，不同用途的工作底稿，其格式也不同。本项目着重说明总分类账户余额和发生额试算平衡表的编制。

（四）对账

对账就是在有关经济业务入账以后，进行账簿记录的核对。对账工作一般分三步进行，一是账证核对，二是账账核对，三是账实核对。通过对账可以保证账证、账账、账实相符。

（五）结账

结账就是在会计期末计算并结转各账户的本期发生额和期末余额。

（1）结账前，必须将本期内发生的各项经济业务和应由本期受益的收入、负担的费用全部登记入账。

（2）结账时，应结出每个账户的期末余额。

本学习情境只介绍资产负债表和利润表的编制。

※ 工作情景 ※

一、资料

北京佳丽服装有限公司 2024 年 12 月所有记录完整的总分类账户和明细分类账户。总分类账户的期末余额见表 7－1。

表 7－1 北京佳丽服装有限公司总分类账户余额表

2024 年 12 月 31 日　　单位：元

账户名称	借或贷	期末数	账户名称	借或贷	期末数
库存现金	借	4 196.00	短期借款	贷	200 000.00
银行存款	借	4 281 473.04	应付账款	贷	412 300.00
其他货币资金	借	392 350.00	其他应付款	贷	4 000.00

续表

账户名称	借或贷	期末数	账户名称	借或贷	期末数
交易性金融资产	借	—	应交税费	贷	669 730.21
应收票据	借	265 000.00	应付股利	贷	180 000.00
应收账款	借	1 197 800.00	应付利息	贷	675 000.00
坏账准备	贷	—	应付职工薪酬	贷	99 000.00
其他应收款	借	10 000.00	长期借款	贷	6 500 000.00
预付账款	借	18 000.00	实收资本	贷	5 911 700.00
在途物资	借	—	资本公积	贷	643 500.00
原材料	借	284 026.00	盈余公积	贷	569 419.38
周转材料	借	35 850.00	本年利润	贷	—
库存商品	借	1 285 583.54	利润分配	贷	3 115 238.45
生产成本	借	622 751.66			
长期股权投资	借	145 000.00			
固定资产	借	13 385 900.00			
累计折旧	贷	2 948 042.20			

二、工具

空白试算平衡表和计算器等。

三、工作行动

(1) 编制总分类账户试算平衡表，将所有总分类账户的期初余额、本期发生额及期末余额过入试算平衡表的相关项目中，分别计算其借方与贷方合计金额，进行试算平衡。

(2) 将所有总分类账户与其所属明细分类账户进行核对。

(3) 对各登记正确、核对无误的账户进行期末结账。

四、工作成果

(1) 工作成果见表 7－2。

表 7－2 试算平衡表

2024 年 12 月 31 日

会计科目	期初余额（略）		本期发生额		期末余额	
	借方	贷方	借方	贷方	借方	贷方
库存现金			400 100.00	402 904.00	4 196.00	—
银行存款			3 214 000.00	1 775 526.96	4 281 473.04	—
其他货币资金			585 000.00	192 650.00	392 350.00	—
交易性金融资产			190 000.00	190 000.00	0.00	—
应收票据			—	—	265 000.00	—
应收账款			1 197 800.00	650 000.00	1 197 800.00	—

续表

会计科目	期初余额（略）		本期发生额		期末余额	
	借方	贷方	借方	贷方	借方	贷方
预付账款			81 498.00	63 498.00	18 000.00	—
其他应收款			2 000.00	2 000.00	10 000.00	—
在途物资			629 000.00	635 100.00	0.00	—
原材料			782 630.00	715 980.00	284 026.00	—
周转材料			6 100.00	6 050.00	35 850.00	—
库存商品			505 583.54	1 320 000.00	1 285 583.54	—
固定资产			90 000.00	—	13 385 900.00	—
累计折旧			—	56 630.20	—	2 948 042.20
长期股权投资			—	—	145 000.00	—
短期借款			—	200 000.00	—	200 000.00
应付账款			26 476.50	11 976.50	—	412 300.00
其他应付款			—	2 000.00	—	4 000.00
应交税费			141 700.96	735 431.17	—	669 730.21
应付股利			—	100 000.00	—	180 000.00
应付利息			—	25 000.00	—	675 000.00
应付职工薪酬			400 000.00	464 000.00	—	99 000.00
长期借款			—	—	—	6 500 000.00
实收资本			—	411 700.00	—	5 911 700.00
资本公积			—	—	—	643 500.00
盈余公积			—	271 419.38	—	569 419.38
本年利润			4 672 500.00	2 972 500.00	—	0.00
利润分配			742 838.76	3 085 613.21	—	3 115 238.45
生产成本			1 128 335.20	505 583.54	622 751.66	—
制造费用			44 519.20	44 519.20	—	—
主营业务收入			2 860 000.00	2 860 000.00	—	—
投资收益			92 500.00	92 500.00	—	—
营业外收入			20 000.00	20 000.00	—	—
管理费用			118 013.20	118 013.20	—	—
销售费用			31 661.80	31 661.80	—	—
财务费用			25 000.00	25 000.00	—	—
主营业务成本			1 320 000.00	1 320 000.00	—	—
税金及附加			25 566.56	25 566.56	—	—
营业外支出			100 000.00	100 000.00	—	—
所得税费用			338 064.61	338 064.61	—	—
合计			19 770 888.33	19 770 888.33	21 927 930.24	21 927 930.24

会计主管：李新　　　　复核：　　　　制单：田静

（2）各账户核对后账账相符。

（3）各账户均做完结账工作。

※ 能力训练 ※

一、业务资料

北京美康食品有限公司 2024 年 12 月所有总分类账户和明细分类账户资料。

二、工作任务行动与考核

（1）填写工作任务清单。
（2）填写工作任务考核报告表。

项目二 资产负债表的编制

学习目标

知识目标：熟悉资产负债表的主要项目、基本结构，掌握资产负债表的编制方法。

能力目标：能够根据账簿资料编制资产负债表。

素养目标：能够坚持准则、不做假账，具有诚实守信、客观公正的职业素养和社会责任感。

思维导图

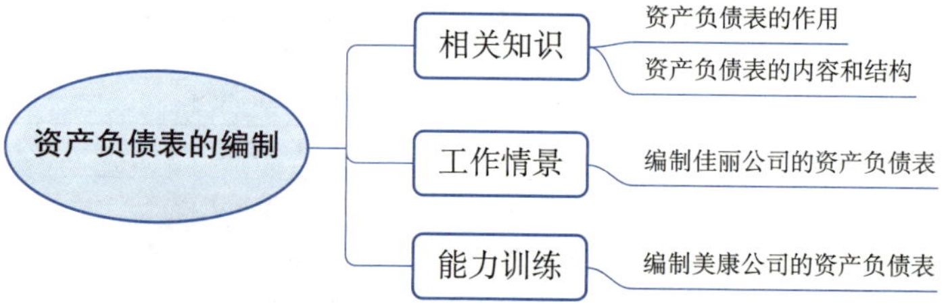

※ 相关知识 ※

一、资产负债表的作用

资产负债表是反映企业在某一特定日期（月末、季末、年末）财务状况的报表。它为报表使用者提供企业在某一特定日期所拥有或控制的资产总额及构成情况、企业所承担的负债总额及构成情况、企业所有者对净资产的要求权及构成情况等信息。通过资产负债表我们可以了解企业的生产经营能力，分析企业的偿债能力，以及资本保值、增值情况，评价企业的财务实力和财务弹性，预测企业未来的财务状况发展趋势。

资产负债表主要提供企业财务状况方面的信息，而企业的财务状况是通过会计恒等式，即“资产＝负债＋所有者权益”加以列示的，因此，编制资产负债表的理论依据是会计恒等式。

二、资产负债表的内容和结构

（一）资产负债表的内容

资产负债表的内容如下。

1. 资产

资产按其流动性的强弱分为流动资产和非流动资产两大类，在资产负债表中加以列示。

（1）流动资产项目。

流动资产是指预计在一个正常营业周期中变现、出售或耗用，或者主要为交易目的而持有，或者预计自资产负债表日起一年内（含一年）变现的资产，或者自资产负债表日起一年内交换其他资产或清偿负债的能力不受限制的现金或现金等价物。流动资产项目通常包括货币资金、交易性金融资产、衍生金融资产、应收票据、应收账款、应收款项融资、预付款项、其他应收款、存货、合同资产、持有待售资产和一年内到期的非流动资产等。

（2）非流动资产项目。

非流动资产是指流动资产以外的资产。非流动资产项目通常包括债权投资、其他债券投资、长期应收款、长期股权投资、其他权益投资、其他非金融资产、投资性房地产、固定资产、在建工程、生产性生物资产、油气资产、使用权资产、无形资产、开发支出、商誉、长期待摊费用、递延所得税资产以及其他非流动资产等。

2. 负债

负债按其偿还期的长短分为流动负债和非流动负债两大类，在资产负债表中加以列示。

（1）流动负债项目。

流动负债是指预计在一个正常的营业周期中清偿，或者主要为交易目的而持有，或者自资产负债表日起一年内（含一年）到期应予以清偿，或者企业无权自主地将清偿推迟到资产负债表日后一年以上的负债。流动负债项目通常包括短期借款、交易性金融负债、衍生金融负债、应付票据、应付账款、预收账款、合同负债、应付职工薪酬、应交税费、其他应付款、持有待售负债、一年内到期的非流动负债等。

（2）非流动负债项目。

非流动负债是指流动负债以外的负债。非流动负债项目通常包括长期借款、应付债券、租赁负债、长期应付款、预计负债、递延收益、递延所得税负债和其他非流动负债等。

3. 所有者权益

资产负债表中列示的所有者权益项目通常包括实收资本（或股本）、其他权益工具、资本公积、其他综合收益、专项储备、盈余公积和未分配利润。

（二）资产负债表的结构

资产负债表由表头、正表两部分组成。

1. 表头部分

资产负债表的表头部分包括编制单位的名称、编表日期、报表编号和金额单位。

2. 正表部分

资产负债表的正表结构有账户式和报告式两种，我国要求采用账户式结构编制资产负债表。

账户式资产负债表分左右两方。左方列示资产项目，反映企业全部资产的分布及存在形态。资产项目按其流动性排列，流动资产在前，非流动资产在后。右方列示负债和所有者权益项目，反映企业全部负债和所有者权益的内容和构成情况。负债项目按流动性排列，先反映流动负债，后反映非流动负债，最后是所有者权益项目。账户式资产负债表如表 7－3 所示。

表 7－3 资产负债表

编制单位： 年 月 日 单位：元

资产	负债及所有者权益
流动资产： …… 非流动资产： ……	流动负债： …… 非流动负债： …… 所有者权益： ……
资产总计	负债及所有者权益总计

由于资产负债表是依据会计等式编制的，资产负债表中各项目填列完毕后，账户式资产负债表左方资产项目的合计数应当等于右方负债及所有者权益项目的合计数。

※ 工作情景 ※

一、资料

北京佳丽服装有限公司 2024 年 12 月经核对无误的资产、负债、所有者权益各总分类账和明细分类账的余额。

二、工具

空白资产负债表和计算器等。

三、工作行动

(1) 填列资产负债表表头部分。

(2) 根据北京佳丽服装有限公司有关资产、负债和所有者权益账户 2024 年 12 月 31 日的余额填列资产负债表正表中各个项目的“期末余额”。正表中各项目的计算填列如下：

1)“货币资金”项目。

本项目根据“库存现金”、“银行存款”和“其他货币资金”三个总账科目的期末余额合计填列。

货币资金＝4 196＋4 281 473.04＋392 350＝4 678 019.04（元）

2)“交易性金融资产”项目。

本项目根据“交易性金融资产”总账科目的相关明细科目的期末余额分析填列。“交易性金融资产”科目期末余额为 0。

3)“应收票据”项目。

本项目根据“应收票据”总账科目的期末余额减去“坏账准备”科目中相关坏账准备期末余额后的金额分析填列。“坏账准备”为 0，故该项目的金额为 265 000 元。

4)“应收账款”项目。

本项目根据“应收账数”和“预收账款”科目所属明细科目的期末借方余额合计数，减去“坏账准备”科目中相关坏账准备期末余额后的金额分析填列。

因为本企业未对应收账款计提坏账准备，应收账款的明细科目均为借方余额，而且没有“预收账款”，所以本项目根据“应收账款——北京蓝岛商场”科目的期末余额直接填列即可。该项目的金额为 1 197 800 元。

5)“预付款项”项目。

本项目根据“预付账款”和“应付账款”科目所属各明细科目的期末借方余额合计数，减去“坏账准备”科目中有关预付款项计提的坏账准备期末余额后的净额填列。该项目的金额为 18 000 元。

6)“其他应收款”项目。

本项目应根据“应收利息”、“应收股利”和“其他应收款”科目的期末余额合计数，减去“坏账准备”科目中相关坏账准备期末余额后的金额填列。其中的“应收利息”仅反映相关金融工具已到期可收取但于资产负债表日尚未收到的利息。

因为本企业未对其他应收款等计提坏账准备，所以本项目根据“其他应收款”总账科目的期末余额直接填列即可。该项目的金额为 10 000 元。

7)“存货”项目。

本项目根据存货类科目期末余额合计数，减去“受托代销商品款”“存货跌价准备”科目期末余额后的净额填列。

因为本企业未对存货计提存货跌价准备，所以本项目根据“在途物资”、“原材料”、“周转材料”、“库存商品”和“生产成本”等总账科目的期末余额合计填列。

存货＝284 026＋35 850＋1 285 583.54＋622 751.66＝2 228 211.20（元）

8)“长期股权投资”项目。

本项目根据“长期股权投资”科目的期末余额，减去“长期股权投资减值准备”科目的期末余额后的净额填列。

因为本企业未对长期股权投资计提减值准备，所以本项目根据“长期股权投资”总账科目的期末余额直接填列即可。该项目的金额为145 000元。

9)“固定资产”项目。

本项目根据“固定资产”科目的期末余额，减去“累计折旧”和“固定资产减值准备”科目的期末余额后的金额，以及“固定资产清理”科目的期末余额填列。

因为本企业未对固定资产计提减值准备，其他相关科目无余额，所以本项目根据“固定资产”总账科目的期末余额减去“累计折旧”总账科目的期末余额后的金额填列。

固定资产＝13 385 900－2 948 042.20＝10 437 857.80（元）

10)“短期借款”项目。

本项目根据“短期借款”总账科目的期末余额直接填列即可。该项目的金额为200 000元。

11)“应付账款”项目。

本项目根据“应付账款”总账科目所属各明细科目的期末贷方余额填列，如果“预付账款”明细科目有贷方余额，编制报表时也填入本项目。因为本企业期末“预付账款”科目没有余额，“应付账款”科目期末只有“上海佳宁纺织品集团有限公司”明细科目贷方余额412 300元，所以本项目填列412 300元即可。

12)“应付职工薪酬”项目。

本项目应根据“应付职工薪酬”总账科目所属各明细科目期末贷方余额分析填列。“应付职工薪酬”账户的期末贷方余额为99 000元。

13)“应交税费”项目。

本项目根据“应交税费”总账科目期末贷方余额填列，如为借方余额，以“－”号填列。该账户期末贷方余额为669 730.21元。

14)“其他应付款”项目。

本项目根据“其他应付款”“应付利息”“应付股利”总账科目期末余额合计填列。该项目的金额为4 000＋675 000＋180 000＝859 000（元）。

15)“长期借款”项目。

本项目根据“长期借款”科目的期末余额扣除“长期借款”科目所属明细科目中将在资产负债表日起一年内到期且企业不能自主地将清偿义务展期的长期借款后的金额计算填列。

因为本企业的长期借款中没有将于一年内到期的借款，所以本项目根据“长期借款”总账科目期末余额直接填列即可。该项目的金额为6 500 000元。

16)“实收资本”、“资本公积”和“盈余公积”项目。

“实收资本”、“资本公积”和“盈余公积”项目分别根据“实收资本”、“资本公积”和“盈余公积”总账科目期末余额直接填列即可。“实收资本”总账科目期末余额为5 911 700元，“资本公积”总账科目期末余额为643 500元，“盈余公积”总账科目期末余额为569 419.38元。

17)“未分配利润”项目。

本项目根据“本年利润”科目和“利润分配”科目的余额计算填列。

本企业的“本年利润”科目无余额，该项目直接根据“利润分配”科目的贷方余额3 115 238.45元填列。

(3) 根据北京佳丽服装有限公司有关资产、负债和所有者权益账户的年初余额填列资产负债表正表中各个项目的“年初余额”(略)。

四、工作成果

北京佳丽服装有限公司2024年12月31日的资产负债表如表7-4所示。

表7-4 资产负债表

会企01表

编制单位：北京佳丽服装有限公司 2024年12月31日 单位：元

资产	期末余额	年初余额(略)	负债及所有者权益(股东权益)	期末余额	年初余额(略)
流动资产：			流动负债：		
货币资金	4 678 019.04		短期借款	200 000.00	
交易性金融资产			交易性金融负债		
衍生金融资产			衍生金融负债		
应收票据	265 000.00		应付票据		
应收账款	1 197 800.00		应付账款	412 300.00	
应收款项融资			预收款项		
预付款项	18 000.00		合同负债		
其他应收款	10 000.00		应付职工薪酬	99 000.00	
存货	2 228 211.20		应交税费	669 730.21	
合同资产			其他应付款	859 000.00	
持有待售资产			持有待售负债		
一年内到期的非流动资产			一年内到期的非流动负债		
其他流动资产			其他流动负债		
流动资产合计	8 397 030.24		流动负债合计	2 240 030.21	
非流动资产：			非流动负债：		
债权投资			长期借款	6 500 000.00	
其他债券投资			应付债券		
长期应收款			其中：优先股		
长期股权投资	145 000.00		永续债		
其他权益工具投资			租赁负债		
其他非金融资产			长期应付款		
投资性房地产			预计负债		
固定资产	10 437 857.80		递延收益		
在建工程			递延所得税负债		
生产性生物资产			其他非流动负债		
油气资产			非流动负债合计	6 500 000.00	

续表

资产	期末余额	年初余额（略）	负债及所有者权益（股东权益）	期末余额	年初余额（略）
使用权资产			负债合计	8 740 030.21	
无形资产			所有者权益（或股东权益）：		
开发支出			实收资本（或股本）	5 911 700.00	
商誉			其他权益工具		
长期待摊费用			其中：优先股		
递延所得税资产			永续债		
其他非流动资产			资本公积	643 500.00	
非流动资产合计	10 582 857.80		减：库存股		
			其他综合收益		
			专项储备		
			盈余公积	569 419.38	
			未分配利润	3 115 238.45	
			所有者权益（或股东权益）合计	10 239 857.83	
资产总计	18 979 888.04		负债和所有者权益（或股东权益）总计	18 979 888.04	

加油站

资产负债表的编制方法

资产负债表的金额栏有两项，即“年初余额”和“期末余额”。

1. 年初余额的填列方法

“年初余额”栏内各项目数字，应根据上年末资产负债表“期末余额”栏内所列数字填列。

2. 期末余额的填列方法

“期末余额”栏主要有以下几种填列方法：

（1）根据若干总账科目的余额计算填列。

例如“货币资金”项目，需要根据“库存现金”、“银行存款”和“其他货币资金”等科目的期末余额合计填列。“存货”项目应根据“原材料”“库存商品”“发出商品”“周转材料”等科目的期末余额合计，再减去“受托代销商品款”“存货跌价准备”科目余额填列。

（2）根据有关明细科目的余额计算填列。

例如“应付账款”项目，应当根据“应付账款”和“预付账款”等科目所属明细科目期末贷方余额合计填列。如果上述科目所属明细科目期末是借方余额，则编制报表时，应将其填入“预付账款”项目。

(3) 根据总账科目和所属明细科目的余额分析计算填列。

属于这类项目的主要是一些长期资产和长期负债项目，随着时间的推移，这些长期资产和长期负债有可能转为流动资产和流动负债，所以编制报表时，应将它们调整为流动资产和流动负债。例如“长期借款”项目，应当根据“长期借款”科目的期末余额扣除其所属明细科目中将于一年内到期的部分填列。

(4) 根据总账科目与其备抵科目抵消后的净额填列。

属于这类项目的主要是一些资产项目，凡是有备抵科目的资产项目，编制资产负债表时，均按其净值填列。例如“固定资产”项目，应当根据“固定资产”科目期末余额，减去“累计折旧”和“固定资产减值准备”科目期末余额后的金额填列；“无形资产”项目，应当根据“无形资产”科目期末余额，减去“累计摊销”和“无形资产减值准备”科目期末余额后的金额填列。

(5) 根据总账科目的余额填列。

除上述项目外，“短期借款”“实收资本”“资本公积”“盈余公积”等项目，均可以根据相关总账科目的期末余额直接填列。

※ 能力训练 ※

一、业务资料

北京美康食品有限公司 2024 年 12 月所有资产、负债和所有者权益类总分类账户和明细分类账户资料。

二、工作任务行动与考核

(1) 填写工作任务清单。
(2) 填写工作任务考核报告表。

项目三 利润表的编制

学习目标

知识目标：熟悉利润表的主要项目、基本结构，掌握利润表的编制方法。

能力目标：能够根据账簿资料编制利润表。

素养目标：能够坚持准则，不做假账，具有诚实守信、客观公正、严谨认真的职业素养和社会责任感。

思维导图

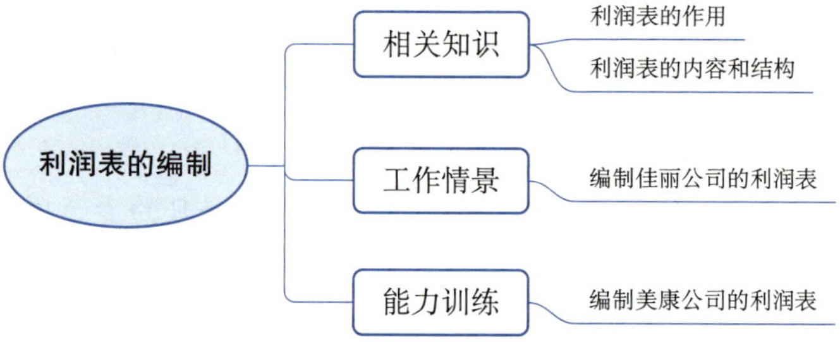

※ 相关知识 ※

一、利润表的作用

利润表是反映企业一定会计期间（月度、季度、半年度、年度）经营成果的报表，能为报表使用者提供企业某一会计期间收入、费用、利润或亏损的数额及构成情况的信息。通过利润表我们可以了解企业的经营成果，分析企业的获利能力及盈利的发展趋势。

利润表主要提供企业经营成果方面的信息，而企业的经营成果是通过动态的会计等式，即“收入－费用＝利润”加以列示的，因此，该公式是编制利润表的理论依据。

二、利润表的内容和结构

（一）利润表的内容

本教材只介绍利润表的基本内容，包括营业收入、营业利润、利润总额、净利润等项目。

1. 营业收入

营业收入是企业通过正常的经营活动取得的收入，包括主营业务收入和其他业务收入。

2. 营业利润

营业利润是以营业收入为基础，减去营业成本、税金及附加、销售费用、管理费用、财务费用、信用减值损失、资产减值损失，加上公允价值变动收益（减去公允价值变动损失）、投资收益（减去投资损失）、资产处置收益（减去资产处置损失）后的结果。

3. 利润总额

利润总额是以营业利润为基础，加上营业外收入，减去营业外支出后的结果。

4. 净利润

净利润是利润总额扣除所得税费用之后的结果。

（二）利润表的结构

利润表由表头、正表两部分组成。

1. 表头部分

利润表的表头部分包括编制单位的名称、编表时间、报表编号和金额单位。

2. 正表部分

利润表正表部分的结构有单步式和多步式两种，我国要求采用多步式结构编制利润表。多步式利润表可以反映企业利润的构成情况，其编制及计算步骤如下：

第一步：计算营业利润。

营业利润＝营业收入－营业成本－税金及附加－销售费用－管理费用－财务费用－信用减值损失－资产减值损失＋公允价值变动收益（减去公允价值变动损失）＋投资收益（减去投资损失）＋资产处置收益（－资产处置损失）

其中，营业收入由主营业务收入和其他业务收入组成，营业成本由主营业务成本和其他业务成本组成。

第二步：计算利润总额。

利润总额＝营业利润＋营业外收入－营业外支出

第三步：计算净利润。

净利润＝利润总额－所得税费用

利润表的基本格式见表 7－5。

表 7－5　利润表

编制单位：　　　　＿＿＿＿年＿＿＿＿月　　　　单位：元

项目	金额
一、营业收入	
减：各项期间费用	
二、营业利润	
加（减）：营业外收支	
三、利润总额	
减：所得税费用	
四、净利润	
……	

※ 工作情景 ※

一、资料

北京佳丽服装有限公司 2024 年 12 月核对无误的所有损益类总分类账和明细分类账。12 月损益类科目累计发生额见表 7－6。

表 7-6 北京佳丽服装有限公司损益类科目累计发生额

2024 年 12 月　　单位：元

科目名称	借方发生额	贷方发生额
主营业务收入		2 860 000.00
投资收益	2 500.00	95 000.00
营业外收入		20 000.00
主营业务成本	1 320 000.00	
税金及附加	25 566.56	
销售费用	31 661.80	
管理费用	118 013.20	
财务费用	25 000.00	
营业外支出	100 000.00	
所得税费用	338 064.61	

二、工具

空白的利润表和计算器等。

三、工作行动

（1）填列利润表表头部分。

（2）根据北京佳丽服装有限公司有关损益类科目 2024 年 12 月的发生额填列利润表正表中各个项目的“本期金额”。正表中各项目的计算和填列如下：

1）“营业收入”项目。

应根据“主营业务收入”和“其他业务收入”科目的发生额分析填列。因为本例中无其他业务收入，所以根据“主营业务收入”科目的发生额分析填列即可，即2 860 000元。

2）“营业成本”项目。

应根据“主营业务成本”和“其他业务成本”科目的发生额分析填列。因为本例中无其他业务成本，所以根据“主营业务成本”科目的发生额分析填列即可，即 1 320 000 元。

3）“税金及附加”“销售费用”“管理费用”“财务费用”“资产减值损失”“投资收益”“营业外支出”“所得税费用”项目。

应根据“税金及附加”“销售费用”“管理费用”“财务费用”“资产减值损失”“投资收益”“营业外支出”“所得税费用”科目的发生额直接分析填列（填列过程略）。

4）“营业利润”项目。

根据“营业利润＝营业收入－营业成本－税金及附加－销售费用－管理费用－财务费用－信用减值损失－资产减值损失＋公允价值变动收益＋投资收益＋资产处置收益”公式的计算结果填列。

营业利润＝2 860 000－1 320 000－25 566.56－31 661.80－118 013.20－25 000
＋92 500
＝1 432 258.44（元）

5）“利润总额”项目。

根据“利润总额=营业利润+营业外收入-营业外支出”公式的计算结果填列。

利润总额=1 432 258.44+20 000-100 000=1 352 258.44（元）

6）“净利润”项目。

根据“净利润=利润总额-所得税费用”公式的计算结果填列。

净利润=1 352 258.44-338 064.61=1 014 193.83（元）

四、工作成果

北京佳丽服装有限公司 2024 年 12 月的利润表见表 7-7。

表 7-7　利润表

会企 02 表

编制单位：北京佳丽服装有限公司　　2024 年 12 月　　单位：元

项目	本期金额	上期金额
一、营业收入	2 860 000.00	
减：营业成本	1 320 000.00	
税金及附加	25 566.56	
销售费用	31 661.80	
管理费用	118 013.20	
研发费用		
财务费用	25 000.00	
其中：利息费用	25 000.00	
利息收入		
加：其他收益		
投资收益（损失以“-”号填列）	92 500.00	
其中：对联营企业和合营企业的投资收益		
以摊余成本计量的金融资产终止确认收益（损失以“-”号填列）		
净敞口套期收益（损失以“-”号填列）		
公允价值变动收益（损失以“-”号填列）		
信用减值损失（损失以“-”号填列）		
资产减值损失（损失以“-”号填列）		
资产处置收益（损失以“-”号填列）		
二、营业利润（亏损以“-”号填列）	1 432 258.44	
加：营业外收入	20 000.00	
减：营业外支出	100 000.00	
三、利润总额（亏损总额以“-”号填列）	1 352 258.44	
减：所得税费用	338 064.61	

续表

项目	本期金额	上期金额
四、净利润（净亏损以“－”号填列）	1 014 193.83	
（一）持续经营净利润（净亏损以“－”号填列）	1 014 193.83	
（二）终止经营净利润（净亏损以“－”号填列）		
五、其他综合收益的税后净额		
（一）不能重分类进损益的其他综合收益		
1. 重新计量设定收益计划变动额		
2. 权益法下不能转损益的其他综合收益		
3. 其他权益工具投资公允价值变动		
4. 企业自身信用风险公允价值变动		
……		
（二）将重分类进损益的其他综合收益		
1. 权益法下可转损益的其他综合收益		
2. 其他债权投资公允价值变动		
3. 金融资产重分类计入其他综合收益的金额		
4. 其他债权投资信用减值准备		
5. 现金流量套期		
6. 外币财务报表折算差额		
……		
六、综合收益总额	1 014 193.83	
七、每股收益		
（一）基本每股收益		
（二）稀释每股收益		

加油站

利润表的编制方法

利润表的金额栏有“上期金额”和“本期金额”两项。

1. 上期金额的填列方法

“上期金额”栏内各项目数字，应根据上年利润表中“本期金额”栏内所列数字填列。

2. 本期金额的填列方法

“本期金额”栏内各项目数字，除“基本每股收益”和“稀释每股收益”项目外，应当根据相关损益类科目本期发生额分析填列。如“营业收入”项目，应根据“主营业务收入”和“其他业务收入”科目的发生额计算分析填列；“营业成本”项目，应根据“主营业务成本”和“其他业务成本”科目的发生额计算分析填列；其他项目均应按照各相关科目的发生额计算分析填列。

※ 能力训练 ※

一、业务资料

北京美康食品有限公司 2024 年 12 月损益类科目资料。

二、工作任务行动与考核

(1) 填写工作任务清单。
(2) 填写工作任务考核报告表。

会计职场圈

职场箴言

数据是财务的尊严。这句话至少包含三层含义：一是不做假账，报出的每一个数字都能经受检验；二是对数据要有敏感性，把数据装进脑子里，张口就能说出，这是让人尊重的职业素养；三是把财务数据当成企业的机密，未公开的不乱说，不该说的绝不说，遵守职业道德。

职场提醒

拒绝编制虚假财务会计报告。

案例

2024 年，某公司由于经营管理和市场方面的原因，经营业绩下滑，需要从银行贷款。该公司的主要负责人张三便要求公司的财务负责人李四对该年度的财务数据进行调整，增加公司利润以助公司的形象改进。李四组织公司会计人员王五以虚做营业额、隐瞒费用和成本开支等方法调整了公司财务数据。该公司根据调整后的财务资料于 2024 年 10 月贷款成功。

该案例中，张三是单位负责人，存在授意、指使他人编制虚假财务会计报告的行为。根据《会计法》第四十二条的规定，授意、指使、强令会计机构、会计人员及其他人员伪造、变造会计凭证、会计账簿，编制虚假财务会计报告或者隐匿、故意销毁依法应当保存的会计凭证、会计账簿、财务会计报告的，由县级以上人民政府财政部门给予警告、通报批评，可以并处二十万元以上一百万元以下的罚款；情节严重的，可以并处一百万元以上五百万元以下的罚款；属于公职人员的，还应当依法给予处分；构成犯罪的，依法追究刑事责任。

李四、王五作为会计人员，应当拒绝公司负责人的要求，其行为违背了会计职业道德中的会计人员应当诚实守信、客观公正、坚持准则的要求。根据《会计法》第四十一条的规定，伪造、变造会计凭证、会计账簿，编制虚假财务会计报告，隐匿或者故意销毁依法应当保存的会计凭证、会计账簿、财务会计报告的，由县级以上人民政府财政部门责令限期改正，给予警告、通报批评，没收违法所得，违法所得二十万元以上的，对单位可以并处违法所得一倍以上十倍以下的罚款，没有违法所得或者违法所得不足二十万元的，可以并处二十万元以上二百万元以下的罚款；对其直接负责的主管人员和其他直接责任人员可以处十万元以上五十万元以下的罚款，情节严重的，可以处五十万元以上二百万元以下的罚款；属于公职人员的，还应当依法给予处分；其中的会计人员，五年内不得从事会计工作；构成犯罪的，依法追究刑事责任。

学习情境八
会计凭证的装订及会计资料的归档保管

项目一　会计凭证的装订

学习目标

知识目标： 熟悉会计凭证的装订程序，掌握会计凭证的装订方法。
能力目标： 能够熟练地整理和装订会计凭证。
素养目标： 具有精益求精、崇尚质量、追求卓越的工匠精神。

思维导图

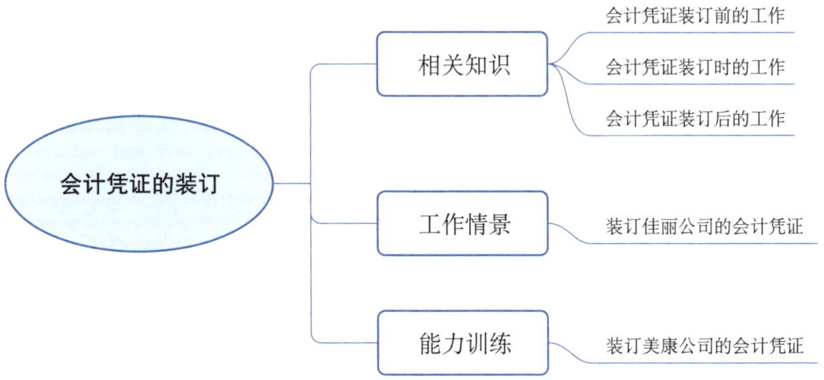

※ 相关知识 ※

会计凭证的装订是指把定期整理完毕的会计凭证按照编号顺序，外加封面、封底，装订成册，并在装订线上加贴封签的一系列工作。

一、会计凭证装订前的工作

会计凭证装订前，首先应对凭证进行整理。会计凭证的整理工作，主要是对凭证进行排序、粘贴和折叠。

记账凭证要按月整理，按顺序号排列，检查日数、编号是否齐全；原始凭证应附于记账凭证的后面，所附顺序应与记账凭证所记载内容的顺序一致，不应按原始凭证面积的大小来排序。

对于面积大于记账凭证的原始凭证，应按记账凭证的面积大小进行折叠，折叠时注意应把凭证的左上角或左侧面让出来，以便装订后，还可以展开查阅。

对于面积较小的原始凭证，如车票、过路费发票等，一般不能直接装订，而是按一定次序和类别排列，粘在一张同记账凭证大小相同的白纸上或企业自制的费用粘单上。对于面积小的单据，应分张排列，同类同金额的单据尽量粘在一起，同时，在一旁注明张数和合计金额。

有的原始凭证不仅面积大，而且数量多，可以单独装订，如工资单、耗料单，但在记账凭证上应注明保管地点。

经过整理的会计凭证，去掉凭证内的金属物品（大头针、回形针），就可以着手进行装订了。

二、会计凭证装订时的工作

会计凭证装订一般以月份为单位，装订前要先进行一下设计，根据当月记账凭证数量的多少，确定装订的册数。每册的厚度一般以 1.5～3.0 厘米为宜，每册的厚薄应基本保持一致，要做到既美观、大方，又便于戳立放置和翻阅核查。凭证很少的单位，也可以将若干个月份的凭证合并订成一册，在封皮上注明本册所含的凭证月份。

装订会计凭证时，要加具凭证的封面和封底，并在封面上放置包角纸。封面应用较为结实、耐磨、韧性较强的牛皮纸等。

原始凭证的数量往往大于记账凭证，折叠过多会使凭证不平整，装订线的位置薄，而其他部位厚。因此，可以用一些纸折成许多三角形，均匀地垫在装订线的位置，这样装订出来的凭证就显得平整、美观了。

使用计算机的企业，还应将转账凭证清单等装订在内。

三、会计凭证装订后的工作

装订成册的会计凭证，在封面上应注明单位名称、年度、月份和起讫日期、凭证种类、起讫号码以及记账凭证张数，并在封签处加盖装订人和会计主管的骑缝图章。

※ 工作情景 ※

一、资料

北京佳丽服装有限公司 2024 年 12 月主要经营活动的原始凭证和填制的记账凭证。

二、工具

铁锥或针、装订机或小手电钻、线绳、夹子、胶水、凭证封皮、包角纸等。

三、工作行动

(1) 整理记账凭证，摘掉凭证上的大头针等，并将记账凭证按编号顺序码放。

(2) 将记账凭证汇总表放在整理好的记账凭证上方，然后将封面、封底分别附在凭证前面和后面。

(3) 在码放整齐的记账凭证封面左上角放一张 8 厘米×8 厘米大小的包角纸。包角纸要厚一点，其左边和上边与记账凭证取齐。

(4) 在凭证的左上角画一边长约为 5 厘米的等腰三角形，用夹子夹住，用装订机在底线上分布均匀地打两个孔，如图 8-1 所示。

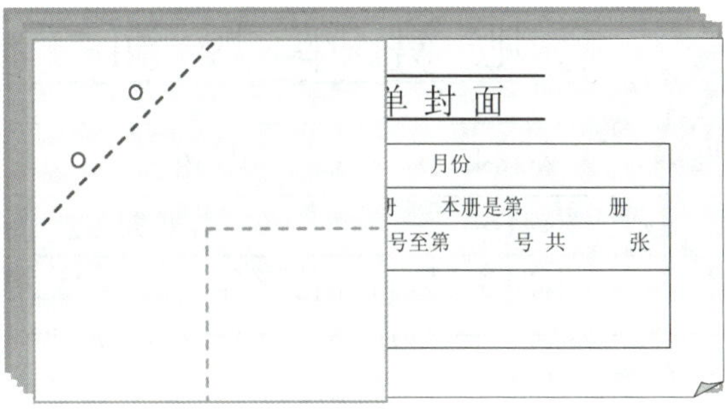

图 8-1 打孔

(5) 用铁锥或针穿绳并扎紧（结扎在背面），将包角纸向后折，抹上胶水，将侧面和背面的线绳扣粘死，如图 8-2 和图 8-3 所示。

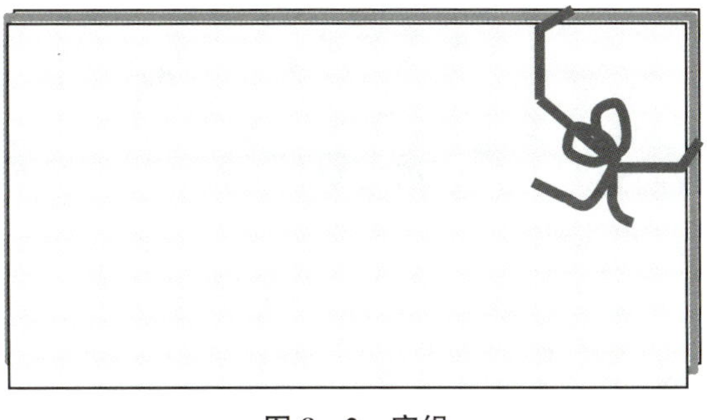

图 8-2 穿绳

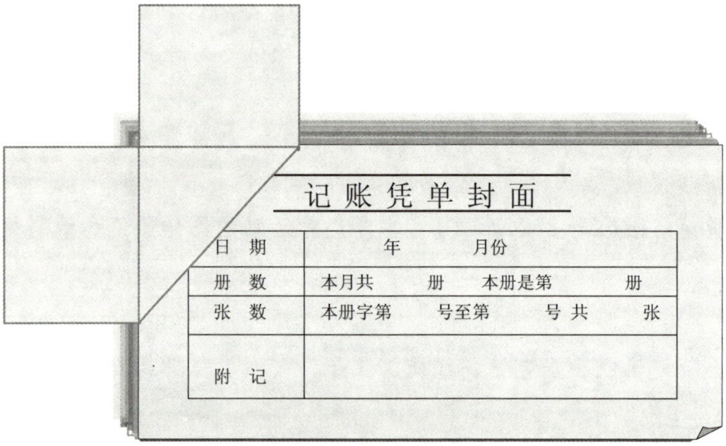

图 8-3 折角

(6) 在装订线处加盖骑缝图章，然后将凭证封面的内容填写完整。

四、工作成果

工作成果见图 8-4。

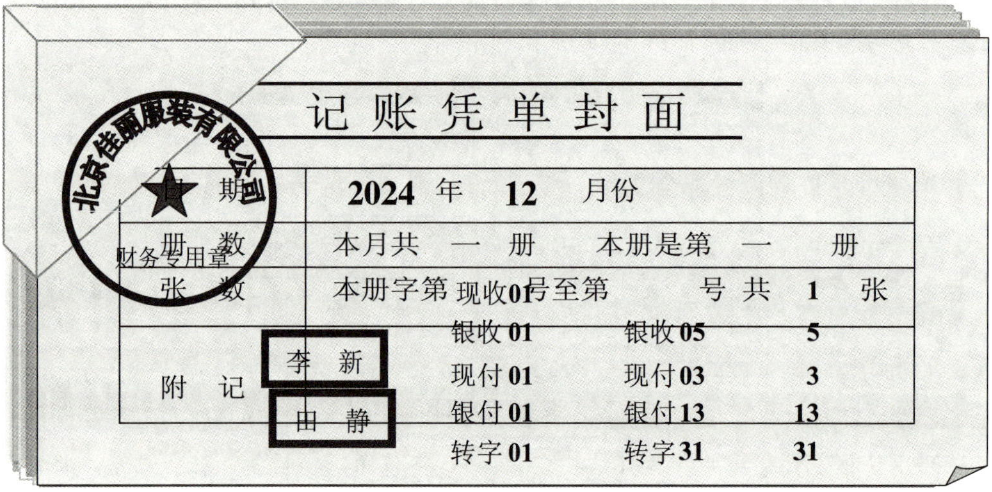

图 8-4 装订好的记账凭证

※ 能力训练 ※

一、业务资料

北京美康食品有限公司主要经营活动的原始凭证和记账凭证。

二、工作任务行动与考核

（1）填写工作任务清单。
（2）填写工作任务考核报告表。

项目二 会计资料的归档保管

学习目标

知识目标：熟悉会计资料归档保管的规定。
能力目标：能够正确保管会计资料。
素养目标：具有爱岗敬业、遵纪守法、严谨认真的职业素养。

思维导图

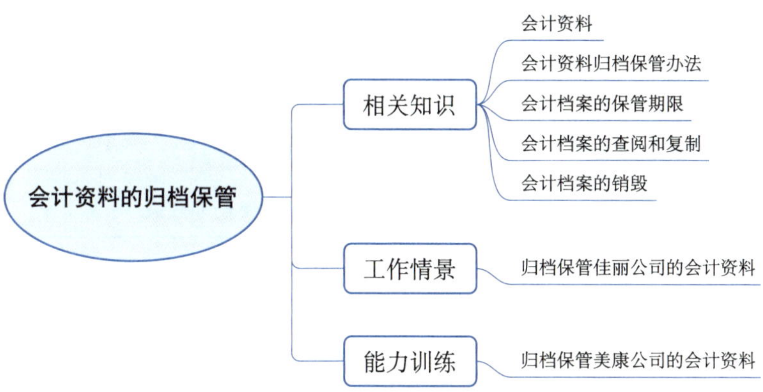

※ 相关知识 ※

一、会计资料

会计资料是指会计凭证、会计账簿和财务会计报告等会计核算专业材料，它是会计档案，是记录和反映单位经济业务的重要史料和证据。会计资料对于总结经济工作，指导各单位的经营管理或事业管理，查验经济问题，防止贪污舞弊，研究经济发展的方针、战略等都具有重要作用。因此，各单位必须加强对会计资料的管理工作，建立和健全会计资料归档、保管、调阅和销毁等管理制度，管理好会计档案。

（1）会计凭证包括原始凭证、记账凭证、汇总凭证和其他会计凭证。

（2）会计账簿包括总账、明细账、日记账、固定资产卡片、辅助账簿以及其他会计账簿。

（3）财务会计报告包括月度、季度、年度财务会计报告和其他财务会计报告。

（4）其他会计资料包括银行存款余额调节表、银行对账单、其他应当保存的会计核算专业资料、会计档案移交清册、会计档案保管清册、会计档案销毁清册。

二、会计资料归档保管办法

各单位每年形成的会计档案，都应由会计机构按照归档的要求，负责整理立卷，装订成册，编制会计档案保管清册。采用电子计算机进行会计核算的单位，应保存打印出的纸质会计档案。

当年形成的会计档案，在会计年度终了后，可暂由本单位会计机构保管 1 年。期满之后，应由会计机构编制移交清册，移交本单位的档案机构统一保管；未设立档案机构的，应当在会计机构内部指定专人保管。

移交本单位档案机构保管的会计档案，原则上应当保持原卷册的封装。个别需要拆封重新整理的，档案机构应当会同会计机构和经办人员共同拆封整理，以分清责任。

对会计档案应当科学管理，做到妥善保管、存放有序、查找方便。同时，严格执行安全和保密制度，不得随意堆放，严防毁损、散失和泄密。

三、会计档案的保管期限

按照《会计档案管理办法》的规定，会计档案的保管期限分为永久和定期两类。各类会计档案的具体保管期限见表 8-1、表 8-2。

表 8-1 企业和其他组织会计档案保管期限表

序号	档案名称	保管期限	备注
一	会计凭证		
1	原始凭证	30 年	
2	记账凭证	30 年	
二	会计账簿		
3	总账	30 年	
4	明细账	30 年	
5	日记账	30 年	
6	固定资产卡片		固定资产报废清理后保管 5 年
7	其他辅助性账簿	30 年	
三	财务会计报告		
8	月度、季度、半年度财务会计报告	10 年	

续表

序号	档案名称	保管期限	备注
9	年度财务会计报告	永久	
四	其他会计资料		
10	银行存款余额调节表	10 年	
11	银行对账单	10 年	
12	纳税申报表	10 年	
13	会计档案移交清册	30 年	
14	会计档案保管清册	永久	
15	会计档案销毁清册	永久	
16	会计档案鉴定意见书	永久	

表 8-2 财政总预算、行政单位、事业单位和税收会计档案保管期限表

序号	档案名称	保管期限			备注
		财政总预算	行政单位事业单位	税收会计	
一	会计凭证				
1	国家金库编送的各种报表及缴库退库凭证	10 年		10 年	
2	各收入机关编送的报表	10 年			
3	行政单位和事业单位的各种会计凭证		30 年		包括原始凭证、记账凭证和传票汇总表
4	财政总预算拨款凭证和其他会计凭证	30 年			包括拨款凭证和其他会计凭证
二	会计账簿				
5	日记账		30 年	30 年	
6	总账	30 年	30 年	30 年	
7	税收日记账（总账）			30 年	
8	明细分类、分户账或登记簿	30 年	30 年	30 年	
9	行政单位和事业单位固定资产卡片				固定资产报废清理后保管 5 年
三	财务会计报告				
10	政府综合财务报告	永久			下级财政、本级部门和单位报送的保管 2 年
11	部门财务报告		永久		所属单位报送的保管 2 年
12	财政总决算	永久			下级财政、本级部门和单位报送的保管 2 年

续表

序号	档案名称	保管期限			备注
		财政总预算	行政单位事业单位	税收会计	
13	部门决算		永久		所属单位报送的保管 2 年
14	税收年报（决算）			永久	
15	国家金库年报（决算）	10 年			
16	基本建设拨、贷款年报（决算）	10 年			
17	行政单位和事业单位会计月度、季度报表		10 年		所属单位报送的保管 2 年
18	税收会计报表			10 年	所属税务机关报送的保管 2 年
四	其他会计资料				
19	银行存款余额调节表	10 年	10 年		
20	银行对账单	10 年	10 年	10 年	
21	会计档案移交清册	30 年	30 年	30 年	
22	会计档案保管清册	永久	永久	永久	
23	会计档案销毁清册	永久	永久	永久	
24	会计档案鉴定意见书	永久	永久	永久	

注：税务机关的税务经费会计档案保管期限，按行政单位会计档案保管期限规定办理。

四、会计档案的查阅和复制

各单位保存的会计档案不得借出。原始凭证不得外借，如有特殊需要，经本单位负责人批准调阅会计凭证后，要填写会计档案调阅表，详细填写借阅会计凭证的名称、调阅日期、调阅人姓名和工作单位、调阅理由、归还日期、调阅批准人等。调阅人员一般不准将会计凭证携带外出。需复制的，要说明所复制的会计凭证名称、张数，经本单位负责人同意后在本单位财会人员监督下进行，并应登记和签字。查阅或者复制会计档案的人员，严禁在会计档案上涂画、拆封和抽换。借出的会计档案，会计档案管理人员要按期如数收回，并办理注销借阅手续。

五、会计档案的销毁

会计档案保管期满需要销毁的，由本单位档案机构提出销毁意见，编制会计档案销毁清册。会计档案销毁清册是销毁会计档案的记录和报批文件，一般应包括会计档案的名称、卷号、册数、起止年度和档案编号、应保管期限、已保管期限、销毁日期等内容。单位负责人应当在会计档案销毁清册上签署意见。

保管期满但未结清的债权债务原始凭证和涉及其他未了事项的原始凭证，不得销毁，应单独抽出立卷，由档案部门保管到未了事项完结时为止。单独抽出立卷的会计档案应当在会计档案销毁清册和会计档案保管清册中列明。

销毁会计档案时，应由单位档案机构和会计机构共同派员监销。监销人在销毁会计档案前，应当按照会计档案销毁清册所列内容清点核对所要销毁的会计档案；销毁后，应当在销毁清册上签名、盖章，并将监销情况报告本单位负责人。

※ 工作情景 ※

一、资料

北京佳丽服装有限公司 2024 年 12 月主要经营活动的原始凭证和填制的记账凭证、会计账簿和会计报表。

二、工具

档案袋、档案盒、档案柜、会计档案保管清册、会计档案移交清册、线绳、夹子、胶水、牛皮纸封皮等。

三、工作行动

（一）整理会计资料

（1）整理、装订会计凭证。

（2）整理、装订会计账簿。主要是活页账的整理与装订。

1）将多余的空白账页剔除，按照资产类、负债类、共同类、所有者权益类、成本类、损益类的顺序排列。

2）填写完“本账页数”和“本户页数”之后，再完成扉页、目录内容的填写。

3）系账绳，粘贴账簿封面。

（3）其他相关资料。

1）把属于税务部门、开户银行以及应寄给对方单位的资料装订在一起，视同已传递给有关部门。

2）会计报表单独装订。

3）各种经济合同和涉外文件，单独装订保存，在记账凭证上注明“附件另订”。

4）会计核算中填写完成的其他资料单独折叠存放，如试算平衡表、银行存款余额调节表等。

（二）保管会计资料

填写会计档案保管清册，将会计档案放入档案柜、档案袋。

四、工作成果

工作成果见图 8－5、图 8－6、图 8－7。

图 8-5 会计档案（1）

图 8-6 会计档案（2）

图 8-7 会计档案（3）

※ 能力训练 ※

一、业务资料

北京美康食品有限公司主要经营活动的原始凭证和记账凭证、会计账簿和会计报表。

二、工作任务行动与考核

（1）填写工作任务清单。

（2）填写工作任务考核报告表。

会计职场圈

职场箴言

人生就像一只储蓄罐，你投入的每一分努力都会在未来的某一天回馈于你。而你所要做的，就是每天多努力一点点。请相信：别人拥有的，不必羡慕；只要努力，时间都会给你！

职场提醒

财务人员一定要内外兼修，三分做账、七分沟通，具备30%的专业能力、70%的非财务能力。

案例

会计小李的责任担当

在繁华都市的财务圈，小李是一位年轻的会计新星。她深知会计不仅是数字和报表的组合，更是责任与担当。

小李的日常工作中，税务处理是重要的一环。一次，她在核对数据时发现一笔大额的税务抵扣存在问题，可能涉及违规。她迅速翻阅税法资料，核对账目，确定了自己的判断。小李立即向上级报告，并详细说明了问题所在和潜在风险。

公司管理层对小李的专业素养和敏锐洞察力大加赞赏，并立即采取了纠正措施，避免了潜在的税务风险。小李的专业精神赢得了同事们的敬佩，她也因此更加坚定了自己的职业方向。

除了工作中的认真负责，小李还积极参加专业培训和研讨会，与业界专家交流，了解行业最新动态，不断充实自己的专业知识。除了财务知识，她还学习数据分析和项目管理，学习最新的会计软件操作技巧，不断提高工作效率。她深知作为一名会计，只有不断学习和提升自己，才能更好地履行自己的职责。

小李也热心公益，她用自己的专业知识为社区提供税务咨询服务，帮助居民理解复杂的税务问题。她的行动赢得了社区居民的广泛赞誉，也让她更加深刻地体会到会计职业的社会责任。

小李的故事告诉我们，作为一名会计，不仅要精通专业知识，还要有责任心和使命感。在数字与规则的海洋中，小李用自己的行动诠释了会计职业的真正意义。

主要参考文献

［1］中华人民共和国财政部. 企业会计准则. 上海：立信会计出版社，2024.

［2］中华人民共和国财政部. 企业会计准则条文讲解与实务运用. 上海：立信会计出版社，2024.

［3］中华人民共和国会计法（含草案说明）. 北京：中国法制出版社，2024.

［4］程淮中. 会计职业基础. 北京：高等教育出版社，2017.

［5］葛军. 会计学原理. 北京：高等教育出版社，2015.

［6］平准. 会计基础工作规范详解与实务. 北京：人民邮电出版社，2023.

［7］财政部会计财务评价中心. 2024 年度全国会计专业技术资格考试辅导教材初级会计资格：经济法基础. 北京：经济科学出版社，2024.

［8］财政部会计财务评价中心. 2024 年度全国会计专业技术资格考试辅导教材初级会计资料：初级会计实务. 北京：经济科学出版社，2024.

《会计基础与实务（第四版）》
工作任务行动及考核

主　编◎兰丽丽　王智慧
副主编◎杜海霞　罗惠玲
参　编◎喻　炼　胡春萍　郭章冉
任千卉　邵　坤　佟思宇

中国人民大学出版社
·北京·

工作任务清单

姓名：	班级：	学号：	实训日期：	实训地点：
任务名称：会计的认知				
任务资料：见学习情境一中项目一的“能力训练”业务资料				
任务要求：认知北京美康食品有限公司的业务流程和主要特点，分析企业会计的对象和职能				
工作成果（可总结出流程图或思维导图）				

专业能力评价标准

序号	评分项目	分值	得分点	自评	签字	互评	签字	师评	签字
1	工作态度	20	学习态度端正						
			勤于思考						
			小组讨论积极，团队意识强						
2	业务资料的分析和理解能力	20	能够掌握相关知识点						
			能够正确理解任务要求						
			能够得出准确合理的分析结论						
3	数据计算和文字表达能力	20	数据计算准确						
			文字表达流畅						
			回答问题无遗漏						
4	信息资料查询能力	20	能够利用多媒体资源辅助完成实训任务						
			能够利用多媒体资源对知识点进行拓展						
5	表单填写能力	20	表单项目填写正确、完整						
			表单整洁、无涂改						
总分（自评占30%、互评占30%、师评占40%）									

工作任务考核报告表

<table>
<tr><td>姓名：</td><td>班级：</td><td>学号：</td><td>实训时间：</td><td>实训地点：</td></tr>
<tr><td colspan="3">考核内容：会计的认知</td><td>总分：</td><td>等级：</td></tr>
<tr><td colspan="5">一、本次考核的价值以及学习内容的重要性：</td></tr>
<tr><td colspan="5">二、从知识与技能、过程与方法、职业态度三个维度总结出本工作任务的收获和体会：</td></tr>
<tr><td colspan="5">三、本次学习和实训的重点：</td></tr>
<tr><td colspan="5">四、本次学习和实训的难点：</td></tr>
<tr><td colspan="5">五、学情反思：</td></tr>
<tr><td colspan="5">1. 完成本工作任务，你最满意的地方或者让你最兴奋的地方在哪里？</td></tr>
<tr><td colspan="5">2. 本部分内容的学习达到你期望的水平了吗？</td></tr>
<tr><td colspan="5">3. 本工作任务有哪些问题没有得到解决？</td></tr>
<tr><td colspan="5">4. 你对本部分内容的学习有什么新想法吗？</td></tr>
<tr><td colspan="5">5. 你觉得本次学习效果如何？为什么会有这样的感觉？</td></tr>
<tr><td colspan="5">6. 你利用了其他多媒体学习资源吗？对你有什么启发？</td></tr>
<tr><td colspan="5">六、备注
考核评定等级分为 A、B、C、D 四级：总分 90～100 为 A 级，80～89 为 B 级，60～79 为 C 级，60 以下为 D 级。等级为“A＋”的基本条件：必须担任该实训项目小组助教。</td></tr>
</table>

工作任务清单

<table>
<tr><td colspan="2">姓名：</td><td>班级：</td><td>学号：</td><td>实训日期：</td><td>实训地点：</td></tr>
<tr><td colspan="6">任务名称：会计职业的认知</td></tr>
<tr><td colspan="6">任务资料：见学习情境一中项目二的“能力训练”业务资料</td></tr>
<tr><td colspan="6">任务要求：设计北京美康食品有限公司会计工作流程和会计岗位职责</td></tr>
<tr><td>工作成果（可总结出流程图或思维导图）</td><td colspan="5"></td></tr>
</table>

<table>
<tr><td colspan="10">专业能力评价标准</td></tr>
<tr><td>序号</td><td>评分项目</td><td>分值</td><td>得分点</td><td>自评</td><td>签字</td><td>互评</td><td>签字</td><td>师评</td><td>签字</td></tr>
<tr><td rowspan="3">1</td><td rowspan="3">工作态度</td><td rowspan="3">20</td><td>学习态度端正</td><td rowspan="3"></td><td rowspan="3"></td><td rowspan="3"></td><td rowspan="3"></td><td rowspan="3"></td><td rowspan="3"></td></tr>
<tr><td>勤于思考</td></tr>
<tr><td>小组讨论积极，团队意识强</td></tr>
<tr><td rowspan="3">2</td><td rowspan="3">业务资料的分析和理解能力</td><td rowspan="3">20</td><td>能够掌握相关知识点</td><td rowspan="3"></td><td rowspan="3"></td><td rowspan="3"></td><td rowspan="3"></td><td rowspan="3"></td><td rowspan="3"></td></tr>
<tr><td>能够正确理解任务要求</td></tr>
<tr><td>能够得出准确合理的分析结论</td></tr>
<tr><td rowspan="3">3</td><td rowspan="3">数据计算和文字表达能力</td><td rowspan="3">20</td><td>数据计算准确</td><td rowspan="3"></td><td rowspan="3"></td><td rowspan="3"></td><td rowspan="3"></td><td rowspan="3"></td><td rowspan="3"></td></tr>
<tr><td>文字表达流畅</td></tr>
<tr><td>回答问题无遗漏</td></tr>
<tr><td rowspan="2">4</td><td rowspan="2">信息资料查询能力</td><td rowspan="2">20</td><td>能够利用多媒体资源辅助完成实训任务</td><td rowspan="2"></td><td rowspan="2"></td><td rowspan="2"></td><td rowspan="2"></td><td rowspan="2"></td><td rowspan="2"></td></tr>
<tr><td>能够利用多媒体资源对知识点进行拓展</td></tr>
<tr><td rowspan="2">5</td><td rowspan="2">表单填写能力</td><td rowspan="2">20</td><td>表单项目填写正确、完整</td><td rowspan="2"></td><td rowspan="2"></td><td rowspan="2"></td><td rowspan="2"></td><td rowspan="2"></td><td rowspan="2"></td></tr>
<tr><td>表单整洁、无涂改</td></tr>
<tr><td colspan="4">总分（自评占30%、互评占30%、师评占40%）</td><td></td><td></td><td></td><td></td><td></td><td></td></tr>
</table>

工作任务考核报告表

<table>
<tr><td>姓名：</td><td>班级：</td><td>学号：</td><td>实训时间：</td><td>实训地点：</td></tr>
<tr><td colspan="3">考核内容：会计职业的认知</td><td>总分：</td><td>等级：</td></tr>
<tr><td colspan="5">一、本次考核的价值以及学习内容的重要性：</td></tr>
<tr><td colspan="5">二、从知识与技能、过程与方法、职业态度三个维度总结出本工作任务的收获和体会：</td></tr>
<tr><td colspan="5">三、本次学习和实训的重点：</td></tr>
<tr><td colspan="5">四、本次学习和实训的难点：</td></tr>
<tr><td colspan="5">五、学情反思：</td></tr>
<tr><td colspan="5">1. 完成本工作任务，你最满意的地方或者让你最兴奋的地方在哪里？</td></tr>
<tr><td colspan="5">2. 本部分内容的学习达到你期望的水平了吗？</td></tr>
<tr><td colspan="5">3. 本工作任务有哪些问题没有得到解决？</td></tr>
<tr><td colspan="5">4. 你对本部分内容的学习有什么新想法吗？</td></tr>
<tr><td colspan="5">5. 你觉得本次学习效果如何？为什么会有这样的感觉？</td></tr>
<tr><td colspan="5">6. 你利用了其他多媒体学习资源吗？对你有什么启发？</td></tr>
<tr><td colspan="5">六、备注
考核评定等级分为 A、B、C、D 四级：总分 90～100 为 A 级，80～89 为 B 级，60～79 为 C 级，60 以下为 D 级。等级为“A＋”的基本条件：必须担任该实训项目小组助教。</td></tr>
</table>

工作任务清单

姓名：	班级：	学号：	实训日期：	实训地点：
任务名称：企业账簿的设置				
任务资料：见学习情境二中项目一的“能力训练”业务资料				
任务要求：为北京美康食品有限公司设置会计科目及账簿				
工作成果（可附会计科目一览表及账簿一览表）				

专业能力评价标准									
序号	评分项目	分值	得分点	自评	签字	互评	签字	师评	签字
1	工作态度	20	学习态度端正						
			勤于思考						
			小组讨论积极，团队意识强						
2	业务资料的分析和理解能力	20	能够掌握相关知识点						
			能够正确理解任务要求						
			能够得出准确合理的分析结论						
3	数据计算和文字表达能力	20	数据计算准确						
			正确理解会计要素						
			正确设置会计科目和账簿						
			回答问题无遗漏						
4	信息资料查询能力	20	能够利用多媒体资源辅助完成实训任务						
			能够利用多媒体资源对知识点进行拓展						
5	表单填写能力	20	表单项目填写正确、完整						
			表单整洁、无涂改						
总分（自评占30%、互评占30%、师评占40%）									

工作任务考核报告表

<table>
<tr><td>姓名：</td><td>班级：</td><td>学号：</td><td>实训时间：</td><td>实训地点：</td></tr>
<tr><td colspan="3">考核内容：理解企业经济业务内容，正确设置会计科目和账户</td><td>总分：</td><td>等级：</td></tr>
<tr><td colspan="5">一、本次考核的价值以及学习内容的重要性：</td></tr>
<tr><td colspan="5">二、从知识与技能、过程与方法、职业态度三个维度总结出本工作任务的收获和体会：</td></tr>
<tr><td colspan="5">三、本次学习和实训的重点：</td></tr>
<tr><td colspan="5">四、本次学习和实训的难点：</td></tr>
<tr><td colspan="5">五、学情反思：</td></tr>
<tr><td colspan="5">1. 完成本工作任务，你最满意的地方或者让你最兴奋的地方在哪里？</td></tr>
<tr><td colspan="5">2. 本部分内容的学习达到你期望的水平了吗？</td></tr>
<tr><td colspan="5">3. 本工作任务有哪些问题没有得到解决？</td></tr>
<tr><td colspan="5">4. 你对本部分内容的学习有什么新想法吗？</td></tr>
<tr><td colspan="5">5. 你觉得本次学习效果如何？为什么会有这样的感觉？</td></tr>
<tr><td colspan="5">6. 你利用了其他多媒体学习资源吗？对你有什么启发？</td></tr>
<tr><td colspan="5">六、备注
考核评定等级分为 A、B、C、D 四级：总分 90～100 为 A 级，80～89 为 B 级，60～79 为 C 级，60 以下为 D 级。等级为“A+”的基本条件：必须担任该实训项目小组助教。</td></tr>
</table>

工作任务清单

姓名：	班级：	学号：	实训日期：	实训地点：
任务名称：企业期初建账				
任务资料：见学习情境二中项目二的“能力训练”业务资料				
任务要求：为北京美康食品有限公司进行期初建账工作（包括总账及其所属明细账）				
工作成果（可用总账账簿及明细账账簿，也可用“T”形账的形式完成，可附表）				

专业能力评价标准

序号	评分项目	分值	得分点	自评	签字	互评	签字	师评	签字
1	工作态度	20	学习态度端正						
			勤于思考						
			小组讨论积极，团队意识强						
2	业务资料的分析和理解能力	20	能够掌握相关知识点						
			能够正确理解任务要求						
			能够得出准确合理的分析结论						
3	数据登记和文字表达能力	20	会计科目书写正确						
			记账方向准确						
			数据登记正确						
			回答问题无遗漏						
4	信息资料查询能力	20	能够利用多媒体资源辅助完成实训任务						
			能够利用多媒体资源对知识点进行拓展						
5	表单填写能力	20	表单项目填写正确、完整						
			表单整洁、无涂改						
总分（自评占30%、互评占30%、师评占40%）									

工作任务考核报告表

<table>
<tr><td>姓名：</td><td>班级：</td><td>学号：</td><td>实训时间：</td><td>实训地点：</td></tr>
<tr><td colspan="3">考核内容：企业期初建账</td><td>总分：</td><td>等级：</td></tr>
<tr><td colspan="5">一、本次考核的价值以及学习内容的重要性：</td></tr>
<tr><td colspan="5">二、从知识与技能、过程与方法、职业态度三个维度总结出本工作任务的收获和体会：</td></tr>
<tr><td colspan="5">三、本次学习和实训的重点：</td></tr>
<tr><td colspan="5">四、本次学习和实训的难点：</td></tr>
<tr><td colspan="5">五、学情反思：</td></tr>
<tr><td colspan="5">1. 完成本工作任务，你最满意的地方或者让你最兴奋的地方在哪里？</td></tr>
<tr><td colspan="5">2. 本部分内容的学习达到你期望的水平了吗？</td></tr>
<tr><td colspan="5">3. 本工作任务有哪些问题没有得到解决？</td></tr>
<tr><td colspan="5">4. 你对本部分内容的学习有什么新想法吗？</td></tr>
<tr><td colspan="5">5. 你觉得本次学习效果如何？为什么会有这样的感觉？</td></tr>
<tr><td colspan="5">6. 你利用了其他多媒体学习资源吗？对你有什么启发？</td></tr>
<tr><td colspan="5">六、备注
考核评定等级分为 A、B、C、D 四级：总分 90～100 为 A 级，80～89 为 B 级，60～79 为 C 级，60 以下为 D 级。等级为“A+”的基本条件：必须担任该实训项目小组助教。</td></tr>
</table>

工作任务清单

<table>
<tr><td>姓名：</td><td colspan="2">班级：</td><td colspan="2">学号：</td><td colspan="3">实训日期：</td><td colspan="3">实训地点：</td></tr>
<tr><td colspan="11">任务名称：原始凭证的填制</td></tr>
<tr><td colspan="11">任务资料：见学习情境三中项目一的能力训练一、二、三、四业务资料</td></tr>
<tr><td colspan="11">任务要求：1. 为北京美康食品有限公司填制增值税专用发票、产品出库单、支出凭证、收据、转账支票、收料单和现金支票；2. 为北京蓝天乳业公司填制进账单</td></tr>
<tr><td>工作成果（可附填制完毕的原始凭证）</td><td colspan="10"></td></tr>
<tr><td colspan="11">专业能力评价标准</td></tr>
<tr><td>序号</td><td>评分项目</td><td>分值</td><td>得分点</td><td>自评</td><td>签字</td><td>互评</td><td>签字</td><td>师评</td><td>签字</td><td></td></tr>
<tr><td rowspan="3">1</td><td rowspan="3">工作态度</td><td rowspan="3">20</td><td>学习态度端正</td><td rowspan="3"></td><td rowspan="3"></td><td rowspan="3"></td><td rowspan="3"></td><td rowspan="3"></td><td rowspan="3"></td><td rowspan="3"></td></tr>
<tr><td>勤于思考</td></tr>
<tr><td>小组讨论积极，团队意识强</td></tr>
<tr><td rowspan="3">2</td><td rowspan="3">业务资料的分析和理解能力</td><td rowspan="3">20</td><td>能够掌握相关知识点</td><td rowspan="3"></td><td rowspan="3"></td><td rowspan="3"></td><td rowspan="3"></td><td rowspan="3"></td><td rowspan="3"></td><td rowspan="3"></td></tr>
<tr><td>能够正确理解任务要求</td></tr>
<tr><td>能够得出准确合理的分析结论</td></tr>
<tr><td rowspan="4">3</td><td rowspan="4">数据登记和文字表达能力</td><td rowspan="4">20</td><td>凭证填写内容完整</td><td rowspan="4"></td><td rowspan="4"></td><td rowspan="4"></td><td rowspan="4"></td><td rowspan="4"></td><td rowspan="4"></td><td rowspan="4"></td></tr>
<tr><td>文字书写清楚</td></tr>
<tr><td>数据填写规范正确</td></tr>
<tr><td>正确加盖印章</td></tr>
<tr><td rowspan="2">4</td><td rowspan="2">信息资料查询能力</td><td rowspan="2">20</td><td>能够利用多媒体资源辅助完成实训任务</td><td rowspan="2"></td><td rowspan="2"></td><td rowspan="2"></td><td rowspan="2"></td><td rowspan="2"></td><td rowspan="2"></td><td rowspan="2"></td></tr>
<tr><td>能够利用多媒体资源对知识点进行拓展</td></tr>
<tr><td rowspan="2">5</td><td rowspan="2">表单填写能力</td><td rowspan="2">20</td><td>表单项目填写正确、完整</td><td rowspan="2"></td><td rowspan="2"></td><td rowspan="2"></td><td rowspan="2"></td><td rowspan="2"></td><td rowspan="2"></td><td rowspan="2"></td></tr>
<tr><td>表单整洁、无涂改</td></tr>
<tr><td colspan="4">总分（自评占30%、互评占30%、师评占40%）</td><td></td><td></td><td></td><td></td><td></td><td></td><td></td></tr>
</table>

工作任务考核报告表

<table>
<tr><td>姓名：</td><td>班级：</td><td>学号：</td><td>实训时间：</td><td>实训地点：</td></tr>
<tr><td colspan="3">考核内容：原始凭证的填制</td><td>总分：</td><td>等级：</td></tr>
<tr><td colspan="5">一、本次考核的价值以及学习内容的重要性：</td></tr>
<tr><td colspan="5">二、从知识与技能、过程与方法、职业态度三个维度总结出本工作任务的收获和体会：</td></tr>
<tr><td colspan="5">三、本次学习和实训的重点：</td></tr>
<tr><td colspan="5">四、本次学习和实训的难点：</td></tr>
<tr><td colspan="5">五、学情反思：</td></tr>
<tr><td colspan="5">1. 完成本工作任务，你最满意的地方或者让你最兴奋的地方在哪里？</td></tr>
<tr><td colspan="5">2. 本部分内容的学习达到你期望的水平了吗？</td></tr>
<tr><td colspan="5">3. 本工作任务有哪些问题没有得到解决？</td></tr>
<tr><td colspan="5">4. 你对本部分内容的学习有什么新想法吗？</td></tr>
<tr><td colspan="5">5. 你觉得本次学习效果如何？为什么会有这样的感觉？</td></tr>
<tr><td colspan="5">6. 你利用了其他多媒体学习资源吗？对你有什么启发？</td></tr>
<tr><td colspan="5">六、备注
考核评定等级分为 A、B、C、D 四级：总分 90～100 为 A 级，80～89 为 B 级，60～79 为 C 级，60 以下为 D 级。等级为“A＋”的基本条件：必须担任该实训项目小组助教。</td></tr>
</table>

工作任务清单

<table>
<tr><td colspan="2">姓名：</td><td colspan="2">班级：</td><td>学号：</td><td colspan="2">实训日期：</td><td colspan="3">实训地点：</td></tr>
<tr><td colspan="10">任务名称：原始凭证的审核与传递</td></tr>
<tr><td colspan="10">任务资料：见学习情境三中项目二的能力训练一、二、三业务资料</td></tr>
<tr><td colspan="10">任务要求：为北京美康食品有限公司审核借款单、增值税普通发票和转账支票</td></tr>
<tr><td>工作成果（可列示出原始凭证的错误点并进行改正）</td><td colspan="9"></td></tr>
<tr><td colspan="10">专业能力评价标准</td></tr>
<tr><td>序号</td><td>评分项目</td><td>分值</td><td>得分点</td><td>自评</td><td>签字</td><td>互评</td><td>签字</td><td>师评</td><td>签字</td></tr>
<tr><td rowspan="3">1</td><td rowspan="3">工作态度</td><td rowspan="3">20</td><td>学习态度端正</td><td rowspan="3"></td><td rowspan="3"></td><td rowspan="3"></td><td rowspan="3"></td><td rowspan="3"></td><td rowspan="3"></td></tr>
<tr><td>勤于思考</td></tr>
<tr><td>小组讨论积极，团队意识强</td></tr>
<tr><td rowspan="3">2</td><td rowspan="3">业务资料的分析和理解能力</td><td rowspan="3">20</td><td>能够掌握相关知识点</td><td rowspan="3"></td><td rowspan="3"></td><td rowspan="3"></td><td rowspan="3"></td><td rowspan="3"></td><td rowspan="3"></td></tr>
<tr><td>能够正确理解任务要求</td></tr>
<tr><td>能够得出准确合理的分析结论</td></tr>
<tr><td rowspan="4">3</td><td rowspan="4">数据登记和文字表达能力</td><td rowspan="4">20</td><td>准确找出原始凭证的错误点</td><td rowspan="4"></td><td rowspan="4"></td><td rowspan="4"></td><td rowspan="4"></td><td rowspan="4"></td><td rowspan="4"></td></tr>
<tr><td>正确改正错误点</td></tr>
<tr><td>数据及文字填写规范正确</td></tr>
<tr><td>正确加盖印章</td></tr>
<tr><td rowspan="2">4</td><td rowspan="2">信息资料查询能力</td><td rowspan="2">20</td><td>能够利用多媒体资源辅助完成实训任务</td><td rowspan="2"></td><td rowspan="2"></td><td rowspan="2"></td><td rowspan="2"></td><td rowspan="2"></td><td rowspan="2"></td></tr>
<tr><td>能够利用多媒体资源对知识点进行拓展</td></tr>
<tr><td rowspan="2">5</td><td rowspan="2">表单填写能力</td><td rowspan="2">20</td><td>表单项目填写正确、完整</td><td rowspan="2"></td><td rowspan="2"></td><td rowspan="2"></td><td rowspan="2"></td><td rowspan="2"></td><td rowspan="2"></td></tr>
<tr><td>表单整洁、无涂改</td></tr>
<tr><td colspan="4">总分（自评占30%、互评占30%、师评占40%）</td><td></td><td></td><td></td><td></td><td></td><td></td></tr>
</table>

工作任务考核报告表

<table>
<tr><td>姓名：</td><td>班级：</td><td>学号：</td><td>实训时间：</td><td>实训地点：</td></tr>
<tr><td colspan="3">考核内容：原始凭证的审核与传递</td><td>总分：</td><td>等级：</td></tr>
<tr><td colspan="5">一、本次考核的价值以及学习内容的重要性：</td></tr>
<tr><td colspan="5">二、从知识与技能、过程与方法、职业态度三个维度总结出本工作任务的收获和体会：</td></tr>
<tr><td colspan="5">三、本次学习和实训的重点：</td></tr>
<tr><td colspan="5">四、本次学习和实训的难点：</td></tr>
<tr><td colspan="5">五、学情反思：</td></tr>
<tr><td colspan="5">1. 完成本工作任务，你最满意的地方或者让你最兴奋的地方在哪里？</td></tr>
<tr><td colspan="5">2. 本部分内容的学习达到你期望的水平了吗？</td></tr>
<tr><td colspan="5">3. 本工作任务有哪些问题没有得到解决？</td></tr>
<tr><td colspan="5">4. 你对本部分内容的学习有什么新想法吗？</td></tr>
<tr><td colspan="5">5. 你觉得本次学习效果如何？为什么会有这样的感觉？</td></tr>
<tr><td colspan="5">6. 你利用了其他多媒体学习资源吗？对你有什么启发？</td></tr>
<tr><td colspan="5">六、备注
考核评定等级分为A、B、C、D四级：总分90～100为A级，80～89为B级，60～79为C级，60以下为D级。等级为“A＋”的基本条件：必须担任该实训项目小组助教。</td></tr>
</table>

工作任务清单

<table>
<tr><td>姓名：</td><td colspan="2">班级：</td><td colspan="2">学号：</td><td colspan="3">实训日期：</td><td colspan="2">实训地点：</td></tr>
<tr><td colspan="10">任务名称：记账凭证的填制</td></tr>
<tr><td colspan="10">任务资料：见学习情境四中项目一的“能力训练”业务资料</td></tr>
<tr><td colspan="10">任务要求：1. 根据业务资料，判断会计分录的种类，并列示出所涉及的账户之间的对应关系；2. 根据经济业务的类型判断要填制的记账凭证的种类；3. 根据经济业务编制会计分录并填制记账凭证</td></tr>
<tr><td>工作成果（可附思维导图和填制完毕的记账凭证）</td><td colspan="9"></td></tr>
<tr><td colspan="10">专业能力评价标准</td></tr>
<tr><td>序号</td><td>评分项目</td><td>分值</td><td>得分点</td><td>自评</td><td>签字</td><td>互评</td><td>签字</td><td>师评</td><td>签字</td></tr>
<tr><td rowspan="3">1</td><td rowspan="3">工作态度</td><td rowspan="3">20</td><td>学习态度端正</td><td rowspan="3"></td><td rowspan="3"></td><td rowspan="3"></td><td rowspan="3"></td><td rowspan="3"></td><td rowspan="3"></td></tr>
<tr><td>勤于思考</td></tr>
<tr><td>小组讨论积极，团队意识强</td></tr>
<tr><td rowspan="3">2</td><td rowspan="3">业务资料的分析和理解能力</td><td rowspan="3">20</td><td>能够掌握相关知识点</td><td rowspan="3"></td><td rowspan="3"></td><td rowspan="3"></td><td rowspan="3"></td><td rowspan="3"></td><td rowspan="3"></td></tr>
<tr><td>能够正确理解任务要求</td></tr>
<tr><td>能够得出准确合理的分析结论</td></tr>
<tr><td rowspan="6">3</td><td rowspan="6">数据登记和文字表达能力</td><td rowspan="6">30</td><td>正确理解原始凭证与记账凭证的关系</td><td rowspan="6"></td><td rowspan="6"></td><td rowspan="6"></td><td rowspan="6"></td><td rowspan="6"></td><td rowspan="6"></td></tr>
<tr><td>正确选择记账凭证的种类</td></tr>
<tr><td>根据经济业务内容正确选择会计科目</td></tr>
<tr><td>正确理解会计科目之间的对应关系</td></tr>
<tr><td>正确编制会计分录</td></tr>
<tr><td>记账凭证填写规范、内容完整</td></tr>
<tr><td rowspan="2">4</td><td rowspan="2">信息资料查询能力</td><td rowspan="2">20</td><td>能够利用多媒体资源辅助完成实训任务</td><td rowspan="2"></td><td rowspan="2"></td><td rowspan="2"></td><td rowspan="2"></td><td rowspan="2"></td><td rowspan="2"></td></tr>
<tr><td>能够利用多媒体资源对知识点进行拓展</td></tr>
<tr><td rowspan="2">5</td><td rowspan="2">表单填写能力</td><td rowspan="2">10</td><td>表单项目填写正确、完整</td><td rowspan="2"></td><td rowspan="2"></td><td rowspan="2"></td><td rowspan="2"></td><td rowspan="2"></td><td rowspan="2"></td></tr>
<tr><td>表单整洁、无涂改</td></tr>
<tr><td colspan="4">总分（自评占30%、互评占30%、师评占40%）</td><td></td><td></td><td></td><td></td><td></td><td></td></tr>
</table>

工作任务考核报告表

<table>
<tr><td>姓名：</td><td>班级：</td><td>学号：</td><td>实训时间：</td><td>实训地点：</td></tr>
<tr><td colspan="3">考核内容：记账凭证的填制</td><td>总分：</td><td>等级：</td></tr>
<tr><td colspan="5">一、本次考核的价值以及学习内容的重要性：</td></tr>
<tr><td colspan="5">二、从知识与技能、过程与方法、职业态度三个维度总结出本工作任务的收获和体会：</td></tr>
<tr><td colspan="5">三、本次学习和实训的重点：</td></tr>
<tr><td colspan="5">四、本次学习和实训的难点：</td></tr>
<tr><td colspan="5">五、学情反思：</td></tr>
<tr><td colspan="5">1. 完成本工作任务，你最满意的地方或者让你最兴奋的地方在哪里？</td></tr>
<tr><td colspan="5">2. 本部分内容的学习达到你期望的水平了吗？</td></tr>
<tr><td colspan="5">3. 本工作任务有哪些问题没有得到解决？</td></tr>
<tr><td colspan="5">4. 你对本部分内容的学习有什么新想法吗？</td></tr>
<tr><td colspan="5">5. 你觉得本次学习效果如何？为什么会有这样的感觉？</td></tr>
<tr><td colspan="5">6. 你利用了其他多媒体学习资源吗？对你有什么启发？</td></tr>
<tr><td colspan="5">六、备注
考核评定等级分为A、B、C、D四级：总分90～100为A级，80～89为B级，60～79为C级，60以下为D级。等级为“A＋”的基本条件：必须担任该实训项目小组助教。</td></tr>
</table>

工作任务清单

<table>
<tr><td colspan="2">姓名：</td><td colspan="2">班级：</td><td colspan="3">学号：</td><td colspan="2">实训日期：</td><td colspan="2">实训地点：</td></tr>
<tr><td colspan="11">任务名称：北京美康食品有限公司筹资及投资业务的核算</td></tr>
<tr><td colspan="11">任务资料：见学习情境四中项目二的“能力训练”业务资料</td></tr>
<tr><td colspan="11">任务要求：1. 找出北京美康食品有限公司筹资及投资各业务中账户之间的对应关系与对应账户，编制会计分录；2. 根据会计分录填制记账凭证</td></tr>
<tr><td>工作成果（可附思维导图和填制完毕的记账凭证）</td><td colspan="10"></td></tr>
<tr><td colspan="11">专业能力评价标准</td></tr>
<tr><td>序号</td><td>评分项目</td><td>分值</td><td>得分点</td><td>自评</td><td>签字</td><td>互评</td><td>签字</td><td>师评</td><td>签字</td><td></td></tr>
<tr><td rowspan="3">1</td><td rowspan="3">工作态度</td><td rowspan="3">20</td><td>学习态度端正</td><td rowspan="3"></td><td rowspan="3"></td><td rowspan="3"></td><td rowspan="3"></td><td rowspan="3"></td><td rowspan="3"></td><td rowspan="3"></td></tr>
<tr><td>勤于思考</td></tr>
<tr><td>小组讨论积极，团队意识强</td></tr>
<tr><td rowspan="3">2</td><td rowspan="3">业务资料的分析和理解能力</td><td rowspan="3">20</td><td>能够掌握相关知识点</td><td rowspan="3"></td><td rowspan="3"></td><td rowspan="3"></td><td rowspan="3"></td><td rowspan="3"></td><td rowspan="3"></td><td rowspan="3"></td></tr>
<tr><td>能够正确理解任务要求</td></tr>
<tr><td>能够得出准确合理的分析结论</td></tr>
<tr><td rowspan="6">3</td><td rowspan="6">数据登记和文字表达能力</td><td rowspan="6">30</td><td>正确理解原始凭证与记账凭证的关系</td><td rowspan="6"></td><td rowspan="6"></td><td rowspan="6"></td><td rowspan="6"></td><td rowspan="6"></td><td rowspan="6"></td><td rowspan="6"></td></tr>
<tr><td>正确选择记账凭证的种类</td></tr>
<tr><td>根据经济业务内容正确选择会计科目</td></tr>
<tr><td>正确理解会计科目之间的对应关系</td></tr>
<tr><td>正确编制会计分录</td></tr>
<tr><td>记账凭证填写规范、内容完整</td></tr>
<tr><td rowspan="2">4</td><td rowspan="2">信息资料查询能力</td><td rowspan="2">20</td><td>能够利用多媒体资源辅助完成实训任务</td><td rowspan="2"></td><td rowspan="2"></td><td rowspan="2"></td><td rowspan="2"></td><td rowspan="2"></td><td rowspan="2"></td><td rowspan="2"></td></tr>
<tr><td>能够利用多媒体资源对知识点进行拓展</td></tr>
<tr><td rowspan="2">5</td><td rowspan="2">表单填写能力</td><td rowspan="2">10</td><td>表单项目填写正确、完整</td><td rowspan="2"></td><td rowspan="2"></td><td rowspan="2"></td><td rowspan="2"></td><td rowspan="2"></td><td rowspan="2"></td><td rowspan="2"></td></tr>
<tr><td>表单整洁、无涂改</td></tr>
<tr><td colspan="4">总分（自评占 30%、互评占 30%、师评占 40%）</td><td></td><td></td><td></td><td></td><td></td><td></td><td></td></tr>
</table>

工作任务考核报告表

<table>
<tr><td>姓名：</td><td>班级：</td><td>学号：</td><td>实训时间：</td><td>实训地点：</td></tr>
<tr><td colspan="3">考核内容：企业筹资及投资业务的核算</td><td>总分：</td><td>等级：</td></tr>
<tr><td colspan="5">一、本次考核的价值以及学习内容的重要性：</td></tr>
<tr><td colspan="5">二、从知识与技能、过程与方法、职业态度三个维度总结出本工作任务的收获和体会：</td></tr>
<tr><td colspan="5">三、本次学习和实训的重点：</td></tr>
<tr><td colspan="5">四、本次学习和实训的难点：</td></tr>
<tr><td colspan="5">五、学情反思：</td></tr>
<tr><td colspan="5">1. 完成本工作任务，你最满意的地方或者让你最兴奋的地方在哪里？</td></tr>
<tr><td colspan="5">2. 本部分内容的学习达到你期望的水平了吗？</td></tr>
<tr><td colspan="5">3. 本工作任务有哪些问题没有得到解决？</td></tr>
<tr><td colspan="5">4. 你对本部分内容的学习有什么新想法吗？</td></tr>
<tr><td colspan="5">5. 你觉得本次学习效果如何？为什么会有这样的感觉？</td></tr>
<tr><td colspan="5">6. 你利用了其他多媒体学习资源吗？对你有什么启发？</td></tr>
<tr><td colspan="5">六、备注
考核评定等级分为A、B、C、D四级：总分90～100为A级，80～89为B级，60～79为C级，60以下为D级。等级为“A＋”的基本条件：必须担任该实训项目小组助教。</td></tr>
</table>

工作任务清单

<table>
<tr><td colspan="3">姓名：</td><td colspan="2">班级：</td><td colspan="2">学号：</td><td colspan="2">实训日期：</td><td colspan="2">实训地点：</td></tr>
<tr><td colspan="11">任务名称：北京美康食品有限公司供应过程业务的核算</td></tr>
<tr><td colspan="11">任务资料：见学习情境四中项目三的“能力训练”业务资料</td></tr>
<tr><td colspan="11">任务要求：1. 找出北京美康食品有限公司供应过程各业务中账户之间的对应关系与对应账户，编制会计分录；2. 根据会计分录填制记账凭证</td></tr>
<tr><td>工作成果（可附思维导图和填制完毕的记账凭证）</td><td colspan="10"></td></tr>
<tr><td colspan="11">专业能力评价标准</td></tr>
<tr><td>序号</td><td>评分项目</td><td>分值</td><td>得分点</td><td>自评</td><td>签字</td><td>互评</td><td>签字</td><td>师评</td><td>签字</td></tr>
<tr><td rowspan="3">1</td><td rowspan="3">工作态度</td><td rowspan="3">20</td><td>学习态度端正</td><td rowspan="3"></td><td rowspan="3"></td><td rowspan="3"></td><td rowspan="3"></td><td rowspan="3"></td><td rowspan="3"></td></tr>
<tr><td>勤于思考</td></tr>
<tr><td>小组讨论积极，团队意识强</td></tr>
<tr><td rowspan="3">2</td><td rowspan="3">业务资料的分析和理解能力</td><td rowspan="3">20</td><td>能够掌握相关知识点</td><td rowspan="3"></td><td rowspan="3"></td><td rowspan="3"></td><td rowspan="3"></td><td rowspan="3"></td><td rowspan="3"></td></tr>
<tr><td>能够正确理解任务要求</td></tr>
<tr><td>能够得出准确合理的分析结论</td></tr>
<tr><td rowspan="6">3</td><td rowspan="6">数据登记和文字表达能力</td><td rowspan="6">30</td><td>正确理解原始凭证与记账凭证的关系</td><td rowspan="6"></td><td rowspan="6"></td><td rowspan="6"></td><td rowspan="6"></td><td rowspan="6"></td><td rowspan="6"></td></tr>
<tr><td>正确选择记账凭证的种类</td></tr>
<tr><td>根据经济业务内容正确选择会计科目</td></tr>
<tr><td>正确理解会计科目之间的对应关系</td></tr>
<tr><td>正确编制会计分录</td></tr>
<tr><td>记账凭证填写规范、内容完整</td></tr>
<tr><td rowspan="2">4</td><td rowspan="2">信息资料查询能力</td><td rowspan="2">20</td><td>能够利用多媒体资源辅助完成实训任务</td><td rowspan="2"></td><td rowspan="2"></td><td rowspan="2"></td><td rowspan="2"></td><td rowspan="2"></td><td rowspan="2"></td></tr>
<tr><td>能够利用多媒体资源对知识点进行拓展</td></tr>
<tr><td rowspan="2">5</td><td rowspan="2">表单填写能力</td><td rowspan="2">10</td><td>表单项目填写正确、完整</td><td rowspan="2"></td><td rowspan="2"></td><td rowspan="2"></td><td rowspan="2"></td><td rowspan="2"></td><td rowspan="2"></td></tr>
<tr><td>表单整洁、无涂改</td></tr>
<tr><td colspan="4">总分（自评占30%、互评占30%、师评占40%）</td><td></td><td></td><td></td><td></td><td></td><td></td></tr>
</table>

工作任务考核报告表

<table>
<tr><td>姓名：</td><td>班级：</td><td>学号：</td><td>实训时间：</td><td>实训地点：</td></tr>
<tr><td colspan="3">考核内容：企业供应过程业务的核算</td><td>总分：</td><td>等级：</td></tr>
<tr><td colspan="5">一、本次考核的价值以及学习内容的重要性：</td></tr>
<tr><td colspan="5">二、从知识与技能、过程与方法、职业态度三个维度总结出本工作任务的收获和体会：</td></tr>
<tr><td colspan="5">三、本次学习和实训的重点：</td></tr>
<tr><td colspan="5">四、本次学习和实训的难点：</td></tr>
<tr><td colspan="5">五、学情反思：</td></tr>
<tr><td colspan="5">1. 完成本工作任务，你最满意的地方或者让你最兴奋的地方在哪里？</td></tr>
<tr><td colspan="5">2. 本部分内容的学习达到你期望的水平了吗？</td></tr>
<tr><td colspan="5">3. 本工作任务有哪些问题没有得到解决？</td></tr>
<tr><td colspan="5">4. 你对本部分内容的学习有什么新想法吗？</td></tr>
<tr><td colspan="5">5. 你觉得本次学习效果如何？为什么会有这样的感觉？</td></tr>
<tr><td colspan="5">6. 你利用了其他多媒体学习资源吗？对你有什么启发？</td></tr>
<tr><td colspan="5">六、备注
考核评定等级分为A、B、C、D四级：总分90～100为A级，80～89为B级，60～79为C级，60以下为D级。等级为“A+”的基本条件：必须担任该实训项目小组助教。</td></tr>
</table>

工作任务清单

<table>
<tr><td colspan="2">姓名：</td><td colspan="2">班级：</td><td>学号：</td><td colspan="3">实训日期：</td><td colspan="3">实训地点：</td></tr>
<tr><td colspan="11">任务名称：北京美康食品有限公司生产过程业务的核算</td></tr>
<tr><td colspan="11">任务资料：见学习情境四中项目四的“能力训练”业务资料</td></tr>
<tr><td colspan="11">任务要求：1. 找出北京美康食品有限公司生产过程各业务中账户之间的对应关系与对应账户，编制会计分录；2. 根据会计分录填制记账凭证</td></tr>
<tr><td>工作成果（可附思维导图和填制完毕的记账凭证）</td><td colspan="10"></td></tr>
<tr><td colspan="11">专业能力评价标准</td></tr>
<tr><td>序号</td><td>评分项目</td><td>分值</td><td>得分点</td><td>自评</td><td>签字</td><td>互评</td><td>签字</td><td>师评</td><td>签字</td><td></td></tr>
<tr><td rowspan="3">1</td><td rowspan="3">工作态度</td><td rowspan="3">20</td><td>学习态度端正</td><td rowspan="3"></td><td rowspan="3"></td><td rowspan="3"></td><td rowspan="3"></td><td rowspan="3"></td><td rowspan="3"></td><td rowspan="3"></td></tr>
<tr><td>勤于思考</td></tr>
<tr><td>小组讨论积极，团队意识强</td></tr>
<tr><td rowspan="3">2</td><td rowspan="3">业务资料的分析和理解能力</td><td rowspan="3">20</td><td>能够掌握相关知识点</td><td rowspan="3"></td><td rowspan="3"></td><td rowspan="3"></td><td rowspan="3"></td><td rowspan="3"></td><td rowspan="3"></td><td rowspan="3"></td></tr>
<tr><td>能够正确理解任务要求</td></tr>
<tr><td>能够得出准确合理的分析结论</td></tr>
<tr><td rowspan="6">3</td><td rowspan="6">数据登记和文字表达能力</td><td rowspan="6">30</td><td>正确理解原始凭证与记账凭证的关系</td><td rowspan="6"></td><td rowspan="6"></td><td rowspan="6"></td><td rowspan="6"></td><td rowspan="6"></td><td rowspan="6"></td><td rowspan="6"></td></tr>
<tr><td>正确选择记账凭证的种类</td></tr>
<tr><td>根据经济业务内容正确选择会计科目</td></tr>
<tr><td>正确理解会计科目之间的对应关系</td></tr>
<tr><td>正确编制会计分录</td></tr>
<tr><td>记账凭证填写规范、内容完整</td></tr>
<tr><td rowspan="2">4</td><td rowspan="2">信息资料查询能力</td><td rowspan="2">20</td><td>能够利用多媒体资源辅助完成实训任务</td><td rowspan="2"></td><td rowspan="2"></td><td rowspan="2"></td><td rowspan="2"></td><td rowspan="2"></td><td rowspan="2"></td><td rowspan="2"></td></tr>
<tr><td>能够利用多媒体资源对知识点进行拓展</td></tr>
<tr><td rowspan="2">5</td><td rowspan="2">表单填写能力</td><td rowspan="2">10</td><td>表单项目填写正确、完整</td><td rowspan="2"></td><td rowspan="2"></td><td rowspan="2"></td><td rowspan="2"></td><td rowspan="2"></td><td rowspan="2"></td><td rowspan="2"></td></tr>
<tr><td>表单整洁、无涂改</td></tr>
<tr><td colspan="4">总分（自评占30%、互评占30%、师评占40%）</td><td></td><td></td><td></td><td></td><td></td><td></td><td></td></tr>
</table>

工作任务考核报告表

<table>
<tr><td>姓名：</td><td>班级：</td><td>学号：</td><td>实训时间：</td><td>实训地点：</td></tr>
<tr><td colspan="3">考核内容：企业生产过程业务的核算</td><td>总分：</td><td>等级：</td></tr>
<tr><td colspan="5">一、本次考核的价值以及学习内容的重要性：</td></tr>
<tr><td colspan="5">二、从知识与技能、过程与方法、职业态度三个维度总结出本工作任务的收获和体会：</td></tr>
<tr><td colspan="5">三、本次学习和实训的重点：</td></tr>
<tr><td colspan="5">四、本次学习和实训的难点：</td></tr>
<tr><td colspan="5">五、学情反思：</td></tr>
<tr><td colspan="5">1. 完成本工作任务，你最满意的地方或者让你最兴奋的地方在哪里？</td></tr>
<tr><td colspan="5">2. 本部分内容的学习达到你期望的水平了吗？</td></tr>
<tr><td colspan="5">3. 本工作任务有哪些问题没有得到解决？</td></tr>
<tr><td colspan="5">4. 你对本部分内容的学习有什么新想法吗？</td></tr>
<tr><td colspan="5">5. 你觉得本次学习效果如何？为什么会有这样的感觉？</td></tr>
<tr><td colspan="5">6. 你利用了其他多媒体学习资源吗？对你有什么启发？</td></tr>
<tr><td colspan="5">六、备注
考核评定等级分为 A、B、C、D 四级：总分 90～100 为 A 级，80～89 为 B 级，60～79 为 C 级，60 以下为 D 级。等级为“A＋”的基本条件：必须担任该实训项目小组助教。</td></tr>
</table>

工作任务清单

<table>
<tr><td colspan="4">姓名：</td><td colspan="2">班级：</td><td colspan="2">学号：</td><td colspan="2">实训日期：</td><td colspan="2">实训地点：</td></tr>
<tr><td colspan="12">任务名称：北京美康食品有限公司销售过程业务的核算</td></tr>
<tr><td colspan="12">任务资料：见学习情境四中项目五的“能力训练”业务资料</td></tr>
<tr><td colspan="12">任务要求：1. 找出北京美康食品有限公司销售过程各业务中账户之间的对应关系与对应账户，编制会计分录；2. 根据会计分录填制记账凭证</td></tr>
<tr><td>工作成果（可附思维导图和填制完毕的记账凭证）</td><td colspan="11"></td></tr>
<tr><td colspan="12">专业能力评价标准</td></tr>
<tr><td>序号</td><td>评分项目</td><td>分值</td><td>得分点</td><td>自评</td><td>签字</td><td>互评</td><td>签字</td><td>师评</td><td>签字</td></tr>
<tr><td rowspan="3">1</td><td rowspan="3">工作态度</td><td rowspan="3">20</td><td>学习态度端正</td><td rowspan="3"></td><td rowspan="3"></td><td rowspan="3"></td><td rowspan="3"></td><td rowspan="3"></td><td rowspan="3"></td></tr>
<tr><td>勤于思考</td></tr>
<tr><td>小组讨论积极，团队意识强</td></tr>
<tr><td rowspan="3">2</td><td rowspan="3">业务资料的分析和理解能力</td><td rowspan="3">20</td><td>能够掌握相关知识点</td><td rowspan="3"></td><td rowspan="3"></td><td rowspan="3"></td><td rowspan="3"></td><td rowspan="3"></td><td rowspan="3"></td></tr>
<tr><td>能够正确理解任务要求</td></tr>
<tr><td>能够得出准确合理的分析结论</td></tr>
<tr><td rowspan="6">3</td><td rowspan="6">数据登记和文字表达能力</td><td rowspan="6">30</td><td>正确理解原始凭证与记账凭证的关系</td><td rowspan="6"></td><td rowspan="6"></td><td rowspan="6"></td><td rowspan="6"></td><td rowspan="6"></td><td rowspan="6"></td></tr>
<tr><td>正确选择记账凭证的种类</td></tr>
<tr><td>根据经济业务内容正确选择会计科目</td></tr>
<tr><td>正确理解会计科目之间的对应关系</td></tr>
<tr><td>正确编制会计分录</td></tr>
<tr><td>记账凭证填写规范、内容完整</td></tr>
<tr><td rowspan="2">4</td><td rowspan="2">信息资料查询能力</td><td rowspan="2">20</td><td>能够利用多媒体资源辅助完成实训任务</td><td rowspan="2"></td><td rowspan="2"></td><td rowspan="2"></td><td rowspan="2"></td><td rowspan="2"></td><td rowspan="2"></td></tr>
<tr><td>能够利用多媒体资源对知识点进行拓展</td></tr>
<tr><td rowspan="2">5</td><td rowspan="2">表单填写能力</td><td rowspan="2">10</td><td>表单项目填写正确、完整</td><td rowspan="2"></td><td rowspan="2"></td><td rowspan="2"></td><td rowspan="2"></td><td rowspan="2"></td><td rowspan="2"></td></tr>
<tr><td>表单整洁、无涂改</td></tr>
<tr><td colspan="4">总分（自评占30%、互评占30%、师评占40%）</td><td></td><td></td><td></td><td></td><td></td><td></td></tr>
</table>

工作任务考核报告表

姓名：	班级：	学号：	实训时间：	实训地点：
考核内容：企业销售过程业务的核算			总分：	等级：
一、本次考核的价值以及学习内容的重要性：				
二、从知识与技能、过程与方法、职业态度三个维度总结出本工作任务的收获和体会：				
三、本次学习和实训的重点：				
四、本次学习和实训的难点：				
五、学情反思：				
1. 完成本工作任务，你最满意的地方或者让你最兴奋的地方在哪里？				
2. 本部分内容的学习达到你期望的水平了吗？				
3. 本工作任务有哪些问题没有得到解决？				
4. 你对本部分内容的学习有什么新想法吗？				
5. 你觉得本次学习效果如何？为什么会有这样的感觉？				
6. 你利用了其他多媒体学习资源吗？对你有什么启发？				
六、备注 考核评定等级分为 A、B、C、D 四级：总分 90～100 为 A 级，80～89 为 B 级，60～79 为 C 级，60 以下为 D 级。等级为“A+”的基本条件：必须担任该实训项目小组助教。				

工作任务清单

<table>
<tr><td colspan="3">姓名：</td><td colspan="2">班级：</td><td colspan="2">学号：</td><td colspan="2">实训日期：</td><td>实训地点：</td></tr>
<tr><td colspan="10">任务名称：北京美康食品有限公司利润的形成和分配业务的核算</td></tr>
<tr><td colspan="10">任务资料：见学习情境四中项目六的“能力训练”业务资料</td></tr>
<tr><td colspan="10">任务要求：1. 找出北京美康食品有限公司利润的形成和分配各业务中账户之间的对应关系与对应账户，编制会计分录；2. 根据会计分录填制记账凭证</td></tr>
<tr><td>工作成果（可附思维导图和填制完毕的记账凭证）</td><td colspan="9"></td></tr>
<tr><td colspan="10">专业能力评价标准</td></tr>
<tr><td>序号</td><td>评分项目</td><td>分值</td><td>得分点</td><td>自评</td><td>签字</td><td>互评</td><td>签字</td><td>师评</td><td>签字</td></tr>
<tr><td rowspan="3">1</td><td rowspan="3">工作态度</td><td rowspan="3">20</td><td>学习态度端正</td><td rowspan="3"></td><td rowspan="3"></td><td rowspan="3"></td><td rowspan="3"></td><td rowspan="3"></td><td rowspan="3"></td></tr>
<tr><td>勤于思考</td></tr>
<tr><td>小组讨论积极，团队意识强</td></tr>
<tr><td rowspan="3">2</td><td rowspan="3">业务资料的分析和理解能力</td><td rowspan="3">20</td><td>能够掌握相关知识点</td><td rowspan="3"></td><td rowspan="3"></td><td rowspan="3"></td><td rowspan="3"></td><td rowspan="3"></td><td rowspan="3"></td></tr>
<tr><td>能够正确理解任务要求</td></tr>
<tr><td>能够得出准确合理的分析结论</td></tr>
<tr><td rowspan="6">3</td><td rowspan="6">数据登记和文字表达能力</td><td rowspan="6">30</td><td>正确理解原始凭证与记账凭证的关系</td><td rowspan="6"></td><td rowspan="6"></td><td rowspan="6"></td><td rowspan="6"></td><td rowspan="6"></td><td rowspan="6"></td></tr>
<tr><td>正确选择记账凭证的种类</td></tr>
<tr><td>根据经济业务内容正确选择会计科目</td></tr>
<tr><td>正确理解会计科目之间的对应关系</td></tr>
<tr><td>正确编制会计分录</td></tr>
<tr><td>记账凭证填写规范、内容完整</td></tr>
<tr><td rowspan="2">4</td><td rowspan="2">信息资料查询能力</td><td rowspan="2">20</td><td>能够利用多媒体资源辅助完成实训任务</td><td rowspan="2"></td><td rowspan="2"></td><td rowspan="2"></td><td rowspan="2"></td><td rowspan="2"></td><td rowspan="2"></td></tr>
<tr><td>能够利用多媒体资源对知识点进行拓展</td></tr>
<tr><td rowspan="2">5</td><td rowspan="2">表单填写能力</td><td rowspan="2">10</td><td>表单项目填写正确、完整</td><td rowspan="2"></td><td rowspan="2"></td><td rowspan="2"></td><td rowspan="2"></td><td rowspan="2"></td><td rowspan="2"></td></tr>
<tr><td>表单整洁、无涂改</td></tr>
<tr><td colspan="4">总分（自评占30%、互评占30%、师评占40%）</td><td></td><td></td><td></td><td></td><td></td><td></td></tr>
</table>

工作任务考核报告表

<table>
<tr><td>姓名：</td><td>班级：</td><td>学号：</td><td>实训时间：</td><td>实训地点：</td></tr>
<tr><td colspan="3">考核内容：企业利润的形成和分配业务的核算</td><td>总分：</td><td>等级：</td></tr>
<tr><td colspan="5">一、本次考核的价值以及学习内容的重要性：</td></tr>
<tr><td colspan="5">二、从知识与技能、过程与方法、职业态度三个维度总结出本工作任务的收获和体会：</td></tr>
<tr><td colspan="5">三、本次学习和实训的重点：</td></tr>
<tr><td colspan="5">四、本次学习和实训的难点：</td></tr>
<tr><td colspan="5">五、学情反思：</td></tr>
<tr><td colspan="5">1. 完成本工作任务，你最满意的地方或者让你最兴奋的地方在哪里？</td></tr>
<tr><td colspan="5">2. 本部分内容的学习达到你期望的水平了吗？</td></tr>
<tr><td colspan="5">3. 本工作任务有哪些问题没有得到解决？</td></tr>
<tr><td colspan="5">4. 你对本部分内容的学习有什么新想法吗？</td></tr>
<tr><td colspan="5">5. 你觉得本次学习效果如何？为什么会有这样的感觉？</td></tr>
<tr><td colspan="5">6. 你利用了其他多媒体学习资源吗？对你有什么启发？</td></tr>
<tr><td colspan="5">六、备注
考核评定等级分为A、B、C、D四级：总分90～100为A级，80～89为B级，60～79为C级，60以下为D级。等级为“A＋”的基本条件：必须担任该实训项目小组助教。</td></tr>
</table>

工作任务清单

<table>
<tr><td colspan="3">姓名：</td><td colspan="2">班级：</td><td colspan="2">学号：</td><td colspan="2">实训日期：</td><td colspan="2">实训地点：</td></tr>
<tr><td colspan="11">任务名称：记账凭证的审核与传递</td></tr>
<tr><td colspan="11">任务资料：见学习情境四中项目七的“能力训练”业务资料</td></tr>
<tr><td colspan="11">任务要求：按照凭证种类和编号的前后顺序对记账凭证进行审核</td></tr>
<tr><td>工作成果（可列示出小组审核讨论结果）</td><td colspan="10"></td></tr>
<tr><td colspan="11">专业能力评价标准</td></tr>
<tr><td>序号</td><td>评分项目</td><td>分值</td><td>得分点</td><td>自评</td><td>签字</td><td>互评</td><td>签字</td><td>师评</td><td>签字</td><td></td></tr>
<tr><td rowspan="3">1</td><td rowspan="3">工作态度</td><td rowspan="3">20</td><td>学习态度端正</td><td rowspan="3"></td><td rowspan="3"></td><td rowspan="3"></td><td rowspan="3"></td><td rowspan="3"></td><td rowspan="3"></td><td rowspan="3"></td></tr>
<tr><td>勤于思考</td></tr>
<tr><td>小组讨论积极，团队意识强</td></tr>
<tr><td rowspan="3">2</td><td rowspan="3">业务资料的分析和理解能力</td><td rowspan="3">20</td><td>能够掌握相关知识点</td><td rowspan="3"></td><td rowspan="3"></td><td rowspan="3"></td><td rowspan="3"></td><td rowspan="3"></td><td rowspan="3"></td><td rowspan="3"></td></tr>
<tr><td>能够正确理解任务要求</td></tr>
<tr><td>能够得出准确合理的分析结论</td></tr>
<tr><td rowspan="3">3</td><td rowspan="3">数据登记和文字表达能力</td><td rowspan="3">30</td><td>正确理解原始凭证与记账凭证的关系</td><td rowspan="3"></td><td rowspan="3"></td><td rowspan="3"></td><td rowspan="3"></td><td rowspan="3"></td><td rowspan="3"></td><td rowspan="3"></td></tr>
<tr><td>正确指出记账凭证的填制错误</td></tr>
<tr><td>审核记账凭证的填制手续是否齐全</td></tr>
<tr><td rowspan="2">4</td><td rowspan="2">信息资料查询能力</td><td rowspan="2">20</td><td>能够利用多媒体资源辅助完成实训任务</td><td rowspan="2"></td><td rowspan="2"></td><td rowspan="2"></td><td rowspan="2"></td><td rowspan="2"></td><td rowspan="2"></td><td rowspan="2"></td></tr>
<tr><td>能够利用多媒体资源对知识点进行拓展</td></tr>
<tr><td rowspan="2">5</td><td rowspan="2">表单填写能力</td><td rowspan="2">10</td><td>表单项目填写正确、完整</td><td rowspan="2"></td><td rowspan="2"></td><td rowspan="2"></td><td rowspan="2"></td><td rowspan="2"></td><td rowspan="2"></td><td rowspan="2"></td></tr>
<tr><td>表单整洁、无涂改</td></tr>
<tr><td colspan="4">总分（自评占30%、互评占30%、师评占40%）</td><td></td><td></td><td></td><td></td><td></td><td></td><td></td></tr>
</table>

工作任务考核报告表

<table>
<tr><td>姓名：</td><td>班级：</td><td>学号：</td><td>实训时间：</td><td>实训地点：</td></tr>
<tr><td colspan="3">考核内容：记账凭证的审核和传递</td><td>总分：</td><td>等级：</td></tr>
<tr><td colspan="5">一、本次考核的价值以及学习内容的重要性：</td></tr>
<tr><td colspan="5">二、从知识与技能、过程与方法、职业态度三个维度总结出本工作任务的收获和体会：</td></tr>
<tr><td colspan="5">三、本次学习和实训的重点：</td></tr>
<tr><td colspan="5">四、本次学习和实训的难点：</td></tr>
<tr><td colspan="5">五、学情反思：</td></tr>
<tr><td colspan="5">1. 完成本工作任务，你最满意的地方或者让你最兴奋的地方在哪里？</td></tr>
<tr><td colspan="5">2. 本部分内容的学习达到你期望的水平了吗？</td></tr>
<tr><td colspan="5">3. 本工作任务有哪些问题没有得到解决？</td></tr>
<tr><td colspan="5">4. 你对本部分内容的学习有什么新想法吗？</td></tr>
<tr><td colspan="5">5. 你觉得本次学习效果如何？为什么会有这样的感觉？</td></tr>
<tr><td colspan="5">6. 你利用了其他多媒体学习资源吗？对你有什么启发？</td></tr>
<tr><td colspan="5">六、备注
考核评定等级分为 A、B、C、D 四级：总分 90～100 为 A 级，80～89 为 B 级，60～79 为 C 级，60 以下为 D 级。等级为“A+”的基本条件：必须担任该实训项目小组助教。</td></tr>
</table>

工作任务清单

<table>
<tr><td colspan="2">姓名：</td><td colspan="2">班级：</td><td colspan="2">学号：</td><td colspan="3">实训日期：</td><td colspan="2">实训地点：</td></tr>
<tr><td colspan="11">任务名称：北京美康食品有限公司日记账簿的登记</td></tr>
<tr><td colspan="11">任务资料：见学习情境五中项目一的“能力训练”业务资料</td></tr>
<tr><td colspan="11">任务要求：登记北京美康食品有限公司的现金日记账和银行存款日记账</td></tr>
<tr><td>工作成果（可提交现金日记账账页和银行存款日记账账页）</td><td colspan="10"></td></tr>
<tr><td colspan="11">专业能力评价标准</td></tr>
<tr><td>序号</td><td>评分项目</td><td>分值</td><td>得分点</td><td>自评</td><td>签字</td><td>互评</td><td>签字</td><td>师评</td><td colspan="2">签字</td></tr>
<tr><td rowspan="3">1</td><td rowspan="3">工作态度</td><td rowspan="3">20</td><td>学习态度端正</td><td rowspan="3"></td><td rowspan="3"></td><td rowspan="3"></td><td rowspan="3"></td><td rowspan="3"></td><td colspan="2" rowspan="3"></td></tr>
<tr><td>勤于思考</td></tr>
<tr><td>小组讨论积极，团队意识强</td></tr>
<tr><td rowspan="3">2</td><td rowspan="3">业务资料的分析和理解能力</td><td rowspan="3">20</td><td>能够掌握相关知识点</td><td rowspan="3"></td><td rowspan="3"></td><td rowspan="3"></td><td rowspan="3"></td><td rowspan="3"></td><td colspan="2" rowspan="3"></td></tr>
<tr><td>能够正确理解任务要求</td></tr>
<tr><td>能够得出准确合理的分析结论</td></tr>
<tr><td rowspan="4">3</td><td rowspan="4">数据登记和文字表达能力</td><td rowspan="4">30</td><td>正确理解原始凭证、记账凭证和日记账的关系</td><td rowspan="4"></td><td rowspan="4"></td><td rowspan="4"></td><td rowspan="4"></td><td rowspan="4"></td><td colspan="2" rowspan="4"></td></tr>
<tr><td>根据审核无误的会计凭证登记日记账</td></tr>
<tr><td>数字登记无误</td></tr>
<tr><td>余额计算正确</td></tr>
<tr><td rowspan="2">4</td><td rowspan="2">信息资料查询能力</td><td rowspan="2">20</td><td>能够利用多媒体资源辅助完成实训任务</td><td rowspan="2"></td><td rowspan="2"></td><td rowspan="2"></td><td rowspan="2"></td><td rowspan="2"></td><td colspan="2" rowspan="2"></td></tr>
<tr><td>能够利用多媒体资源对知识点进行拓展</td></tr>
<tr><td rowspan="2">5</td><td rowspan="2">表单填写能力</td><td rowspan="2">10</td><td>表单项目填写正确、完整</td><td rowspan="2"></td><td rowspan="2"></td><td rowspan="2"></td><td rowspan="2"></td><td rowspan="2"></td><td colspan="2" rowspan="2"></td></tr>
<tr><td>表单整洁、无涂改</td></tr>
<tr><td colspan="4">总分（自评占30%、互评占30%、师评占40%）</td><td></td><td></td><td></td><td></td><td></td><td colspan="2"></td></tr>
</table>

工作任务考核报告表

姓名：	班级：	学号：	实训时间：	实训地点：
考核内容：日记账簿的登记			总分：	等级：
一、本次考核的价值以及学习内容的重要性：				
二、从知识与技能、过程与方法、职业态度三个维度总结出本工作任务的收获和体会：				
三、本次学习和实训的重点：				
四、本次学习和实训的难点：				
五、学情反思：				
1. 完成本工作任务，你最满意的地方或者让你最兴奋的地方在哪里？				
2. 本部分内容的学习达到你期望的水平了吗？				
3. 本工作任务有哪些问题没有得到解决？				
4. 你对本部分内容的学习有什么新想法吗？				
5. 你觉得本次学习效果如何？为什么会有这样的感觉？				
6. 你利用了其他多媒体学习资源吗？对你有什么启发？				
六、备注 考核评定等级分为 A、B、C、D 四级：总分 90～100 为 A 级，80～89 为 B 级，60～79 为 C 级，60 以下为 D 级。等级为“A＋”的基本条件：必须担任该实训项目小组助教。				

工作任务清单

姓名：	班级：	学号：	实训日期：	实训地点：
任务名称：北京美康食品有限公司明细分类账簿的登记				
任务资料：见学习情境五中项目二的“能力训练”业务资料				
任务要求：登记北京美康食品有限公司的各明细分类账簿				
工作成果（可提交各明细分类账账页）				

专业能力评价标准									
序号	评分项目	分值	得分点	自评	签字	互评	签字	师评	签字
1	工作态度	20	学习态度端正						
			勤于思考						
			小组讨论积极，团队意识强						
2	业务资料的分析和理解能力	20	能够掌握相关知识点						
			能够正确理解任务要求						
			能够得出准确合理的分析结论						
3	数据登记和文字表达能力	30	正确理解原始凭证、记账凭证和各明细分类账的关系						
			根据审核无误的会计凭证登记明细分类账						
			数字登记无误						
			余额计算正确						
4	信息资料查询能力	20	能够利用多媒体资源辅助完成实训任务						
			能够利用多媒体资源对知识点进行拓展						
5	表单填写能力	10	表单项目填写正确、完整						
			表单整洁、无涂改						
总分（自评占30%、互评占30%、师评占40%）									

工作任务考核报告表

姓名：	班级：	学号：	实训时间：	实训地点：
考核内容：明细分类账簿的登记			总分：	等级：
一、本次考核的价值以及学习内容的重要性：				
二、从知识与技能、过程与方法、职业态度三个维度总结出本工作任务的收获和体会：				
三、本次学习和实训的重点：				
四、本次学习和实训的难点：				
五、学情反思：				
1. 完成本工作任务，你最满意的地方或者让你最兴奋的地方在哪里？				
2. 本部分内容的学习达到你期望的水平了吗？				
3. 本工作任务有哪些问题没有得到解决？				
4. 你对本部分内容的学习有什么新想法吗？				
5. 你觉得本次学习效果如何？为什么会有这样的感觉？				
6. 你利用了其他多媒体学习资源吗？对你有什么启发？				
六、备注 考核评定等级分为A、B、C、D四级：总分90～100为A级，80～89为B级，60～79为C级，60以下为D级。等级为“A+”的基本条件：必须担任该实训项目小组助教。				

工作任务清单

<table>
<tr><td colspan="3">姓名：</td><td colspan="2">班级：</td><td colspan="2">学号：</td><td colspan="2">实训日期：</td><td colspan="2">实训地点：</td></tr>
<tr><td colspan="11">任务名称：北京美康食品有限公司总分类账簿的登记</td></tr>
<tr><td colspan="11">任务资料：见学习情境五中项目三的“能力训练”业务资料</td></tr>
<tr><td colspan="11">任务要求：登记北京美康食品有限公司的各总分类账簿</td></tr>
<tr><td>工作成果（可提交各总分类账账页）</td><td colspan="10"></td></tr>
<tr><td colspan="11">专业能力评价标准</td></tr>
<tr><td>序号</td><td>评分项目</td><td>分值</td><td>得分点</td><td>自评</td><td>签字</td><td>互评</td><td>签字</td><td>师评</td><td>签字</td></tr>
<tr><td rowspan="3">1</td><td rowspan="3">工作态度</td><td rowspan="3">20</td><td>学习态度端正</td><td rowspan="3"></td><td rowspan="3"></td><td rowspan="3"></td><td rowspan="3"></td><td rowspan="3"></td><td rowspan="3"></td></tr>
<tr><td>勤于思考</td></tr>
<tr><td>小组讨论积极，团队意识强</td></tr>
<tr><td rowspan="3">2</td><td rowspan="3">业务资料的分析和理解能力</td><td rowspan="3">20</td><td>能够掌握相关知识点</td><td rowspan="3"></td><td rowspan="3"></td><td rowspan="3"></td><td rowspan="3"></td><td rowspan="3"></td><td rowspan="3"></td></tr>
<tr><td>能够正确理解任务要求</td></tr>
<tr><td>能够得出准确合理的分析结论</td></tr>
<tr><td rowspan="5">3</td><td rowspan="5">数据登记和文字表达能力</td><td rowspan="5">30</td><td>正确理解原始凭证、记账凭证、各明细分类账与总账的关系</td><td rowspan="5"></td><td rowspan="5"></td><td rowspan="5"></td><td rowspan="5"></td><td rowspan="5"></td><td rowspan="5"></td></tr>
<tr><td>理解不同账务处理程序的区别</td></tr>
<tr><td>根据审核无误的会计凭证或科目汇总表登记总分类账</td></tr>
<tr><td>数字登记无误</td></tr>
<tr><td>余额计算正确</td></tr>
<tr><td rowspan="2">4</td><td rowspan="2">信息资料查询能力</td><td rowspan="2">20</td><td>能够利用多媒体资源辅助完成实训任务</td><td rowspan="2"></td><td rowspan="2"></td><td rowspan="2"></td><td rowspan="2"></td><td rowspan="2"></td><td rowspan="2"></td></tr>
<tr><td>能够利用多媒体资源对知识点进行拓展</td></tr>
<tr><td rowspan="2">5</td><td rowspan="2">表单填写能力</td><td rowspan="2">10</td><td>表单项目填写正确、完整</td><td rowspan="2"></td><td rowspan="2"></td><td rowspan="2"></td><td rowspan="2"></td><td rowspan="2"></td><td rowspan="2"></td></tr>
<tr><td>表单整洁、无涂改</td></tr>
<tr><td colspan="4">总分（自评占30%、互评占30%、师评占40%）</td><td></td><td></td><td></td><td></td><td></td><td></td></tr>
</table>

工作任务考核报告表

<table>
<tr><td>姓名：</td><td>班级：</td><td>学号：</td><td>实训时间：</td><td>实训地点：</td></tr>
<tr><td colspan="3">考核内容：总分类账簿的登记</td><td>总分：</td><td>等级：</td></tr>
<tr><td colspan="5">一、本次考核的价值以及学习内容的重要性：</td></tr>
<tr><td colspan="5">二、从知识与技能、过程与方法、职业态度三个维度总结出本工作任务的收获和体会：</td></tr>
<tr><td colspan="5">三、本次学习和实训的重点：</td></tr>
<tr><td colspan="5">四、本次学习和实训的难点：</td></tr>
<tr><td colspan="5">五、学情反思：</td></tr>
<tr><td colspan="5">1. 完成本工作任务，你最满意的地方或者让你最兴奋的地方在哪里？</td></tr>
<tr><td colspan="5">2. 本部分内容的学习达到你期望的水平了吗？</td></tr>
<tr><td colspan="5">3. 本工作任务有哪些问题没有得到解决？</td></tr>
<tr><td colspan="5">4. 你对本部分内容的学习有什么新想法吗？</td></tr>
<tr><td colspan="5">5. 你觉得本次学习效果如何？为什么会有这样的感觉？</td></tr>
<tr><td colspan="5">6. 你利用了其他多媒体学习资源吗？对你有什么启发？</td></tr>
<tr><td colspan="5">六、备注
考核评定等级分为 A、B、C、D 四级：总分 90～100 为 A 级，80～89 为 B 级，60～79 为 C 级，60 以下为 D 级。等级为“A+”的基本条件：必须担任该实训项目小组助教。</td></tr>
</table>

工作任务清单

<table>
<tr><td colspan="2">姓名：</td><td colspan="2">班级：</td><td>学号：</td><td colspan="3">实训日期：</td><td colspan="2">实训地点：</td></tr>
<tr><td colspan="10">任务名称：对账</td></tr>
<tr><td colspan="10">任务资料：见学习情境六中项目一的能力训练一、二、三业务资料</td></tr>
<tr><td colspan="10">任务要求：对北京美康食品有限公司进行期末对账：1. 更正错账；2. 编制银行存款余额调节表；3. 编制财产清查业务的会计分录</td></tr>
<tr><td>工作成果（可提交错账更正的相关资料、银行存款余额调节表和财产清查的会计分录）</td><td colspan="9"></td></tr>
<tr><td colspan="10">专业能力评价标准</td></tr>
<tr><td>序号</td><td>评分项目</td><td>分值</td><td>得分点</td><td>自评</td><td>签字</td><td>互评</td><td>签字</td><td>师评</td><td>签字</td></tr>
<tr><td rowspan="3">1</td><td rowspan="3">工作态度</td><td rowspan="3">20</td><td>学习态度端正</td><td rowspan="3"></td><td rowspan="3"></td><td rowspan="3"></td><td rowspan="3"></td><td rowspan="3"></td><td rowspan="3"></td></tr>
<tr><td>勤于思考</td></tr>
<tr><td>小组讨论积极，团队意识强</td></tr>
<tr><td rowspan="3">2</td><td rowspan="3">业务资料的分析和理解能力</td><td rowspan="3">20</td><td>能够掌握相关知识点</td><td rowspan="3"></td><td rowspan="3"></td><td rowspan="3"></td><td rowspan="3"></td><td rowspan="3"></td><td rowspan="3"></td></tr>
<tr><td>能够正确理解任务要求</td></tr>
<tr><td>能够得出准确合理的分析结论</td></tr>
<tr><td rowspan="5">3</td><td rowspan="5">数据登记和文字表达能力</td><td rowspan="5">30</td><td>正确选择和使用错账更正的方法</td><td rowspan="5"></td><td rowspan="5"></td><td rowspan="5"></td><td rowspan="5"></td><td rowspan="5"></td><td rowspan="5"></td></tr>
<tr><td>正确编制银行存款余额调节表</td></tr>
<tr><td>准确判断财产清查的结果</td></tr>
<tr><td>正确编制财产清查的会计分录</td></tr>
<tr><td>数字和文字书写正确</td></tr>
<tr><td rowspan="2">4</td><td rowspan="2">信息资料查询能力</td><td rowspan="2">20</td><td>能够利用多媒体资源辅助完成实训任务</td><td rowspan="2"></td><td rowspan="2"></td><td rowspan="2"></td><td rowspan="2"></td><td rowspan="2"></td><td rowspan="2"></td></tr>
<tr><td>能够利用多媒体资源对知识点进行拓展</td></tr>
<tr><td rowspan="2">5</td><td rowspan="2">表单填写能力</td><td rowspan="2">10</td><td>表单项目填写正确、完整</td><td rowspan="2"></td><td rowspan="2"></td><td rowspan="2"></td><td rowspan="2"></td><td rowspan="2"></td><td rowspan="2"></td></tr>
<tr><td>表单整洁、无涂改</td></tr>
<tr><td colspan="4">总分（自评占30%、互评占30%、师评占40%）</td><td></td><td></td><td></td><td></td><td></td><td></td></tr>
</table>

工作任务考核报告表

<table>
<tr><td>姓名：</td><td>班级：</td><td>学号：</td><td>实训时间：</td><td>实训地点：</td></tr>
<tr><td colspan="3">考核内容：对账</td><td>总分：</td><td>等级：</td></tr>
<tr><td colspan="5">一、本次考核的价值以及学习内容的重要性：</td></tr>
<tr><td colspan="5">二、从知识与技能、过程与方法、职业态度三个维度总结出本工作任务的收获和体会：</td></tr>
<tr><td colspan="5">三、本次学习和实训的重点：</td></tr>
<tr><td colspan="5">四、本次学习和实训的难点：</td></tr>
<tr><td colspan="5">五、学情反思：</td></tr>
<tr><td colspan="5">1. 完成本工作任务，你最满意的地方或者让你最兴奋的地方在哪里？</td></tr>
<tr><td colspan="5">2. 本部分内容的学习达到你期望的水平了吗？</td></tr>
<tr><td colspan="5">3. 本工作任务有哪些问题没有得到解决？</td></tr>
<tr><td colspan="5">4. 你对本部分内容的学习有什么新想法吗？</td></tr>
<tr><td colspan="5">5. 你觉得本次学习效果如何？为什么会有这样的感觉？</td></tr>
<tr><td colspan="5">6. 你利用了其他多媒体学习资源吗？对你有什么启发？</td></tr>
<tr><td colspan="5">六、备注
考核评定等级分为 A、B、C、D 四级：总分 90～100 为 A 级，80～89 为 B 级，60～79 为 C 级，60 以下为 D 级。等级为“A＋”的基本条件：必须担任该实训项目小组助教。</td></tr>
</table>

工作任务清单

<table>
<tr><td>姓名：</td><td>班级：</td><td>学号：</td><td>实训日期：</td><td>实训地点：</td></tr>
<tr><td colspan="5">任务名称：结账</td></tr>
<tr><td colspan="5">任务资料：见学习情境六中项目二的“能力训练”业务资料</td></tr>
<tr><td colspan="5">任务要求：对北京美康食品有限公司的各总分类账、明细分类账和日记账进行期末结账</td></tr>
<tr><td>工作成果（可提交各总分类账、明细分类账和日记账账页）</td><td colspan="4"></td></tr>
</table>

<table>
<tr><td colspan="10">专业能力评价标准</td></tr>
<tr><td>序号</td><td>评分项目</td><td>分值</td><td>得分点</td><td>自评</td><td>签字</td><td>互评</td><td>签字</td><td>师评</td><td>签字</td></tr>
<tr><td rowspan="3">1</td><td rowspan="3">工作态度</td><td rowspan="3">20</td><td>学习态度端正</td><td rowspan="3"></td><td rowspan="3"></td><td rowspan="3"></td><td rowspan="3"></td><td rowspan="3"></td><td rowspan="3"></td></tr>
<tr><td>勤于思考</td></tr>
<tr><td>小组讨论积极，团队意识强</td></tr>
<tr><td rowspan="3">2</td><td rowspan="3">业务资料的分析和理解能力</td><td rowspan="3">20</td><td>能够掌握相关知识点</td><td rowspan="3"></td><td rowspan="3"></td><td rowspan="3"></td><td rowspan="3"></td><td rowspan="3"></td><td rowspan="3"></td></tr>
<tr><td>能够正确理解任务要求</td></tr>
<tr><td>能够得出准确合理的分析结论</td></tr>
<tr><td rowspan="4">3</td><td rowspan="4">数据登记和文字表达能力</td><td rowspan="4">30</td><td>正确对各总分类账进行结账</td><td rowspan="4"></td><td rowspan="4"></td><td rowspan="4"></td><td rowspan="4"></td><td rowspan="4"></td><td rowspan="4"></td></tr>
<tr><td>正确对各明细分类账进行结账</td></tr>
<tr><td>正确对各日记账进行结账</td></tr>
<tr><td>数字和文字书写正确</td></tr>
<tr><td rowspan="2">4</td><td rowspan="2">信息资料查询能力</td><td rowspan="2">20</td><td>能够利用多媒体资源辅助完成实训任务</td><td rowspan="2"></td><td rowspan="2"></td><td rowspan="2"></td><td rowspan="2"></td><td rowspan="2"></td><td rowspan="2"></td></tr>
<tr><td>能够利用多媒体资源对知识点进行拓展</td></tr>
<tr><td rowspan="2">5</td><td rowspan="2">表单填写能力</td><td rowspan="2">10</td><td>表单项目填写正确、完整</td><td rowspan="2"></td><td rowspan="2"></td><td rowspan="2"></td><td rowspan="2"></td><td rowspan="2"></td><td rowspan="2"></td></tr>
<tr><td>表单整洁、无涂改</td></tr>
<tr><td colspan="4">总分（自评占30%、互评占30%、师评占40%）</td><td></td><td></td><td></td><td></td><td></td><td></td></tr>
</table>

工作任务考核报告表

姓名：	班级：	学号：	实训时间：	实训地点：
考核内容：结账			总分：	等级：
一、本次考核的价值以及学习内容的重要性：				
二、从知识与技能、过程与方法、职业态度三个维度总结出本工作任务的收获和体会：				
三、本次学习和实训的重点：				
四、本次学习和实训的难点：				
五、学情反思：				
1. 完成本工作任务，你最满意的地方或者让你最兴奋的地方在哪里？				
2. 本部分内容的学习达到你期望的水平了吗？				
3. 本工作任务有哪些问题没有得到解决？				
4. 你对本部分内容的学习有什么新想法吗？				
5. 你觉得本次学习效果如何？为什么会有这样的感觉？				
6. 你利用了其他多媒体学习资源吗？对你有什么启发？				
六、备注 考核评定等级分为A、B、C、D四级：总分90～100为A级，80～89为B级，60～79为C级，60以下为D级。等级为“A＋”的基本条件：必须担任该实训项目小组助教。				

工作任务清单

<table>
<tr><td>姓名：</td><td>班级：</td><td>学号：</td><td>实训日期：</td><td>实训地点：</td></tr>
<tr><td colspan="5">任务名称：财务报表编制前的准备</td></tr>
<tr><td colspan="5">任务资料：见学习情境七中项目一的“能力训练”业务资料</td></tr>
<tr><td colspan="5">任务要求：完成北京美康食品有限公司财务报表编制前的准备工作</td></tr>
<tr><td>工作成果（可提交试算平衡表）</td><td colspan="4"></td></tr>
</table>

<table>
<tr><td colspan="10">专业能力评价标准</td></tr>
<tr><td>序号</td><td>评分项目</td><td>分值</td><td>得分点</td><td>自评</td><td>签字</td><td>互评</td><td>签字</td><td>师评</td><td>签字</td></tr>
<tr><td rowspan="3">1</td><td rowspan="3">工作态度</td><td rowspan="3">20</td><td>学习态度端正</td><td rowspan="3"></td><td rowspan="3"></td><td rowspan="3"></td><td rowspan="3"></td><td rowspan="3"></td><td rowspan="3"></td></tr>
<tr><td>勤于思考</td></tr>
<tr><td>小组讨论积极，团队意识强</td></tr>
<tr><td rowspan="3">2</td><td rowspan="3">业务资料的分析和理解能力</td><td rowspan="3">20</td><td>能够掌握相关知识点</td><td rowspan="3"></td><td rowspan="3"></td><td rowspan="3"></td><td rowspan="3"></td><td rowspan="3"></td><td rowspan="3"></td></tr>
<tr><td>能够正确理解任务要求</td></tr>
<tr><td>能够得出准确合理的分析结论</td></tr>
<tr><td rowspan="4">3</td><td rowspan="4">数据登记和文字表达能力</td><td rowspan="4">30</td><td>正确对各账户的期初余额进行试算平衡</td><td rowspan="4"></td><td rowspan="4"></td><td rowspan="4"></td><td rowspan="4"></td><td rowspan="4"></td><td rowspan="4"></td></tr>
<tr><td>正确对各账户的本期发生额进行试算平衡</td></tr>
<tr><td>正确对各账户的期末余额进行试算平衡</td></tr>
<tr><td>数字和文字书写正确</td></tr>
<tr><td rowspan="2">4</td><td rowspan="2">信息资料查询能力</td><td rowspan="2">20</td><td>能够利用多媒体资源辅助完成实训任务</td><td rowspan="2"></td><td rowspan="2"></td><td rowspan="2"></td><td rowspan="2"></td><td rowspan="2"></td><td rowspan="2"></td></tr>
<tr><td>能够利用多媒体资源对知识点进行拓展</td></tr>
<tr><td rowspan="2">5</td><td rowspan="2">表单填写能力</td><td rowspan="2">10</td><td>表单项目填写正确、完整</td><td rowspan="2"></td><td rowspan="2"></td><td rowspan="2"></td><td rowspan="2"></td><td rowspan="2"></td><td rowspan="2"></td></tr>
<tr><td>表单整洁、无涂改</td></tr>
<tr><td colspan="4">总分（自评占30%、互评占30%、师评占40%）</td><td></td><td></td><td></td><td></td><td></td><td></td></tr>
</table>

工作任务考核报告表

<table>
<tr><td>姓名：</td><td>班级：</td><td>学号：</td><td>实训时间：</td><td>实训地点：</td></tr>
<tr><td colspan="3">考核内容：财务报表编制前的准备</td><td>总分：</td><td>等级：</td></tr>
<tr><td colspan="5">一、本次考核的价值以及学习内容的重要性：</td></tr>
<tr><td colspan="5">二、从知识与技能、过程与方法、职业态度三个维度总结出本工作任务的收获和体会：</td></tr>
<tr><td colspan="5">三、本次学习和实训的重点：</td></tr>
<tr><td colspan="5">四、本次学习和实训的难点：</td></tr>
<tr><td colspan="5">五、学情反思：</td></tr>
<tr><td colspan="5">1. 完成本工作任务，你最满意的地方或者让你最兴奋的地方在哪里？</td></tr>
<tr><td colspan="5">2. 本部分内容的学习达到你期望的水平了吗？</td></tr>
<tr><td colspan="5">3. 本工作任务有哪些问题没有得到解决？</td></tr>
<tr><td colspan="5">4. 你对本部分内容的学习有什么新想法吗？</td></tr>
<tr><td colspan="5">5. 你觉得本次学习效果如何？为什么会有这样的感觉？</td></tr>
<tr><td colspan="5">6. 你利用了其他多媒体学习资源吗？对你有什么启发？</td></tr>
<tr><td colspan="5">六、备注
考核评定等级分为 A、B、C、D 四级：总分 90～100 为 A 级，80～89 为 B 级，60～79 为 C 级，60 以下为 D 级。等级为“A+”的基本条件：必须担任该实训项目小组助教。</td></tr>
</table>

工作任务清单

姓名：	班级：	学号：	实训日期：	实训地点：
任务名称：资产负债表的编制				
任务资料：见学习情境七中项目二的“能力训练”业务资料				
任务要求：完成北京美康食品有限公司资产负债表的编制工作				
工作成果（可提交编制完毕的资产负债表）				

专业能力评价标准

序号	评分项目	分值	得分点	自评	签字	互评	签字	师评	签字
1	工作态度	20	学习态度端正						
			勤于思考						
			小组讨论积极，团队意识强						
2	业务资料的分析和理解能力	20	能够掌握相关知识点						
			能够正确理解任务要求						
			能够得出准确合理的分析结论						
3	数据登记和文字表达能力	30	理解资产负债表的结构和编制原理						
			理解资产负债表项目的填列方法						
			理解资产负债表各项目的填列说明						
			数字和文字书写正确						
4	信息资料查询能力	20	能够利用多媒体资源辅助完成实训任务						
			能够利用多媒体资源对知识点进行拓展						
5	表单填写能力	10	表单项目填写正确、完整						
			表单整洁、无涂改						
总分（自评占30%、互评占30%、师评占40%）									

工作任务考核报告表

<table>
<tr><td>姓名：</td><td>班级：</td><td>学号：</td><td>实训时间：</td><td>实训地点：</td></tr>
<tr><td colspan="3">考核内容：资产负债表的编制</td><td>总分：</td><td>等级：</td></tr>
<tr><td colspan="5">一、本次考核的价值以及学习内容的重要性：</td></tr>
<tr><td colspan="5">二、从知识与技能、过程与方法、职业态度三个维度总结出本工作任务的收获和体会：</td></tr>
<tr><td colspan="5">三、本次学习和实训的重点：</td></tr>
<tr><td colspan="5">四、本次学习和实训的难点：</td></tr>
<tr><td colspan="5">五、学情反思：</td></tr>
<tr><td colspan="5">1. 完成本工作任务，你最满意的地方或者让你最兴奋的地方在哪里？</td></tr>
<tr><td colspan="5">2. 本部分内容的学习达到你期望的水平了吗？</td></tr>
<tr><td colspan="5">3. 本工作任务有哪些问题没有得到解决？</td></tr>
<tr><td colspan="5">4. 你对本部分内容的学习有什么新想法吗？</td></tr>
<tr><td colspan="5">5. 你觉得本次学习效果如何？为什么会有这样的感觉？</td></tr>
<tr><td colspan="5">6. 你利用了其他多媒体学习资源吗？对你有什么启发？</td></tr>
<tr><td colspan="5">六、备注
考核评定等级分为 A、B、C、D 四级：总分 90～100 为 A 级，80～89 为 B 级，60～79 为 C 级，60 以下为 D 级。等级为“A＋”的基本条件：必须担任该实训项目小组助教。</td></tr>
</table>

工作任务清单

<table>
<tr><td>姓名：</td><td>班级：</td><td colspan="3">学号：</td><td colspan="3">实训日期：</td><td colspan="3">实训地点：</td></tr>
<tr><td colspan="11">任务名称：利润表的编制</td></tr>
<tr><td colspan="11">任务资料：见学习情境七中项目三的“能力训练”业务资料</td></tr>
<tr><td colspan="11">任务要求：完成北京美康食品有限公司利润表的编制工作</td></tr>
<tr><td>工作成果（可提交编制完毕的利润表）</td><td colspan="10"></td></tr>
<tr><td colspan="11">专业能力评价标准</td></tr>
<tr><td>序号</td><td>评分项目</td><td>分值</td><td>得分点</td><td>自评</td><td>签字</td><td>互评</td><td>签字</td><td>师评</td><td>签字</td></tr>
<tr><td rowspan="3">1</td><td rowspan="3">工作态度</td><td rowspan="3">20</td><td>学习态度端正</td><td rowspan="3"></td><td rowspan="3"></td><td rowspan="3"></td><td rowspan="3"></td><td rowspan="3"></td><td rowspan="3"></td></tr>
<tr><td>勤于思考</td></tr>
<tr><td>小组讨论积极，团队意识强</td></tr>
<tr><td rowspan="3">2</td><td rowspan="3">业务资料的分析和理解能力</td><td rowspan="3">20</td><td>能够掌握相关知识点</td><td rowspan="3"></td><td rowspan="3"></td><td rowspan="3"></td><td rowspan="3"></td><td rowspan="3"></td><td rowspan="3"></td></tr>
<tr><td>能够正确理解任务要求</td></tr>
<tr><td>能够得出准确合理的分析结论</td></tr>
<tr><td rowspan="4">3</td><td rowspan="4">数据登记和文字表达能力</td><td rowspan="4">30</td><td>理解利润表的结构和编制原理</td><td rowspan="4"></td><td rowspan="4"></td><td rowspan="4"></td><td rowspan="4"></td><td rowspan="4"></td><td rowspan="4"></td></tr>
<tr><td>理解利润表项目的填列方法</td></tr>
<tr><td>理解利润表各项目的填列说明</td></tr>
<tr><td>数字和文字书写正确</td></tr>
<tr><td rowspan="2">4</td><td rowspan="2">信息资料查询能力</td><td rowspan="2">20</td><td>能够利用多媒体资源辅助完成实训任务</td><td rowspan="2"></td><td rowspan="2"></td><td rowspan="2"></td><td rowspan="2"></td><td rowspan="2"></td><td rowspan="2"></td></tr>
<tr><td>能够利用多媒体资源对知识点进行拓展</td></tr>
<tr><td rowspan="2">5</td><td rowspan="2">表单填写能力</td><td rowspan="2">10</td><td>表单项目填写正确、完整</td><td rowspan="2"></td><td rowspan="2"></td><td rowspan="2"></td><td rowspan="2"></td><td rowspan="2"></td><td rowspan="2"></td></tr>
<tr><td>表单整洁、无涂改</td></tr>
<tr><td colspan="4">总分（自评占30%、互评占30%、师评占40%）</td><td></td><td></td><td></td><td></td><td></td><td></td></tr>
</table>

工作任务考核报告表

<table>
<tr><td>姓名：</td><td>班级：</td><td>学号：</td><td>实训时间：</td><td>实训地点：</td></tr>
<tr><td colspan="3">考核内容：利润表的编制</td><td>总分：</td><td>等级：</td></tr>
<tr><td colspan="5">一、本次考核的价值以及学习内容的重要性：</td></tr>
<tr><td colspan="5">二、从知识与技能、过程与方法、职业态度三个维度总结出本工作任务的收获和体会：</td></tr>
<tr><td colspan="5">三、本次学习和实训的重点：</td></tr>
<tr><td colspan="5">四、本次学习和实训的难点：</td></tr>
<tr><td colspan="5">五、学情反思：</td></tr>
<tr><td colspan="5">1. 完成本工作任务，你最满意的地方或者让你最兴奋的地方在哪里？</td></tr>
<tr><td colspan="5">2. 本部分内容的学习达到你期望的水平了吗？</td></tr>
<tr><td colspan="5">3. 本工作任务有哪些问题没有得到解决？</td></tr>
<tr><td colspan="5">4. 你对本部分内容的学习有什么新想法吗？</td></tr>
<tr><td colspan="5">5. 你觉得本次学习效果如何？为什么会有这样的感觉？</td></tr>
<tr><td colspan="5">6. 你利用了其他多媒体学习资源吗？对你有什么启发？</td></tr>
<tr><td colspan="5">六、备注
考核评定等级分为A、B、C、D四级：总分90～100为A级，80～89为B级，60～79为C级，60以下为D级。等级为“A+”的基本条件：必须担任该实训项目小组助教。</td></tr>
</table>

工作任务清单

<table>
<tr><td>姓名：</td><td colspan="3">班级：</td><td colspan="4">学号：</td><td colspan="2">实训日期：</td><td colspan="2">实训地点：</td></tr>
<tr><td colspan="12">任务名称：会计凭证的装订</td></tr>
<tr><td colspan="12">任务资料：见学习情境八中项目一的“能力训练”业务资料</td></tr>
<tr><td colspan="12">任务要求：装订北京美康食品有限公司的会计凭证</td></tr>
<tr><td>工作成果（可提交装订好的会计凭证）</td><td colspan="11"></td></tr>
<tr><td colspan="12">专业能力评价标准</td></tr>
<tr><td>序号</td><td>评分项目</td><td>分值</td><td>得分点</td><td>自评</td><td>签字</td><td>互评</td><td>签字</td><td>师评</td><td>签字</td><td colspan="2"></td></tr>
<tr><td rowspan="3">1</td><td rowspan="3">工作态度</td><td rowspan="3">20</td><td>学习态度端正</td><td rowspan="3"></td><td rowspan="3"></td><td rowspan="3"></td><td rowspan="3"></td><td rowspan="3"></td><td rowspan="3"></td><td rowspan="3" colspan="2"></td></tr>
<tr><td>勤于思考</td></tr>
<tr><td>小组讨论积极，团队意识强</td></tr>
<tr><td rowspan="3">2</td><td rowspan="3">业务资料的分析和理解能力</td><td rowspan="3">20</td><td>能够掌握相关知识点</td><td rowspan="3"></td><td rowspan="3"></td><td rowspan="3"></td><td rowspan="3"></td><td rowspan="3"></td><td rowspan="3"></td><td rowspan="3" colspan="2"></td></tr>
<tr><td>能够正确理解任务要求</td></tr>
<tr><td>能够得出准确合理的分析结论</td></tr>
<tr><td rowspan="4">3</td><td rowspan="4">会计凭证装订和归档保管能力</td><td rowspan="4">30</td><td>整理会计凭证能力</td><td rowspan="4"></td><td rowspan="4"></td><td rowspan="4"></td><td rowspan="4"></td><td rowspan="4"></td><td rowspan="4"></td><td rowspan="4" colspan="2"></td></tr>
<tr><td>正确使用会计凭证装订工具</td></tr>
<tr><td>会计凭证装订操作程序规范</td></tr>
<tr><td>会计凭证归档保管，数字和文字书写正确</td></tr>
<tr><td rowspan="2">4</td><td rowspan="2">信息资料查询能力</td><td rowspan="2">20</td><td>能够利用多媒体资源辅助完成实训任务</td><td rowspan="2"></td><td rowspan="2"></td><td rowspan="2"></td><td rowspan="2"></td><td rowspan="2"></td><td rowspan="2"></td><td rowspan="2" colspan="2"></td></tr>
<tr><td>能够利用多媒体资源对知识点进行拓展</td></tr>
<tr><td rowspan="2">5</td><td rowspan="2">表单填写能力</td><td rowspan="2">10</td><td>表单项目填写正确、完整</td><td rowspan="2"></td><td rowspan="2"></td><td rowspan="2"></td><td rowspan="2"></td><td rowspan="2"></td><td rowspan="2"></td><td rowspan="2" colspan="2"></td></tr>
<tr><td>表单整洁、无涂改</td></tr>
<tr><td colspan="4">总分（自评占30%、互评占30%、师评占40%）</td><td></td><td></td><td></td><td></td><td></td><td></td><td colspan="2"></td></tr>
</table>

工作任务考核报告表

姓名：	班级：	学号：	实训时间：	实训地点：
考核内容：会计凭证的装订			总分：	等级：
一、本次考核的价值以及学习内容的重要性：				
二、从知识与技能、过程与方法、职业态度三个维度总结出本工作任务的收获和体会：				
三、本次学习和实训的重点：				
四、本次学习和实训的难点：				
五、学情反思：				
1. 完成本工作任务，你最满意的地方或者让你最兴奋的地方在哪里？				
2. 本部分内容的学习达到你期望的水平了吗？				
3. 本工作任务有哪些问题没有得到解决？				
4. 你对本部分内容的学习有什么新想法吗？				
5. 你觉得本次学习效果如何？为什么会有这样的感觉？				
6. 你利用了其他多媒体学习资源吗？对你有什么启发？				
六、备注 考核评定等级分为A、B、C、D四级：总分90～100为A级，80～89为B级，60～79为C级，60以下为D级。等级为“A＋”的基本条件：必须担任该实训项目小组助教。				

工作任务清单

姓名：	班级：	学号：	实训日期：	实训地点：
任务名称：会计资料的归档保管				
任务资料：见学习情境八中项目二的“能力训练”业务资料				
任务要求：整理、装订北京美康食品有限公司的会计资料，并归档保管				
工作成果（可提交所有会计资料）				

专业能力评价标准

序号	评分项目	分值	得分点	自评	签字	互评	签字	师评	签字
1	工作态度	20	学习态度端正						
			勤于思考						
			小组讨论积极，团队意识强						
2	业务资料的分析和理解能力	20	能够掌握相关知识点						
			能够正确理解任务要求						
			能够得出准确合理的分析结论						
3	会计凭证归档保管能力	30	整理并归档保管会计凭证						
			整理并归档保管会计账簿						
			整理并归档保管财务报表						
			整理并归档保管其他会计资料						
4	信息资料查询能力	20	能够利用多媒体资源辅助完成实训任务						
			能够利用多媒体资源对知识点进行拓展						
5	表单填写能力	10	表单项目填写正确、完整						
			表单整洁、无涂改						
总分（自评占30%、互评占30%、师评占40%）									

工作任务考核报告表

姓名：	班级：	学号：	实训时间：	实训地点：
考核内容：会计资料的归档保管			总分：	等级：
一、本次考核的价值以及学习内容的重要性：				
二、从知识与技能、过程与方法、职业态度三个维度总结出本工作任务的收获和体会：				
三、本次学习和实训的重点：				
四、本次学习和实训的难点：				
五、学情反思：				
1. 完成本工作任务，你最满意的地方或者让你最兴奋的地方在哪里？				
2. 本部分内容的学习达到你期望的水平了吗？				
3. 本工作任务有哪些问题没有得到解决？				
4. 你对本部分内容的学习有什么新想法吗？				
5. 你觉得本次学习效果如何？为什么会有这样的感觉？				
6. 你利用了其他多媒体学习资源吗？对你有什么启发？				
六、备注 考核评定等级分为A、B、C、D四级：总分90～100为A级，80～89为B级，60～79为C级，60以下为D级。等级为“A+”的基本条件：必须担任该实训项目小组助教。				